평생교육기관을 위한 매뉴얼

평생교육 프로그램 운영과 자료개발

본 책자는 한국평생교육 프로그램연구소가 농촌인적자원개발센터의 지원으로 수행된 연구결과의 사례를 일부 포함하여 성공적인 평생교육실천과 평생교육기관의 프로그램 운영 전문화를 위해 제작되었음

평생교육기관을 위한 매뉴얼

평생교육 프로그램 운영과 자료개발

김진화

김소현
전은선

P D
A P

서현사

머리말

지식정보사회에서 평생교육 프로그램은 지식과 지혜의 새로운 결정체로 현대인에게 삶의 깊이와 직업적 성장은 물론이고 각자의 비전을 실현하게 한다. 현대인의 이러한 요구와 필요에 주목하고 있는 다양한 기관과 시설들이 평생교육 프로그램을 운영하는 것은 보편화되고 있다. 많은 평생교육기관은 현대인의 요구와 성장에 적합한 프로그램 운영을 성공적으로 전개하는 조직적 역량을 발휘함으로서 기관의 정체성과 발전을 도모한다.

그동안 평생교육 프로그램 운영은 보통의 사람이라면 누구나 할 수 있는 단순한 업무 정도로 취급하는 것이 일반적인 경향이었다. 사실, 평생교육 프로그램의 운영은 업무의 성격상 그 분량과 스펙트럼이 상당히 방대하고 전문적이고 세심한 실천력이 요청됨에도 불구하고 그 중요성이 저평가되고 그 가치를 인정받지 못하고 있는 것이 현실이다. 만일 평생교육 프로그램 운영에 성공하지 못한 평생교육기관이 있다면, 그 기관은 독자적인 정체성과 경쟁력을 상실할 수밖에 없다.

그런데 다양한 평생교육기관에서 프로그램 운영을 책임지고 있는 실천가들은 평생교육 프로그램 운영과 관련된 전문적인 원리와 지침을 체계적으로 습득할 수 없어 교육프로그램 운영과 관련된 전문적인 역량을 충분히 발휘할 수 없는 어려움을 안고 있었다. 다시 말해, 그동안 교육운영 담당자들은 교육프로그램 운영과 관련된 체계적인 직무수행매뉴얼이 없어 자신들이 수행하고 있는 직무의 가치를 인식하지 못하는 아쉬움이 많았다.

이에 본 저서는 다양한 기관과 시설에서 평생교육 프로그램을 운영하고 있는 실천가들이 자신들이 혼신의 노력을 쏟고 있는 교육운영의 업무가 얼마나 가치 있고 중요한가를 확인할 수 있도록 교육운영 직무수행모델을 매뉴얼로 개발하여 실질적인 도움을 주고자 하였다.

본 저서에 포함된 평생교육 프로그램 운영 및 자료개발 매뉴얼은 크게 3개 영역으로 구성되었으며, 각 영역에는 교육운영 담당자가 단계적으로 전개할 수 있는 상세한 내용을 매뉴얼 형식으로 포함시켰다.

제1부는 평생교육기관과 프로그램의 관계를 조망하고 그 속에서 교육운영 담당자의 역할과 역량을 제시하였다. 제2부는 평생교육기관에서 이루어지는 교육운영의 전개과정을 과학적으로 탐구한 결과를 토대로 평생교육 프로그램운영 직무모델을 개발하여 이에 상응하는 9개 책무 88과업을 교육운영 직무수행을 매뉴얼로 상세화 하였다. 제3부는 교육운영의 전개과정에서 교육운영 담당자에게 많은 노력을 요청하고 있는 평생교육 자료개발을 8개 영역으로 구체화함으로써 실질적인 도움이 되도록 구성하였다.

이렇게 구성된 본 저서는 평생교육 실천현장에 대한 세심한 관찰과 객관적인 탐구의 결과이기에 집필진 모두는 자족한다. 물론, 다양한 평생교육기관의 상황과 여건에 차이가 있음을 감안할 때 부족한 부분이 있을 수 있고, 적용하는 과정에서 겪게 되는 어려움은 전문성을 충분히 갖춘 평생교육 실천가답게 잠재된 전문역량을 발휘하여 극복하기를 기대하는 바이다.

끝으로 본 저서가 나오기까지는 많은 도움이 있었기에 가능하였다. 우선, 공동 집필진으로 처음부터 줄곧 함께하면서 평생교육 프로그램 운영에 대한 이론적 토대를 구축하고 현장의 감각이 반영되도록 애쓴 김소현 연구원과 전은선 연구원이 함께 열정을 쏟았기에 가능하였다. 그리고 몇 해 전에 본 저서와 관련된 자료수집과 정리에 수고했던 고영화 박사, 정은주와 정민주 선생에게 감사하고, 정독과 교정으로 수고한 대학원생 이신영과 박정의에게도 고마움을 전한다. 마지막으로 본 저서의 출판을 흔쾌히 수락하고 멋진 작품으로 완성해주신 서현사 조재성 사장과 편집위원에게 감사한다.

동의대 평생교육학과 행복한 연구실에서
저자 대표 김진화 씀

목 차

머리말

제1부 평생교육기관과 프로그램 운영의 이해

제1장 평생교육기관과 프로그램 … 15

제2장 평생교육 프로그램 운영의 이해 … 29

제3장 평생교육 프로그램 운영 담당자의 역량 … 39

제4장 평생교육기관의 프로그램 운영 모델 … 45

제2부 평생교육 프로그램 운영의 전개와 매뉴얼

제3부 평생교육 자료개발 매뉴얼

제1부

평생교육기관과 프로그램 운영의 이해

제1장

평생교육기관과 프로그램

1. 평생교육기관의 이해

평생교육기관은 기관의 성격과 법적 근거에 의해 그 종류가 매우 다양하다. 일반적으로 교육기관은 정규학교와 대학을 비롯하여 국가적 필요에 의해 만들어진 산업 및 직업교육기관, 공무원교육원, 기타 목적의 교육기관을 포함한다.

지식정보사회의 진전은 다양한 영역과 분야에서 평생교육적 기능이 보편화되고 특화되면서 교육기관의 유형은 과거보다 훨씬 더 많아지고 그 유형과 종류를 쉽게 파악하기 어려운 것이 현실이다.

이처럼 평생학습에 대한 사회적 관심 및 서비스 확대에 따라 평생학습의 기회를 제공하는 평생교육기관이 급속히 증가되고 있는 추세이다. 평생교육기관은 현대인 모두에게 평생학습 기회를 제공하고, 지원하는 사회적 시설로 평생학습의 수요를 충족시키고 있다.

평생교육기관은 현대인에게 교육적 경험과 지식콘텐츠를 제공하는 기능을 담당하며, 평생학습 참여 기회와 평생학습의 접근성을 높임과 동시에 국가와 지방자치단체의 정책집행과 성과를 창출하는 지식정보사회의 유용한 사회적 시스템이다.

그런데 이러한 평생교육기관은 국민 누구에게나 평생학습의 기회를 제공하고, 이를 보다 확대하여 그들의 평생학습 요구와 필요를 충족시키기 위해 교육프로그램을 운영하고 이와 관련된 평생학습 정보서비스를 제공하는 기관으로 다음과 같은 특징을 지닌다.

첫째, 평생교육기관은 평생교육 실천과 성과 창출의 플랫폼으로 모든 연령층에 개방되어 있으며 학습자가 원하는 교육프로그램, 강사, 시설 등의 다양한 교육관련 정보를 제공한다.

둘째, 평생교육기관에서 제공되는 교육과정 및 교육기간은 학교교육에 비해 비교적 탄력적으로 운영되며, 학습자의 생애주기와 인생코스에 적합한 다양한 교육프로그램을 개발 및 운영한다.

셋째, 평생교육기관은 인적 자원이 교류할 수 있는 장으로 학습자, 강사, 자원봉사자와 같은 인적자원의 원활한 상호작용을 통해 학습의 참가를 촉진시킨다.

넷째, 평생교육기관은 물적 자원을 제공한다. 강의실, 편익시설, 교육기자재 등이 비치되어 있어 학습자 누구라도 편리하게 원하는 평생교육 프로그램에 참여할 수 있도록 뒷받침하는 제반시설로 다양한 학습 경험을 제공한다.

2. 평생교육기관의 유형

지식정보사회의 진전으로 다양한 영역과 분야에서 평생교육적 기능이 보편화되면서 평생교육에 관여하는 기관의 유형은 상당히 다양하다. 이러한 특징은 〈표 1-1〉에 제시된 바와 같이 여러 학자들의 노력이 있었음에도 불구하고 평생교육기관의 유형을 파악하는 것은 쉽지만은 않다.

〈표 1-1〉 평생교육기관의 유형

연구명	기관유형
김수일·유혜경 (1982) 『사회교육기관 실태조사연구』	학교중심기관, 준학교체제, 관인·신고학원, 민간단체연수기관, 공공연수기관, 자원단체, 문화시설중심기관, 기타
김기홍 외 (2001) 『평생교육기관 운영실태조사』	학교평생교육기관, 직업훈련기관, 학원, 원격평생교육시설, 연수기관, 청소년평생교육기관 및 단체, 여성평생교육기관 및 단체, 노인평생교육기관 및 단체, 사회복지기관, 문화기관중심평생교육기관, 시민사회 단체 및 기관, 언론사 부설 평생교육기관, 연구·상담기관

〈계속〉

연구명	기관유형
이희수 외 (2002) 『생애단계별 평생교육 실태조사 분석 및 평생교육 기초통계 자료 확보방안연구』	평생교육 전담 기관, 학교형태평생교육기관, 사내대학 형태 평생교육기관, 원격형태 평생교육기관, 사업장부설 평생교육기관, 시민사회단체부설 평생교육기관, 학교부설 평생교육기관, 언론기관부설 평생교육기관 지식·인력개발사업관련 평생교육기관, 청소년 관련, 평생교육기관, 여성 관련 평생교육기관, 노인 관련 평생교육기관, 다른 법령에 의한 시설
최운실 외(2005) 『평생교육기관 실태분석 연구』	공공평생교육기관(학교형 평생교육기관, 평생교육 전담 기관, 복합형평생교육 기관) 민간평생교육기관(비형리형 평생교육기관, 영리형 평생교육기관)
최돈민 외(2003) 『평생교육지표개발연구』	학교형 교육기관, 기관형 교육기관, 민간형 교육기관, 훈련 및 연수형 교육기관, 시민사회단체형
정민승 외(2006) 『평생교육기관 정보화 지표 최적화 연구』	공공평생교육기관(평생교육 전담기관, 학교형태 평생교육기관, 원격평생교육시설, 주민자치 평생교육기관, 문화시설 평생교육기관, 복지적평생교육기관, 인력개발형 평생교육기관) 민간평생교육기관(사내대학, 원격평생교육시설, 문화센터 및 학원, 인력개발기관, 문해교육기관, 시민사회단체)
한승희 외 (2006) 『평생학습 지표개발 및 통계조사체제 수립연구』	학력인정기관(초기학력보완형태, 계속고등교육형태), 학력비인정기관(초기학력보완형태) 비형식교육기관(기관부설형, 지식서비스형, 지역기반형, 기능복합형)

출처: 김진화, 이경아 (2011: 19-34)의 자료를 요약

평생교육기관은 〈표 1-2〉와 같이 평생교육법 및 기타 법령에 따라 분류할 수 있다. 평생교육법에 따른 기관유형을 살펴보면 국가 및 지자체, 학교 및 학교부설과 학교형태·사내대학·원격대학, 문화센터, 시민사회단체, 교육산업 관련시설, 사이버 학습 관련시설의 7가지 유형으로 구분된다.

한편, 기타 법령에 따른 기관유형을 살펴보면 도서관, 박물관·미술관, 문화예술 관련 기관 및 단체, 복지관, 청소년 관련 시설 및 단체, 직업훈련 관련 기관 및 단체, 여성관련 기관 및 시설, 주민자치기관, 다문화 관련 시설 및 단체, 시민사회단체 및 기타의 11가지 유형으로 구분된다(평생교육진흥원, 2011).

〈표 1-2〉 설립근거 법령에 따른 평생교육기관 유형

구분	기관유형	기관 세부 유형
평생교육법(1)	1) 국가 및 지자체	① 평생교육진흥원
		② 시·도 평생교육진흥원
		③ 시·군·구 평생학습관
		④ 지역평생교육정보센터
		⑤ 자치단체(광역·기초)
		⑥ 교육청
	2) 학교, 학교 부설, 학교형태, 사내대학, 원격대학	① 학교의 평생교육
		② 학교 부설 평생교육시설
		③ 학교형태의 평생교육시설
		④ 사내대학형태의 평생교육시설
		⑤ 원격대학형태의 평생교육시설
	3) 문화센터	① 사업장부설 평생교육시설
		② 언론기관부설 평생교육시설
	4) 시민사회단체(NGO, NPO)	① 시민사회단체 부설 평생교육시설
	5) 교육산업 관련 시설	① 지식인력개발 평생교육시설
	6) 사이버학습 관련 시설	① 원격평생교육시설
기타법령(2)	1) 도서관	① 공공도서관
		② 학교도서관
		③ 전문도서관
	2) 박물관·미술관	① 국립 박물관 및 미술관
		② 공립 박물관 및 미술관
		③ 사립 박물관 및 미술관
		④ 대학 박물관 및 미술관
	3) 문화예술 관련 시설 및 단체	① 지역문화복지시설
		② 문화 보급·전수시설
		③ 한국문화예술교육진흥원
	4) 복지관	① 종합사회복지관
		② 노인여가복지시설
		③ 장애인복지·평생교육·지원시설
		④ 아동복지시설
	5) 청소년 관련 시설 및 단체	① 청소년 시설
		② 청소년 단체
	6) 직업훈련 관련 기관 및 시설	① 직업능력개발훈련시설
		② 평생직업교육학원
		③ 산업교육기관
		④ 공무원연수원
		⑤ 기업체연수원
	7) 여성관련 기관 및 시설	① 여성인력개발센터
		② 여성관련시설

〈계속〉

구분	기관유형	기관 세부 유형
	8) 주민자치기관	① 주민자치센터
		② 시・군・구민회관
	9) 다문화 관련 시설 및 단체	① 다문화가족지원센터
		② 다문화 관련 시설 및 단체
	10) 시민사회단체(NGO, NPO)	① 비영리민간단체
		② 비영리사(재)단법인
		③ 시민단체
	11) 기타	① 국방부
		② 보건소
		③ 상담 시설 및 기관
		④ 자원봉사단체 및 기관
		⑤ 그 외 관련 시설 및 기관

출처: 김진화, 이경아 (2011: 76-77).

3. 평생교육기관의 평생교육사업 지향성

이러한 많은 평생교육기관은 프로그램의 성격과 기관의 특성을 고려하여 [그림 1-1]에 제시된 바와 같이 다양한 형식의 평생교육사업을 지향하고 있다.

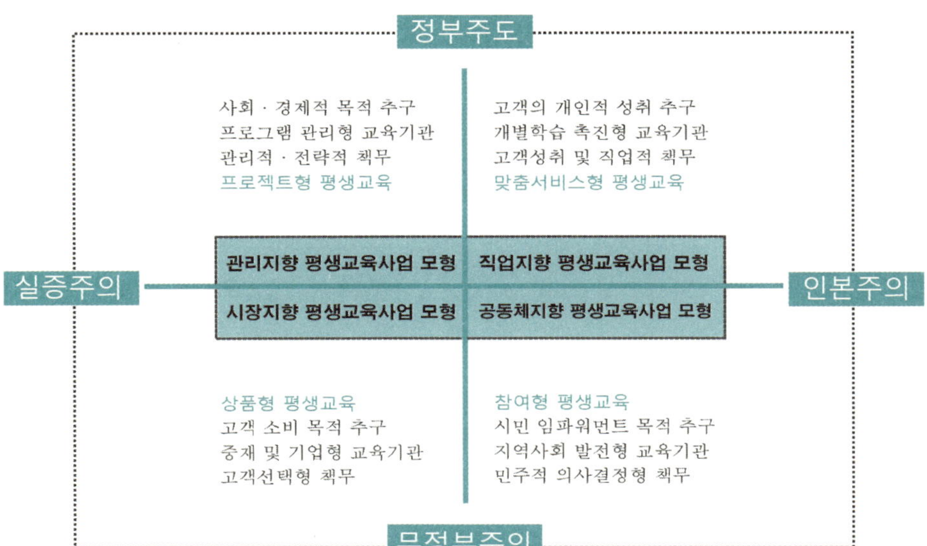

[그림 1-1] 평생교육기관의 평생교육사업 모형

출처: Watson(1999)의 자료를 수정함.

구체적으로 정부주도 하에 전개되는 실증주의 관점의 사회·경제적 목적을 추구하는 관리지향 평생교육사업 모형과 인본주의적 관점에서 시민의 개인적 성취와 직업적 전문성을 추구하는 직업지향 평생교육사업모형이다. 또한 무정부주의 상황 속에서 전개되는 실증주의 관점의 고객 라이프스타일과 소비적 목적을 추구하는 시장지향 평생교육사업모형과 인본주의 관점에서 시민의 임파워먼트 형성과 지역사회발전의 목적을 추구하는 공동체지향 평생교육사업모형이다(Watson, 1999).

4. 평생교육 프로그램의 이해

1) 평생교육 프로그램의 의의

평생교육 프로그램의 의미는 다양한 맥락에서 이해될 수 있다. 평생교육기관의 입장에서 보면 서비스 품목이며, 동시에 하나의 상품이자 제품이라 할 수 있다. 평생교육 프로그램 운영자의 입장에서 보면, 학습자와 교수자가 만나는 공간이며, 학습자의 입장에서 보면, 자신이 필요로 하고 유익을 가져다 줄 수 있는 교육적 실체이며, 동시에 자신의 삶을 성장시키는 인위적인 창조물이라 인식할 수도 있다.

이러한 맥락적 의미에서 평생교육 프로그램의 본질은 한마디로 지식의 새로운 결정체로서 일종의 지식콘텐츠이다. 현대사회에서 평생학습자는 정규학교교육에 참여하지 않고도 평생교육 프로그램 속에 포함된 지식콘텐츠를 통해 어렵고 복잡한 지식을 보다 쉽게 습득하고 활용한다.

전달과 공유의 수월성을 높이기 위한 커리큘럼으로서 지식콘텐츠는 전통적으로 교육전문가에 의해 독점적으로 생성되고 학교라는 정형화된 제도적 시스템 속에서 이루어졌다. 그러나 지식정보사회의 맥락 속에서 지식은 더 이상 과학지식이나 학술지식만 그 가치가 인정되는 것이 아니라 실용지식, 문화지식, 생활지식 등 구성적 지식으로 분화되고 확장되면서 평생교육 프로그램은 현대인이 필요로 하는 중요한 지식콘텐츠로 부각되었다.

2) 평생교육 프로그램의 개념 이해

평생교육 프로그램의 프로그램이란 용어는 많은 학문영역에서 사용되고 있는 다면적 개념이다. 보통 전산 프로그램, 사회복지 프로그램, 상담 프로그램 등을 쉽게 접한다. 이러한 용어들은 각 학문의 맥락 속에서 나름의 지향하는 목적성을 반영하여 다양한 의미를 내포한다.

모든 평생교육의 장(場)에서 학습의 주체이자 대상인 개인 학습자, 집단, 지역사회의 변화와 성장을 위해 여러 가지 구성요소를 필요로 한다. 이러한 요소 중 프로그램은 계획적이고 과학적인 방법으로 의미 있는 변화와 성장을 일으키도록 하는 중요한 교육적 실체이다. 그런데 평생교육 프로그램은 다른 여타 학문과 비슷한 의미를 내포하기도 하지만, 고유한 의미를 함축하고 있어 타 학문에서의 그 의미와는 뚜렷한 차이점이 있다.

또한 평생교육학에서 프로그램이란 용어는 전통 학교교육학에서 사용되어 온 커리큘럼이라는 용어보다 훨씬 광의적으로 사용되는 개념으로 구별하여 사용할 필요가 있다. 평생교육 프로그램의 용어가 어떤 의미를 함축하고 있는지에 대해 다음의 몇 가지 관점에서 깊이 있게 탐구해 볼 수 있다.

(1) 프로그램의 어원적 의미

어원적으로 프로그램이란 용어는 외래어로 [그림 1-2]에서 보는 바와 같이 희랍어인 "prographein(사전조치 혹은 선전포고)"에서 유래한 것으로 변화와 갱신의 의미가 함축되어 있다. 부연설명을 하자면, 균형과 무변화의 상태를 의미하는 "gram"이란 용어와 사전조치(praphein)의 의미를 내포하고 있는 "pro"란 용어가 융합된 개념이다. 그 의미는 일정한 방향과 의도성을 전제하고 사전에 준비과정을 거쳐 이에 상응하는 처치효과와 변화를 함축하는 용어이다.

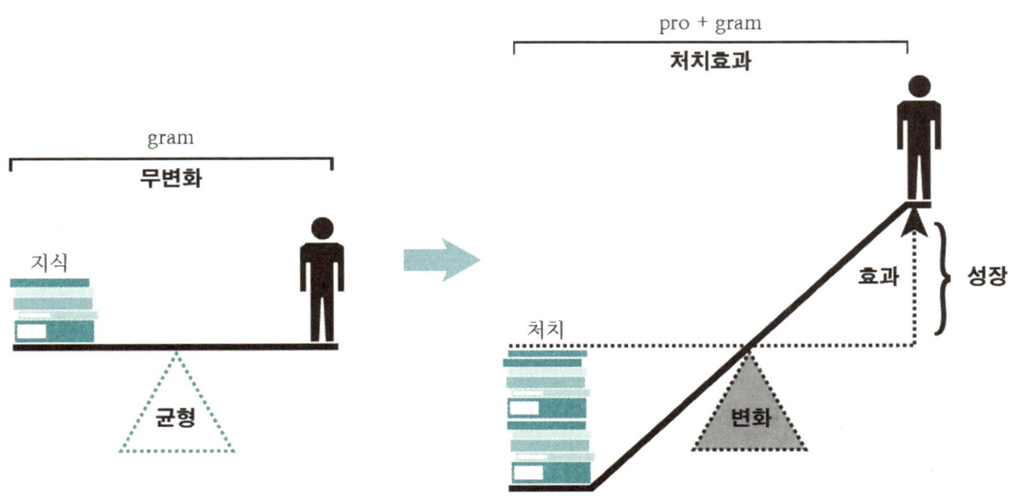

[그림 1-2] 프로그램의 어원적 의미

이처럼 프로그램이란 용어는 [그림 1-2]에서 보는 바와 같이 인간의 성장과 변화를 위해 의도된 사전적 조치와 처치의 행위를 통해 인간(학습자)에게서 일정한 변화와 성장을 유도하고 촉진하는 교육적 조건과 실체이다. 이러한 교육적 조건은 인간의 변화와 성장을 촉진하기 위해 사전에 구성된 지식콘텐츠이며, 지식의 새로운 결정체로서 평생교육 프로그램을 의미한다.

(2) 일상적 의미

프로그램이란 용어는 일상생활에서 흔히 접할 수 있는 개념이다. 보통 프로그램의 일상적 의미를 이해하기 위해서는 방송 프로그램, 행사 프로그램, 컴퓨터 프로그램 등을 떠올리면 그 의미를 쉽게 짐작할 수 있다. 이 때 프로그램의 의미는 앞으로 진행될 사건이나 활동의 의미가 강하다. 또한 연극이나 영화, 음악회 등 각종 공연장에서 공연의 내용을 안내하거나 소개하기 위해 배포되는 작은 책자를 떠올리는 것도 프로그램의 개념을 이해하는데 도움이 된다. 이때의 의미는 시간이나 순서에 따라 앞으로 행해져야 할 내용에 대한 인쇄된 일정계획을 뜻한다. 이처럼 프로그램의 일상적 의미는 프로그램과 관련된 인간의 실존을 무시한 채 단순히 시간에 따라 순차적으로 진행될 내용 혹은 사건, 그리고 활동만을 강조한다.

(3) 교육적 의미 : 커리큘럼

교육적 의미에서 프로그램은 단순히 시간 순서에 따라 진행될 사건이나 활동만을 의미하지 않고, 학습자의 실존적 가치를 인정함으로써 그 이상의 포괄적인 의미를 함축하고 있다. 교육과정이란 학교교육 체제에서 주로 사용되어 온 용어로 학습자가 사전에 설정해 놓은 목표를 향해 일정한 변화를 유발할 수 있도록 교수자와 전문가가 제공하는 지식, 정보, 기술 등 관련내용을 체계화시켜 놓은 것을 의미한다.

또한, 교육적 의미에서 프로그램의 이해를 위해 교육과정의 의미를 보다 깊게 이해할 필요가 있다. 〈표 1-3〉에서 보는 바와 같이 교수·학습차원과 내용·행위측면을 연계시켜 그 의미를 4가지의 의미로 탐구하면 첫째 체계화된 지식·정보·기술, 둘째 학습자의 교육적 경험·체험, 셋째 교수자의 교육내용 계획·설계, 넷째 학습자의 행동변화·학습결과라는 4가지의 의미로 이해된다.

〈표 1-3〉 교육과정의 의미 분류

차원 / 측면	교수차원	학습차원
내용측면	지식 · 정보 · 기술	경험 · 체험
행위측면	계획 · 설계	변화 · 결과

평생교육 프로그램은 규범적이고 필수적인 성격을 띠고 있는 학교교육의 커리큘럼보다는 그 형식과 내용 측면에서 선택적이고 융통성이 강한 성격을 띠고 있다(Etling, 1974:34). 이러한 특성 때문에 평생교육에서 교육과정(커리큘럼)이란 용어보다는 프로그램이란 용어가 주로 사용된다. 전통적으로 지식과 교재를 강조하는 내용중심적 성격과 학습자의 자발적인 선택을 제한하는 규범적이고 폐쇄적인 성격이 강한 교육과정이란 용어를 평생교육 현장에서 그대로 사용하기에는 부적절한 것이다.

(4) 평생교육적 의미 : 프로그램

평생교육에서 사용되는 프로그램(program)이란 용어는 교육내용과 학습경험을 중시하는 '커리큘럼(curriculum)'이나 '코스(course)'와 유사하지만, 그 내용과 형식면에서 다른 점이 많다. 또한 순서와 활동이 강조되는 프로젝트(project), 활동계획(plan of action), 교육활동일정표(calendar of educational activities)와도 다르다. 우리가 평생교육 프로그램이란 용어를 사용하는 것은 전통 학교중심 교육학의 커리큘럼과 구별하기 위한 용어의 편의성 차원에서만 사용되는 것이 아니다. 이제 프로그램(program)이란 용어는 교육내용과 학습자의 체험에 초점을 맞추고 있는 교육과정(curriculum)의 개념과 순서와 활동만을 강조하는 활동계획(plan of action)의 개념을 유기적으로 재형성한 평생교육학의 고유한 개념(unique concept)으로 정착되었다.

프로그램이란 개념은 어원상 다차원적인 개념으로 다양한 의미를 가진다. 여기에는 언어철학적인 입장에서 5가지의 형태(mode)로 프로그램의 용어를 분석한 바 있다. 즉, ① 체제(system)의 의미, ② 계획 과정에서 동사(verb)의 기능을 수행하는 기획(planning)의 의미, ③ 기획을 통해 완성된 결과로서의 계획(plan)의 의미, ④ 문서(document)의 의미, ⑤ 수행(performance)이나 활동(activity)의 의미 등이 그것이다(김진화, 2001). 이것을 평생교육 상황에 적용하여 생각해 볼 때, 어원적으로 프로그램이란 첫째 일종의 활동(activity)이며, 둘째 위계화 되고 순서화된 활동내용과 계속적인 절차를 말하며, 셋째 모든 활동이 한 개 이상의 아이템(items)이나 사건(events)과 조합되어 있음을 뜻하며, 넷째 모든 아이템과 사건들이 일정한 목표를 가지고 있으며, 다섯째 모든 활동과정에서 하나의 사건과 다른 사건들이 서로 상호 관련되어 있는 하나의 네트워크 특성을 가지고 있다고 할 수 있을 것이다.

이처럼 평생교육 프로그램은 그 내용과 형식은 물론이고 프로그램의 단위와 범위도 일정하지 않고 다양하다. 뿐만 아니라 프로그램 속에 포함된 교육내용, 교육활동, 교육방법 등이 하나의 시스템처럼 유기적인 네트워크를 형성하고 있는 것이 특징이다.

5. 평생교육기관과 교육프로그램의 관계

평생교육기관과 평생교육 프로그램은 분리될 수 없는 불가분의 관계를 가지고 있다. 평생교육기관은 다양한 평생교육 프로그램을 통해 기관의 정체성과 성과를 확인하고, 평생학습자가 평생교육 프로그램을 보고 기관에 접근하기 때문이다. 평생교육기관과 교육프로그램의 관계를 정리하면 다음과 같다.

첫째, 평생교육 프로그램은 현대사회에서 필요로 하는 지식과 정보로서의 가치가 새롭게 재조명되고 있고, 현대인의 문화생활 및 활동과 밀접한 관련이 있는 유용한 문화콘텐츠로 확산되면서 이것을 학습자의 요구에 맞게 보다 쉽고 빠르게 제공해야 하는 평생교육기관의 시대적 책무성과 연계되어 있다. 즉, 평생교육 프로그램은 평생교육기관의 적응기제이며, 변화창출 전략이다(Long, 1983; 김진화, 2001).

둘째, 평생교육기관은 변화하는 사회에 대한 현대인의 요구와 필요를 충족시키기 위해 평생교육 프로그램을 대안으로 제시함과 동시에 평생교육기관은 현대인이 평생교육 프로그램을 통해 새로운 변화를 창출하도록 지원한다.

셋째, 평생교육 프로그램은 시대의 지적 자산이자 문화콘텐츠로 최근 그 종류와 수가 급속히 증대되면서 평생교육기관의 특성을 반영하는 중요한 속성으로 정착되고 있다.

넷째, 다양한 종류의 평생교육 프로그램은 고객이자 수요자인 현대인이 자신이 원하는 시점에서 각자의 필요와 요구에 맞게 즉시적으로 활용될 수 있도록 평생교육 프로그램의 목적과 내용을 체계적으로 분류하고 범주화시켜 그 정보가치를 향상시켜 학습자에게 활용성을 높여주어야 하는 평생교육기관의 새로운 기능을 부각시키고 있다(김진화, 2009: 19).

6. 평생교육기관의 한국 평생교육 프로그램 분류

평생교육 프로그램들을 체계적으로 관리하고 이를 학습자에게 제공하기 위해서 평생교육 프로그램을 분류해야 할 필요성이 평생교육기관 차원에서 점차 늘어나고 있다(김진화 외, 2010).

한국에서 평생교육 프로그램 분류는 평생교육기관의 속성과 특성을 드러내는 의미 있는 요소로 간주되고 있어, [그림 1-3]에 제시된 바와 같이 한국 평생교육 프로그램 6진 분류표에 의해 평생교육기관이 지향하는 평생교육 영역이 규정되고 그 영역 속에서 프로그램의 경향성을 살펴 볼 수 있다.

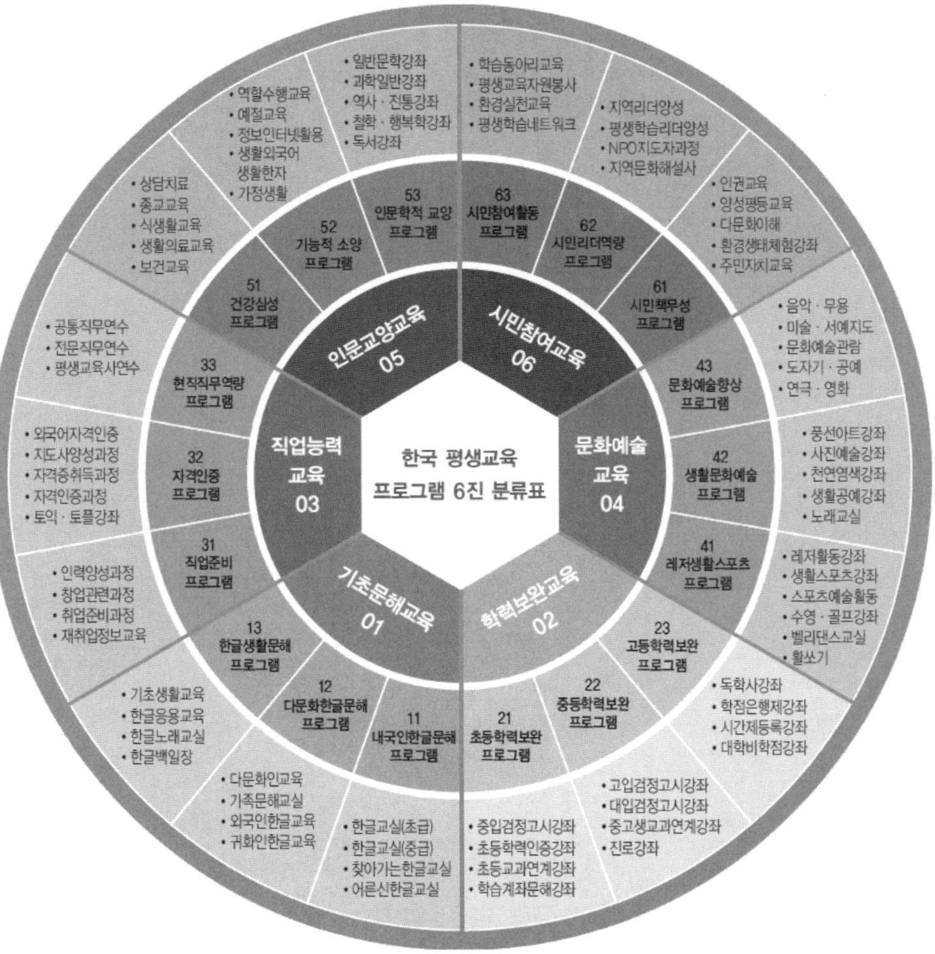

[그림 1-3] 한국 평생교육 프로그램 6진 분류표

또한, 한국 평생교육 프로그램 분류체계표를 통해 다양하게 존재하는 프로그램들의 체계적 분류를 시도하였다. 다음의 〈표 1-4〉는 기초문해교육, 학력보완교육, 직업능력교육, 문화예술교육, 인문교양교육, 시민참여교육으로 분류하여 한국 평생교육 프로그램 6대 영역에 대한 정의와 각 영역별 하위영역을 규정하고 각 영역에 해당되는 프로그램을 명시하여 이해하기 쉽도록 표로 만든 것이다.

〈표 1-4〉 한국 평생교육 프로그램 분류체계표(KLPCS)

<table>
<tr><th colspan="2">대분류</th><th colspan="2">중분류</th><th rowspan="2">프로그램 예시</th></tr>
<tr><th>6대 영역</th><th>정의</th><th>하위영역</th><th>정의</th></tr>
<tr><td rowspan="3">기초문해교육
(언어적 기초와 활용)</td><td rowspan="3">한글을 읽고, 쓸 수 있도록 하는 문자해득능력과 생활 속에 서 직면한 문제를 해결하고 주어진 과업을 수행할 수 있는 문해활용능력을 개발하는 평생교육</td><td>내국인한글문해 프로그램</td><td>내국인 중 비문해자가 한글을 읽고, 쓸 수 있는 문자해득능력을 갖도록 체계적으로 지도하는 프로그램</td><td>어르신한글교실,
한글교실
(초급・중급)
학습계좌 미인정
한글강좌</td></tr>
<tr><td>다문화한글문해 프로그램</td><td>다문화 외국인 중 비문해자가 한글을 읽고, 쓸 수 있는 문자해득능력을 갖도록 체계적으로 지도하는 프로그램</td><td>외국인 한글교실
다문화가족문해교실
귀화인한국어교육과정</td></tr>
<tr><td>한글생활문해 프로그램</td><td>문자해득 후 한글을 응용하여 직면한 문제를 해결하고 주어진 과업을 수행할 수 있는 문해활용능력을 개발하도록 지원하는 프로그램</td><td>다문화교육,
한글교실(고급), 한글응용교육, 문해학습자
컴퓨터활용교육,
기초영어교육,
한글인증시험
준비교육과정</td></tr>
<tr><td rowspan="2">학력보완교육
(학력 조건과 인증)</td><td rowspan="2">초・중등교육법, 고등교육법, 평생교육법에 명시된 소정의 학력을 인정받기 위해 필요한 이수단위 및 학점과 관련된 학력인증 평생교육</td><td>초등학력보완 프로그램</td><td>초등학력의 보완 및 인증 규정에 의해 평생교육시설 및 기관에서 운영되는 소정의 프로그램</td><td>학습계좌문해
교육프로그램,
중입검정고시좌.,
초등학력인증강좌,
초등교과연계강좌,
과학교실</td></tr>
<tr><td>중등학력보완 프로그램</td><td>중・고등학교 학력의 보완 및 인증 규정에 의해 평생교육시설 및 기관에서 운영되는 소정의 프로그램</td><td>고입검정고시강좌,
대입
검정고시 강좌,
중고생 교과
연계강좌, 진로강좌</td></tr>
</table>

〈 계속 〉

<table>
<tr><th colspan="2">대분류</th><th colspan="2">중분류</th><th rowspan="2">프로그램 예시</th></tr>
<tr><th>6대 영역</th><th>정의</th><th>하위영역</th><th>정의</th></tr>
<tr><td></td><td></td><td>고등학력보완 프로그램</td><td>전문학사 및 학사 학력의 인증 규정에 의해 평생교육시설 및 기관에서 운영되는 소정의 프로그램</td><td>독학사강좌,
학점은행제강좌,
시간제등록강좌,
대학 비학점강좌</td></tr>
<tr><td rowspan="3">직업능력 교육
(직업준비와 직무역량 개발)</td><td rowspan="3">직업에 필요한 자격과 조건을 체계적으로 준비하고, 주어진 역할과 직무를 효과적으로 수행할 수 있도록 지원하는 평생교육</td><td>직업준비 프로그램</td><td>특정 직업에 새롭게 취직하기를 희망하고 성공적인 창업에 필요한 지식, 정보, 기술, 기능을 획득하고 관련 조건을 체계적으로 준비할 수 있도록 지원하는 프로그램</td><td>인력양성과정,
창업관련과정,
취업준비과정,
재취업정보교육</td></tr>
<tr><td>자격인증 프로그램</td><td>특정 직업의 직무수행에 필요한 전문적인 지식, 기술, 기능이 일정한 수준에 도달하여 소정의 자격을 제도적으로 인증받을 수 있도록 지원하는 프로그램</td><td>외국어자격인증,
지도사양성과정,
자격증취득과정,
자격인증과정,
토익・토플강좌</td></tr>
<tr><td>현직직무역량 프로그램</td><td>현직 종사자에게 보다 발전적인 직무수행에 필요한 관련 지식과 정보를 획득하게 하고, 관련 기술과 기능을 습득하고 익힐 수 있도록 지원하는 프로그램</td><td>공통직무연수과정,
전문직무연수과정
(예: 평생교육사연수),
경력개발과정</td></tr>
<tr><td rowspan="2">문화예술 교육
(문화예술 향유와 활용)</td><td rowspan="2">문화예술적 상상력과 창의력을 촉진하고 문화예술 행위와 기능을 숙련시키는 일련의 과정과, 일상생활 속에서 문화예술을 향유하고 접목할 수 있는 능력을 개발하는 평생교육</td><td>레저생활 스포츠 프로그램</td><td>체력증진 및 여가선용을 위하여 일상생활 속에서 지속적으로 행하는 체육활동 및 전문적 스포츠관련 프로그램</td><td>레저활동강좌
(예:활쏘기),
생활스포츠강좌
(예:수영・골프강좌
스포츠예술활동
(예:벨리댄스교실)</td></tr>
<tr><td>생활문화 예술 프로그램</td><td>문화예술을 일상생활에 접목하여 생활문화의 질을 향상시키고, 삶의 문화를 보다 풍성하게 향유할 수 있도록 지원하고 인증하는 프로그램</td><td>풍선아트강좌,
사진예술강좌,
천연염색강좌,
생활공예강좌,
노래교실강좌,
천연화장품만들기,
인테리어홈패션, POP</td></tr>
</table>

〈 계속 〉

대분류		중분류		프로그램 예시
6대 영역	정의	하위영역	정의	
		문화예술 향상 프로그램	문화예술작품 및 행위를 의미있게 체험하고 문화 예술적 가치가 높은 작품을 완성할 수 있도록 체계적으로 지도하고 인증하는 프로그램	음악·무용, 미술·서예지도, 문화예술 체험 및 관람, 도자기·공예, 연극·영화,
인문교양 교육 (교양확장 및 소양개발)	특정 직업에 필요한 전문지식 및 기술 획득을 위한 학습보다는 교양을 갖춘 현대인으로서 전인적인 성품과 다양한 소양을 개발하고, 신체적·정신적 건강을 겸비할 수 있도록 지원하는 평생교육	건강심성 프로그램	현대사회에서 건강한 삶과 생활을 위한 심리적 안정을 촉진하고 신체 건강에 필요한 활동과 체험을 체계적으로 지원하고 인증하는 프로그램	상담치료, 종교교육, 식생활교육, 생활의료교육, 웰빙 및 보건교육
		기능적 소양 프로그램	일상생활의 적절한 역할수행과 현대인이 갖추어야할 다양한 소양과 관련된 기능적 자질과 능력을 개발하고 실천하도록 지원하고 인증하는 프로그램	역할수행교육, 예절교육. 정보인터넷활용. 생활외국어. 가정생활, 직장생활교육, 생활한자
		인문학적 교양 프로그램	전인적 품성과 지혜를 갖춘 현대인으로서 인문학적 교양과 상식을 확장하고, 문학·역사·철학과 관련된 체험과 활동을 체계적으로 지원하고 인증하는 프로그램	일반 문학 강좌, 과학일반강좌, 역사·전통강좌, 철학·행복강좌, 독서 강좌
시민참여 교육 (사회적 책무성과 공익적 활용)	현대의 민주시민으로서 갖추어야할 자질과 역량을 개발하고, 사회통합 및 공동체 형성과 관련하여 시민참여를 촉진하고 지원하는 평생교육	시민 책무성 프로그램	현대시민으로서 갖추어야할 사회적 책무성을 개발하고 사회통합 및 공동체 형성을 촉진하고 지원하고 인증하는 프로그램	인권교육, 양성평등교육, 다문화이해, 환경생태체험강좌, 주민자치교육, 재소자의식교육, 지역이해교육, 국가정책이해교육, 민방위교육(인지적·당위적인 사항)
		시민리더 역량 프로그램	국가 및 지역사회의 공익적 사업을 효과적으로 추진할 수 있는 시민을 발굴·육성하고 그들의 자질과 역량을 개발하고 인증하는 프로그램	지역리더양성, 평생학습리더양성, 평생학습상담자양성과정 , NGO(NPO) 지도자과정, 지역역사문화 해설 사과정
		시민참여 활동 프로그램	현대사회의 구성원으로서 지역사회조직 및 공익적 사업에 대한 개인적·집단적인 참여를 촉진하고 평생학습 참여기회를 지원하고 인증하는 프로그램	학습동아리교육, 평생교육자원봉사, 환경실천교육, 평생학습네트워크

제2장

평생교육 프로그램 운영의 이해

1. 프로그램 운영의 개념 이해

교육운영이란 한마디로 교육프로그램 운영이라는 개념으로 정리할 수 있다. 교육프로그램 운영(program operation)이란 교육을 전개하기 위해 설계된 교육프로그램을 실행하는 것이다.

교육운영에 관한 개념을 이해하기 위해서는 교육과정 작동이란 용어를 살펴보는 것이 도움이 된다. 교육과정 작동(curriculum engineering)이란 기계론적 교육관의 입장에서 사전에 준비된 교육과정을 마치 기계를 작동시키는 것과 같은 조작적인 행위(operational arts)를 말한다.

프로그램을 운영하는 것은 사전에 준비되고 계획된 전개과정을 진행하는 조작적인 행위라 할 수 있으나 실제 현장에서는 가변적인 요인에 의해 교육운영 담당자의 신속한 조치와 전문적인 노력이 요청된다.

실제 교육프로그램이 전개되는 과정에서 교육운영과 실행은 교수자, 학습자, 운영요원 등의 협동적 실천 행위(cooperative arts)가 있어야 가능하다. 교육프로그램 운영은 컴퓨터 프로그램처럼 간단한 조치행위에 의해 자동적으로 작동되는 것이 아니라 교육프로그램과 관련된 사람들의 인위적인 노력이 필요하기 때문이다.

그러므로 교육프로그램 운영이란 다음의 [그림2-1]과 같이 기계론적 조작이나 작동의 의미가 아니라 교수자의 교수행위, 학습자의 학습행위, 운영요원의 운영 및 관리행위가 통합적으로 상호작용하는 인간의 인위적인 노력에 의해 전개되는 것을 의미한다.

앞으로 교육운영은 교육현장에서 교육프로그램이 양적으로 급속히 확산되고 있는 상황 속에서 프로그램의 질적 성장과 더불어 학습자의 요구를 충족시키고 교육기관의 가치를 실현하기 위해 그 중요성이 더욱 부각될 것이다.

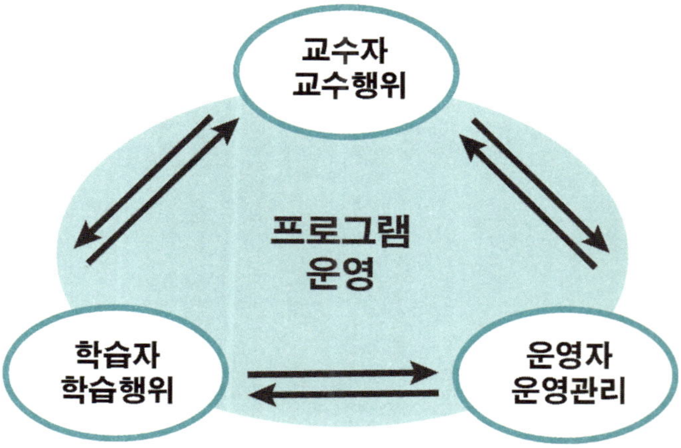

[그림2-1] 교육프로그램 실행의 전개요인

출처 : 김진화(2006)

2. 평생교육 프로그램 운영 직무의 개념

평생교육 프로그램 운영은 프로그램과 관련하여 실행, 경영, 관리, 감독, 행정 등 다차원적인 의미를 내포하고 있어, 보다 정확한 의미는 단선적인 의미규정에서 탈피하여 전개과정 관점, 자원투입 관점, 목표실현 관점, 실천행위 관점으로 규정될 필요가 있다.

1) 전개과정 관점

전개과정 관점은 프로그램을 실행하기 위해 준비 단계부터 프로그램 실시, 정리, 사후관리에 이르기까지 일련의 과정을 의미한다.

2) 자원투입 관점

자원투입 관점은 프로그램에 필요한 인적·물적 자원을 투입하여 프로그램이 원활하게 실행되도록 하기 위해 교수자·학습자를 확보하고 관리하는 것뿐만 아니라 관련된 교육매체와 예산 등을 적절히 투입하고 관리하여 교육환경을 조성하는 것을 의미한다.

3) 목표실현 관점

목표실현 관점은 개발된 프로그램을 통해 학습자의 성장과 변화를 촉진시켜주고, 기관의 비전을 실현하기 위해 행동으로 옮기는 과정이다.

4) 실천행위 관점

실천행위 관점은 프로그램 운영과 관련된 행위 주체자 간의 호혜적인 상호작용을 촉진하는 협동적 실천행위이다.

이상의 내용을 토대로 평생교육 프로그램 운영 직무의 개념은 다음과 같이 규정될 수 있다. 평생교육사가 평생교육 실천현장에서 프로그램에 참여한 학습자를 대상으로 기획된 프로그램이 원활하게 전개될 수 있도록 교육환경을 조성 및 지원하는 전략을 세우고 인적·물적 자원을 적절하게 투입하여 프로그램 목표를 성취할 수 있도록 학습자, 교수자, 평생교육사의 행위가 통합적으로 상호작용하는 협동적 실천행위(cooperative arts)이다.

3. 프로그램 운영의 이론적 관점

교육운영과 관련하여 평생교육학은 교육프로그램 운영의 현상을 조망하는 이론적 준거로 프로그램 운영 계획이론, 프로그램 경영이론, 프로그램 실행이론 등을 제시하고 있다(김소현, 김진화, 2008).

1) 프로그램 운영 계획이론

프로그램 운영 계획이론은 평생교육 실천현장에서 프로그램의 목표를 효과적으로 달성하기 위해 적절한 관리도구와 기법을 통해 체계적인 프로그램 관리계획을 수립하여 단계적으로 점검해 나가는 과정을 강조하는 관점이다. 여기에는 (1) 목표달성을 위한 관리도구, (2) 문제발견 및 예측에 대한 관리도구, (3) 프로그램 진행에 대한 관리도구 등이 포함된다. 이것은 프로그램 운영 관리도구의 활용을 통해 프로그램 운영 계획을 합리적으로 세우고, 프로그램 운영을 준비하는 사항과 무엇을 어떻게 할 것인가를 확인시켜주는 관점이다.

(1) 목표달성을 위한 관리도구

목표달성을 위한 관리도구로 대표적인 것은 체크시트와 계통도법, MBO 등이 있다. 체크시트는 프로그램 운영과 관련된 절차나 과업을 항목별로 대분류 및 중분류로 사전에 정한 후, 해당 프로그램이 분류 항목별로 어디에 집중하고 있는지를 알아보기 쉽게 도식화한 것이며, 계통도법은 프로그램이 진행되는 상황을 나뭇가지 모양으로 표현하는 방식이다. MBO는 프로그램 운영에 대해 합리적인 틀을 제공하며, 프로그램의 효과성과 효율성을 달성하기 위한 수단이 된다. 이러한 도구는 평생교육사가 프로그램을 운영하는 과정에서 프로그램의 목적 및 목표가 어느 정도 이루어지고 있는지를 개괄적으로 파악하고 전개과정을 거시적으로 확인하는데 유용하다.

(2) 문제발견 및 예측에 대한 관리 도구

문제발견 및 예측에 대한 관리 도구는 모니터링 도구와 5W1H 체크리스트 도구 등이 있다. 모니터링 도구는 경영학에서 주로 사용되고 있는 것으로 프로그램 운영과정에서 발생되는 서비스의 질, 비용, 전달, 안전, 방법에 대해 점검하는데 초점이 맞추어지고, 5W1H 체크리스트는 프로그램의 실행주체, 실행목적, 실행내용, 실행방법, 실행시기 및 기간, 장소 등 여섯 가지 측면에서 프로그램 운영 과정을 체크하여 문제점이나 미비점을 발견하고 사전에 예방하기 위한 도구이다. 이러한 도구는 평생교육사가 프로그램 전개과정에서 발생할 수 있는 문제점을 사전에 발견하고 해결하는데 유용하다.

(3) 프로그램의 효과적인 진행을 위한 관리도구

프로그램의 효과적인 진행을 위한 관리도구는 간트 도표(Gantt chart), 프로그램평가검토기법(PERT), 월별활동 카드(Shed-U graph), 총괄진행표(flow chart) 등이 있다. 간트 도표는 Gantt(1919)에 의해 개발된 것으로 프로그램 운영을 완성하기 위해 일정기간 동안 행해질 의도적인 활동을 막대도표로 제시하는 활동별 시간계획표라 할 수 있다. 프로그램평가검토기법(program evaluation and review technique)은 미국의 스페리랜드 회사가 개발한 것으로 프로그램의 목표와 관련된 과업과 활동 간의 관계를 시간 순서에 따라 논리적으로 도식화하여 프로그램진행 정도를 나타내는 방법이다. 월별활동 카드는 간트 도표와 비슷한 방식으로 프로그램 운영의 세부 활동과 과업을 월별로 구분하여 카드에 기입하여 관리하는 방법이다. 총괄진행표는 프로그램운영의 순서와 과업을 운영 주체별로 할당하여 도식화시키는 방법이다. 이러한 도구는 평생교육사가 프로그램 운영 과정에서 담당해야 할 과업과 역할을 상세하고 구체적으로 확인하는데 유용하다.

2) 프로그램 경영이론

프로그램 경영이론은 프로그램의 성격에 따라 지향하고자 하는 목표를 성취하기 위해 전략적으로 프로그램 운영 방안을 수립하고 이것을 체계적으로 실행하는 방법과 원리를 제시하는 관점이다. 여기에는 프로그램 마케팅, 프로그램 예산관리, 고객관리 및 지원, 프로그램 통합적 관리 등이 포함된다. 이것은 프로그램을 시장지향 측면과, 서비스지향 측면에서 프로그램의 품질 및 기관의 이윤창출과 학습자의 만족도를 높이기 위해 효과적으로 운영하는 전략을 세울 수 있는 프로그램운영의 이론적 관점이다.

(1) 프로그램 마케팅(program marketing)

프로그램 마케팅(program marketing)은 경쟁시장에서 경쟁우위를 획득하고 유지할 수 있는 마케팅 수단을 동원하는 것으로 잠재적인 학습고객의 참여를 유도하고 촉진시키기 위해 4P(Product, Place, Price, Promotion)가 있다. 4P에서 생산물(product)은 학습자의 요구 및 필요에 충족시킨 프로그램을 말하며, 장소(place)는 프로그램을 학습자에게 접근이 용이할 수 있도록 하고, 가격(price)은 수강료와 같이 학습자가 지불하는 비용을 결정하는 것이며, 진흥(promotion)은 프로그램에 대한 홍보나 광고 등으로 교육 대상자에게 가장 잘 접근 할 수 있는 방법을 선정해야 한다. 여기에서 프로그램 운영과 관련하여 평생교육사는 프로그램에 대한 자세한 정보를 고객에게 제공하고 고객의 참여를 유도·촉진시키기 위한 다양한 조치를 취하는 것으로 홍보, 광고 등 프로그램 진흥(promotion)과 관련된 과업에 역점을 두어야 한다(김진화, 정지웅, 1997: 243). 이러한 접근은 평생교육사가 프로그램을 하나의 상품으로 인식하여 프로그램 판매에 목적을 두고 수강생의 모집, 중도탈락 등의 예방을 통해 프로그램의 수익성·경제적 부가가치를 창출을 지향한다. 즉, 평생교육사가 4P를 통해 시장조사, 학습고객 모집을 위한 홍보, 광고와 관련된 과업을 수행하는 것이 주요 내용이 된다.

(2) 프로그램 예산관리(managing program budgets)

프로그램 예산관리(managing program budgets)는 평생교육 프로그램을 운영하는 과정에서 필요로 하는 비용을 편성하고 효율적으로 집행하는 원리와 방법이다. 예산은 프로그램을 제어하는 가장 중요한 관리 도구(Rapp & Poerter, 1990)로서 예산의 편성 요소로는 프로그램의 목표를 검토하고, 프로그램 실행에 사용가능한 자원을 확인하며, 재정을 배분 및 예산관리하고 평가하는 작업이 필요하다(기영화, 2001: 184). 또한 Gross는 예산관리 도구가 조직의 관리자가 각 프로그램의 활동과 실행 일정 등의 검토를 위해 필요하며 프로그램의 목표와 연계하여 프로그램을 통제하고 계획하는 관리능력이 필요하다고 하였다(박태룡, 1997). 이러한 예산관리는 평생교육사가 계획한 프로그램 운영의 효과성을 향상시키기 위해 필요한 경비와 비용을 적절한 시기에 편성하고 집행하는 역할과 관련된다.

(3) 고객관리 및 지원

고객관리 및 지원은 경영학의 고객만족(customer satisfaction, CS)분야와 깊은 관련이 있다. 고객과 눈높이를 맞추는 것을 의미하며 고객이 무엇을 원하고 있으며 무엇이 불만인지 알아내서 고객의 기대에 부응하여 우수한 프로그램과 좋은 서비스를 제공함으로써 고객만족을 극대화하는 것을 의미한다. 즉, 고객만족지향 프로그램은 경제적 부가가치 창출보다는 고객을 위해 교육적 서비스를 제공하여 만족을 충족시키데 중점을 둔다. 이러한 고객관리 및 지원은 평생교육사가 프로그램 운영에서 서비스의 질을 높이고, 불편사항을 해결하는 등 고객마인드를 가지고 있어야 함을 의미한다.

(4) 프로그램 통합적 관리(integrated managing program)

프로그램 통합적 관리(integrated managing program)는 평생교육기관에서 운영하고 있는 모든 프로그램에 대해 지속적인 개설여부와 폐지의 선택을 합리적으로 판단하고 결정한다. 이와 관련하여 프로그램 생애주기별(도입기, 성장기, 성숙기, 쇠퇴기)로 프로그램 관리 방식을 다르게 해야 하고, 이에 적절한 관리방안으로 통합적 프로그램군 관리 전략이 있다(오혁진, 2003: 167−189). 다시 말해 평생교육기관에서 진행 중인 여러 가지 프로그램들을 일정한 기준에 의해 통합적으로 평가·분석하고 이를 적절한 관리전략으로 수립하는 통합적 프로그램군 관리전략이 필요하다는 관점이다. 구체적으로 통합적 프로그램군 관리전략에는 프로그램의 핵심성과 품질에 따른 관리전략,

프로그램의 시장성장률과 시장점유율에 근거한 관리전략, 지명도·선호도측정에 따른 관리전략, 프로그램의 경쟁적 위치선정 전략을 제시하면서 효율적인 경영을 위한 프로그램분석 및 관리전략을 설명하였다. 이러한 통합적 관리는 평생교육사에게 프로그램의 개설과 폐지의 여부를 판단할 수 있는 합리적이고 객관적인 능력이 요청된다.

3) 프로그램 실행이론

프로그램 실행이론은 프로그램이 전개되는 과정에서 수행되는 업무를 단계별로 관리·조정하고, 효과적인 교수-학습 전개에 필요한 인적·물적 자원을 지원하며 직접 프로그램을 실행하는 과정에서 나타나는 사건과 현상을 조망하는 관점이라 할 수 있다.

여기에는 프로그램 전개 및 관리, 관계조성, 교수-학습 지원, 교수-학습 실행과 관련된 사항 등이 포함된다. 이것은 교육프로그램 각 단계의 투입요소에 대한 적절한 관리 및 조정과 프로그램 운영 관련 주체자들의 협동적 행위로 프로그램을 원활하게 전개할 수 있도록 촉진하고, 교수-학습과정에서 학습자와의 상호작용을 주도적으로 실천하는 교육프로그램 운영의 관점이라고 할 수 있다.

(1) 프로그램 전개 및 관리의 관점

프로그램 전개 및 관리의 관점은 프로그램이 전개되는 흐름(준비, 도입, 전개, 정리, 평가)에 따라 이루어지는 다양한 행사와 필요한 행정업무를 관리한다. 이와 관련하여 여러 학자에 의해 프로그램과 관련된 인적·물적 자원을 투입하여 프로그램이 원활하게 전개 될 수 있도록 프로그램이 진행되는 준비, 실시, 정리 단계로 나누어 논의된바 있다. 이러한 관점은 평생교육사가 수행하여야 할 각 단계(프로그램 준비, 전개, 평가 및 사후관리)에 투입할 요소의 확인 및 적절한 역할을 체크하는데 유용하다.

(2) 관계조성

관계조성은 효과적인 프로그램 운영을 위해 조직 내·외 관계자와 파트너십을 유지하고, 학습자, 강사와 유기적 관계를 형성하는 행위에 초점을 맞춘다. 이와 관련하여 Houle(1972)은 프로그램 활동은 교육자, 학습자, 분석자들의 공동노력이 필요하다고 주장하고 프로그램 운영에서 체제와 학습자의 연계를 강조하였다. Caffarella(1994)

는 프로그램 운영과 관련하여 기관, 운영자, 학습자 등의 통합적인 상호작용을 강조하였으며, 김진화(2001) 역시 프로그램 운영에서 프로그램에 관련된 학습자, 교수자, 운영 요원 등의 인간의 의도적인 노력이 필요하다고 하였다. 즉, 효과적인 프로그램 운영을 위해서 학습자, 교수자, 평생교육사의 협동적 실천행위가 필요함을 도출할 수 있다.

(3) 교수-학습 지원

교수-학습 지원은 학습자와 교수자(강사)가 실제로 프로그램이 이루어지는 장면에서 필요한 제반요소를 지원한다. 이와 관련하여 학습자와 강사 지원 및 관리측면에서 설명할 수 있다(권이종 외 2001; 김진화, 2001; 기영화, 2001). 먼저 학습자 지원 및 관리 측면에서는 학습자 특성을 고려하여 학습자를 동기화시키고 현재와 미래의 문제를 상담컨설팅(김진화, 2001)하며, 다양한 학습기회와 학습정보를 제공하여, 학습과 관련된 문제를 스스로 해결 할 수 없는 성인학습자를 위한 문제해결을 도와 줄 수 있는 체계적이고 효과적인 원조행위, 학습상담이 필요하다(권이종 외, 2001: 349). 강사 지원 및 관리측면에서는 프로그램 모니터, 조정 등을 통한 프로그램 관리자(program coordinator)로서 역할 수행하며, 효과적인 학습활동 진행을 위해 교육내용과 교수기법에 따라 다른 설비가 갖추어짐을 상기하고 적절히 변형하여 사용하도록 지원하는 것이 필요하다(기영화, 2001: 170-178). 즉, 교수-학습 지원 관점은 단순히 매체 지원뿐만 아니라 학습자, 교수자(강사)에게 필요한 요소를 지원하고 학습상황을 효과적으로 진행되도록 돕는 것을 말한다(김진화, 2001: 366). 이러한 교수-학습 지원 관점은 평생교육사가 직접 학습자를 대상으로 가르치지 않는다 할지라도 학습자, 강사, 매체 및 자원 등을 통한 교수-학습과정을 효과적으로 촉진시키고, 지원하기 위한 기초적인 원리와 전략을 가지고 다양한 역할을 수행할 수 있어야 한다(김진화, 2001: 368).

(4) 교수-학습 실행

교수-학습 실행은 사전에 설계된 프로그램의 실행과정에서 교수자와 학습자의 상호작용에 초점을 맞춘다. 평생교육 프로그램 실행은 교수·학습과정을 통하여 학습자에게 의미 있는 학습경험을 제공함으로써 교육목표에 도달하도록 하는 유목적인 활동이다(김진화, 2006: 237). 즉 이러한 관점은 프로그램을 하나의 수업(instruction)

으로 간주하고 교수자의 역할에서 학습자와의 협동적 능력(cooperative arts)을 강조한다. 다시 말해, 교수행위는 교육내용을 일방적으로 전달하고 이해시키는 조작적인 기술이 아니라 학습자의 특성과 상태를 상시적으로 반영하여 적절한 교수방법과 기법을 적용하여 학습자의 자발적인 참여와 경험을 확대시켜주는 협동적 기술이라 할 수 있다(김진화, 2006: 237−238). 이와 관련하여 평생교육 프로그램 실행과 관련된 내용은 여러 문헌에서 평생교육 수업이론과 거의 동일하게 간주되는 경향이 있다. 대표적으로 성인교육학자 Brundage(1980), Dean(1994), Dirkx & Prenger(1997), Rothwell & Cookson(1997)은 프로그램 운영을 수업전개 관점에서 교수자의 교육방법, 수업원리에 대해 연구하였다. 교수원리란 학습자의 특성 및 성인의 학습 원리를 고려하여 교육내용이나 교육활동을 효과적으로 교수과정에 적용하는 것을 의미하며 개인중심, 집단중심, 매체중심 등의 교수 방법 등이 연구되었다(김진화, 2001; 권이종 외, 2001). 이러한 관점은 교수(Instruction)가 교육과정 실행에서 차지하는 비중이 절대적이며, 교수자가 중심적인 위치를 차지한다고 볼 수 있다. 그러므로 교수−학습 과정의 관점에서 프로그램 실행을 책임져야 하는 평생교육사는 강사 혹은 교수자로서 학습자 특성이해, 교육내용의 전문성, 교수기법 및 방법을 이해하는 능력을 발휘하는 것이 필요하다.

제3장

평생교육 프로그램 운영 담당자의 역량

1. 교육담당자의 역할

교육담당자의 역할과 관련하여 인적자원개발(HRD)의 학문영역에서는 이론적으로 기획자, 행정가, 교수학습설계자, 강사, 코디네이터, 모니터 및 평가자로 구분한다 (Baird, Scheneier, & Laird, 1985).

1) 기획자의 역할

기획자의 역할은 인적자원을 체계적으로 개발하기 위한 정책을 수립하고 교육프로그램의 타당성을 검토하여 교육계획을 수립한다.

2) 행정가의 역할

행정가의 역할은 교육운영과 관련된 행정사항을 규정에 맞게 처리한다. 또한 계획된 교육을 운영하기 위해 교육프로그램을 홍보·경영·전개하는 교육시스템을 관리하는 역할을 한다.

3) 교수학습 설계자의 역할

교수학습 설계자의 역할은 교육프로그램을 설계하고 강의계획과 학습자료를 개발하기 위해 교육요구를 분석하여 수행업무에서 교육이 요구되는 내용이 무엇인지를 찾아내는 과업분석을 전개한다. 또한 관련 교육내용을 설계하고, 교육내용을 전달하는 방법과 교수전략을 수립한다.

4) 강사의 역할

강사의 역할은 학습체계의 가장 궁극적인 전달자인 강사의 역할을 말한다. 강사는 역동적인 절차, 즉 학습자에 의한 새로운 행위의 습득을 관리하고 학습동기를 지속적으로 부여할 수 있도록 해야 한다.

5) 코디네이터의 역할

코디네이터의 역할은 학습과정과 경험에 대한 자문과 멘토의 기능뿐만 아니라 교육 외의 해결책들까지도 제공한다. 또한 강사와 학습자의 관계가 원활하도록 조정하고 상담한다.

6) 모니터 및 평가자의 역할

모니터 및 평가자의 역할은 학습고객이 현장에서 직면하고 있는 업무수행의 저해요인을 정확히 분석하고 적절한 해결책을 찾아내는 역할이다. 또한 교육프로그램 과정을 모니터링하고 지원, 평가하는 과정도 책임진다.

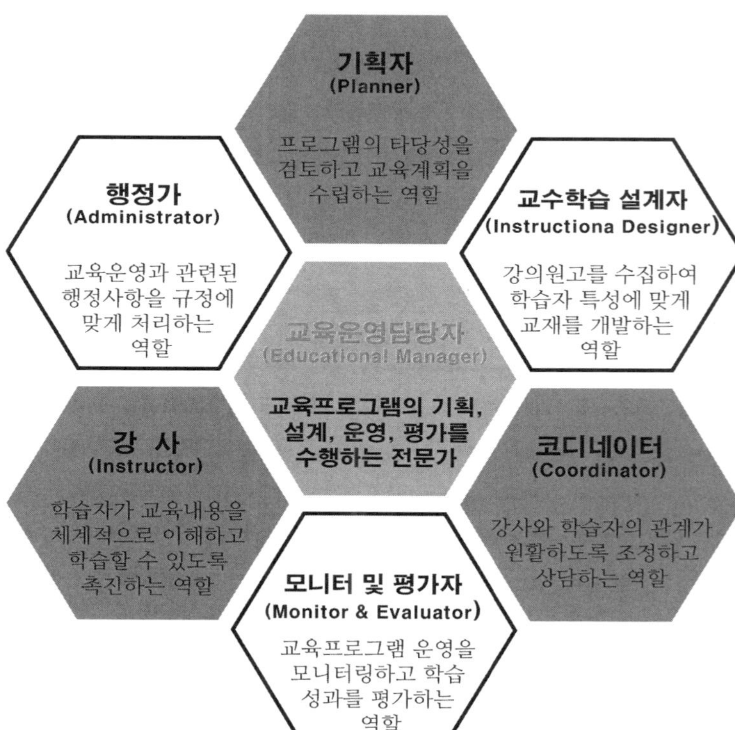

[그림 3-1] 교육운영 담당자의 역할 개념도

2. 평생교육 프로그램 운영 담당자의 역량

평생교육 프로그램 운영 담당자는 원활한 교육운영 담당업무 수행을 위해 교육기관에 대한 광범위한 이해와 더불어 자신이 담당하는 교육에 대한 지식, 교육영역에 대한 깊은 이해, 높은 수준의 전문적 배경 및 판단 능력을 필요로 한다.

1) 교육운영 담당자가 갖추어야 할 기본 역량

(1) 경영관리 역량

교육운영 담당자는 기관에 대한 이해를 바탕으로 전문가로서 해당 영역에 대한 깊은 이해를 위해 관련 최신 정보를 탐색하고 이해 및 적용하고자 하는 학습 습관을 길러야 한다. 또한 자신이 담당하고 있는 교육이 얼마나 기관에 공헌하는지에 대해 이해하고, 교육효과를 높이기 위해 노력해야 한다.

(2) 업무추진 역량

교육의 성격에 따라 기관이 가지고 있는 이념과 목적에 적합한 전략적인 교육 운영방안을 제시하고, 교육에 참여한 학습자에게 질 좋은 서비스를 제공해야 한다. 더불어 학습자 개인의 목표를 달성할 수 있고, 교육적 성장을 지원할 수 있는 체계적인 교육 실행방법을 제시할 수 있는 역량이 필요하다.

(3) 대인관계 역량

교육담당자는 내·외부 구성원들과 커뮤니케이션을 통하여 신뢰 관계를 구축해야 한다. 또한 교육프로그램 운영과 관련된 주체자 즉 학습자, 강사, 기관 관계자 및 담당자 등과 유기적인 상호관계를 조성할 수 있는 역량이 필요하다.

(4) 정보활용 역량

교육담당자는 다양한 네트워크를 통해 교육프로그램 실행과 관련된 과업을 수행할 때 교육의 각 단계 투입요소에 해당 영역에 대한 정보를 수집하여 체계적으로 관리하며 분석, 활용할 수 있는 역량이 필요하다.

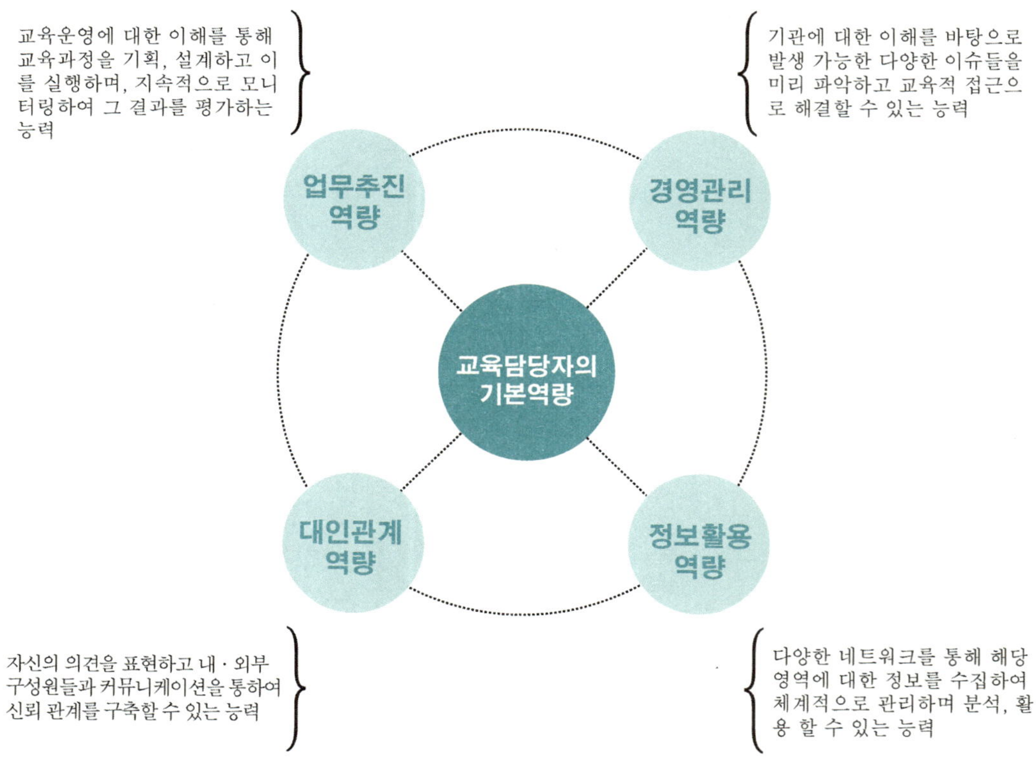

[그림3-2] 교육담당자가 갖추어야 할 기본 역량

2) 교육운영 담당자가 갖추어야 할 핵심 역량

평생교육사의 직무모델(2008)에서 살펴 본 프로그램운영은 평생학습사업 및 프로그램의 전문적인 실행과 필요한 인적·물적 자원의 확보·지원·관리하는 임무로 [그림 3-3]과 같이 8개의 핵심역량을 담당한다.

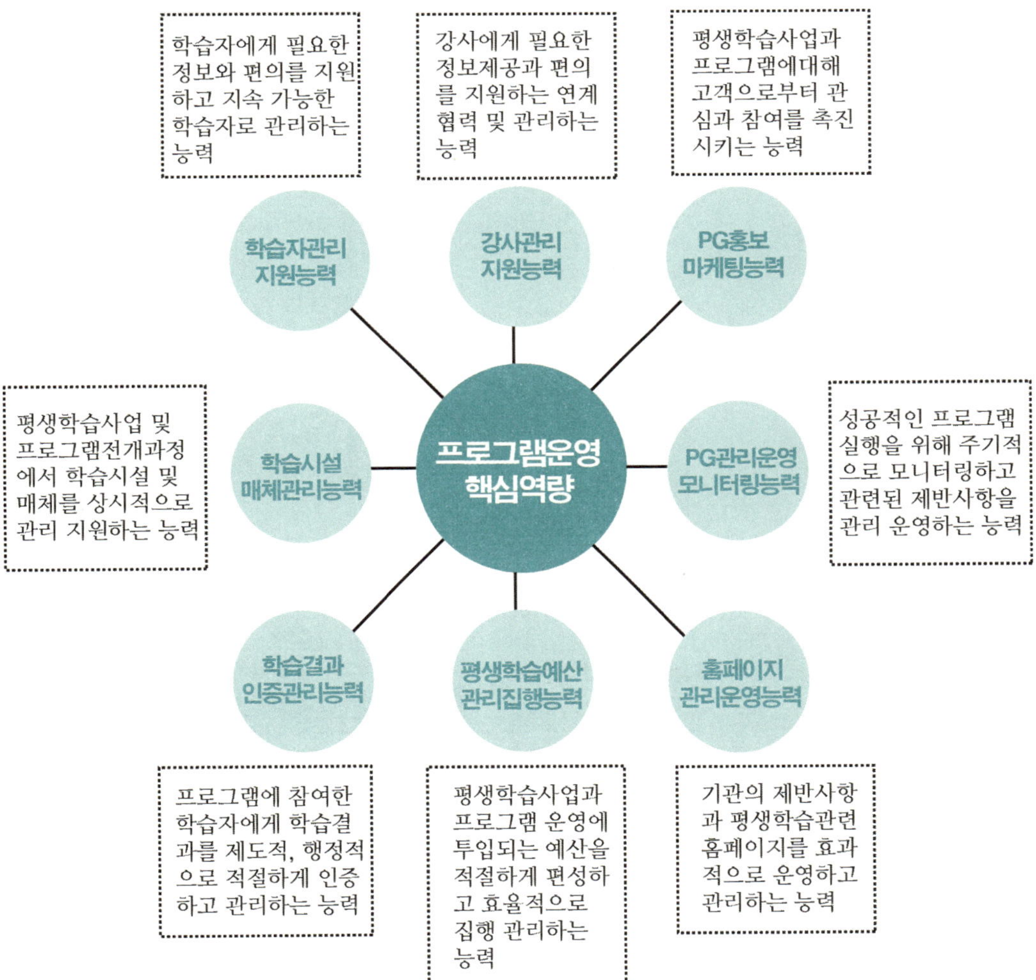

[그림 3-3] 교육담당자가 갖추어야 할 핵심역량

제4장 평생교육기관의 프로그램 운영 모델

1. 평생교육기관의 프로그램 운영 모델

평생교육기관의 프로그램 교육운영 직무수행체제는 교육담당자에 대한 경험채집과 활동분석을 통해 도출된 객관적이고 사실적인 직무에 근거한 것으로 이론적 타당성과 현장 적합성을 갖춘 모델이라 할 수 있다(김진화 외, 2010).

〈표 4-1〉 평생교육기관 프로그램 교육운영 책무와 수행과업

교육운영 책무	수행과업	
01 교육프로그램기획	1. 기관장의 요청 및 지시 2. 프로그램 아이디어 창출 3. 교육기획 공모	4. 프로그램 타당성 검토 5. 프로그램 구상 및 기대효과 확인 6. 외부 자문 및 타 기관과의 네트워킹
02 교육프로그램 세부 운영계획	1. 교육 목적 및 운영 방향의 구체화 2. 잠재적 교육대상자 파악 3. 교육내용 협의 및 편성 4. 운영일정 결정과 교육장소 확보	5. 소요경비 및 예산 편성 6. 세부 추진 교육계획안 작성 7. 교육운영 계획안의 품의서 작성 및 보고 8. 조직 내 관계자 협조 요청
03 강사 섭외 및 선정	1. 강사 추천 의뢰 및 협의 2. 강사 섭외 및 선정	3. 초빙강사 명단 정리 및 공유 4. 강사초빙 공문 발송 및 강의승낙서 확보
04 강의원고 요청 및 교재개발	1. 강의원고 집필 요청 2. 강의원고 수집 및 편집	3. 교수설계 및 교재개발 4. 교재개발 품의서 작성 및 검수
05 학습자 모집 및 등록안내	1. 학습자 모집계획 및 홍보 2. 학습자 상담 및 모집 3. 학습자 선발 확정 및 명부 작성	4. 학습자 확정 명부 공지 및 통보 5. 교육등록비 납부 안내 및 대기자 선발 6. 교육프로그램 개강 및 준비 안내

〈 계속 〉

교육운영 책무	수행과업
06 교육프로그램 개강 준비	1. 오리엔테이션 자료작성 및 준비 2. 교육일정표 작성 3. 등록자 확인 및 점검표 준비 4. 개강식 시나리오 준비 5. 교재 및 자료집 점검 6. 교육기자재 및 장비의 점검 7. 교육환경 및 시설의 점검과 준비 8. 등록확인 명부 작성 및 명찰 제작 9. 출석부 제작 10. 학습자 급식 의뢰 및 협의 11. 간식과 음료 준비 및 점검 12. 상비의약품 확보 및 준비 13. 강사료 및 교육운영 경비 검토 14. 개강식 참여인사 의뢰 및 일정 확인 15. 교육운영지원 인원 확인 및 역할 분담 16. 강사대기실 점검 17. 강사출강 일정통보 및 준비사항 확인 18. 교육생의 학습이력 및 특성조사표 준비 19. 평가 설문지 및 평가자료 준비 20. 기타 교육운영 사전 점검
07 교육프로그램 운영	1. 개강식(입교식) 진행 및 사회 2. 교육과정 안내 및 학사관리 오리엔테이션 3. 학습자간 소개 및 정보교환 4. 학습자 자치회 구성 및 활동 5. 자치회 리더와의 파트너십 6. 교육 재료 및 소모품 지원 7. 교육기자재 및 장비의 작동 지원 8. 교육환경 및 시설의 교육적 최적화 9. 강사출강안내 및 준비물 확인 10. 강사영접 및 강사소개 11. 강의 및 교수전개 12. 현장학습 운영 및 지도 13. 교육프로그램 모니터링 및 기록 14. 교재 및 교육자료 배부 15. 강사의 음료 및 학습자 간식 제공 16. 식사 및 숙식 안내 17. 차량 안내 및 관리 18. 출석·결석 확인 19. 학습자 면담과 상담 20. 강의 종료 후 강사 응대 및 모니터링 대화 21. 강사와 학습자간의 피드백 촉진 22. 일일 강의만족도 및 평가 설문조사 23. e-HRD 프로그램 운영 24. 위탁 교육운영 및 진행
08 교육프로그램 평가 및 수료	1. 교육프로그램 종합평가회 진행 2. 교육프로그램 수료식 준비 3. 교육프로그램 수료식 진행 4. 종합강의만족도 조사 및 분석 5. 교육 결과보고서 작성 및 결재 6. 수료자 학습동아리 형성 및 지원 7. 수료자 추수활동 오리엔테이션 8. 현장적용 지도 및 성과 확인
09 교육프로그램 지원행정	1. 강사료 지급 서류 준비 2. 강사료 지급 품의서 작성 3. 수료증 제작 및 발급 4. 교육수료 및 이수 확인증 발급 5. 급식 인원 집계 및 통보 6. 수료자 DB 입력 및 이력관리 7. 교육프로그램 성과의 대내외 홍보 8. 기타 행정업무 사항 처리

출처: 김진화 (2012: 256-257)

2. 평생교육 프로그램 운영 책무와 과업

평생교육사의 교육프로그램 운영 직무와 관련된 책무는 총 9가지 즉, 교육프로그램 기획, 교육프로그램 세부 운영계획, 강사 섭외 및 선정, 강의원고 요청 및 교재개발, 학습자 모집 및 등록안내, 교육프로그램 개강 준비, 교육프로그램 운영, 교육프로그램 평가 및 수료, 교육프로그램 지원행정 등이고, 이와 관련된 수행과업은 총 88가지이다.

1) 교육프로그램 기획의 책무

교육담당자로서의 프로그램에 대한 혁신적인 아이디어 창출에 의해, 또한 교육공모사업을 위한 기획 제안서 개발로 출발하여 해당 교육프로그램에 대한 타당성을 검토하고 전문가의 자문 및 관련 조직과의 네트워크를 통해 프로그램 개설의 가능성과 효과성을 객관적으로 검토하는 일련의 과업을 수행하는 것을 말한다. 여기에 속하는 수행과업은 기관장의 요청 및 지시, 프로그램 아이디어 창출, 교육기획 공모, 프로그램 타당성 검토, 프로그램 구상 및 기대효과 확인, 외부 자문 및 타 기관과의 네트워킹 등이 포함된다.

2) 교육프로그램 세부 운영계획의 책무

교육프로그램의 운영과 관련된 제반 사항을 사전에 종합적으로 검토하고 결정하는 일련의 과업을 수행하는 것을 말한다. 여기에 속하는 수행과업은 교육 목적 및 운영 방향의 구체화, 잠재적 교육대상자 파악, 교육내용 협의 및 편성, 운영일정 결정과 교육장소 확보, 소요경비 및 예산 편성, 세부 추진 교육계획안 작성, 교육운영계획안의 품의서 작성 및 보고, 조직 내 관계자 협조 요청 등이 포함된다.

3) 강사 섭외 및 선정의 책무

교육내용에 대해 강의를 전개할 수 있는 적합한 강사를 선정하고 강의 승낙서와 인적사항을 확보하는 일련의 과업을 수행하는 것을 말한다. 여기에 속하는 수행과업은 강사 추천 의뢰 및 협의, 강사 섭외 및 선정, 초빙강사 명단 정리 및 공유, 강사 초빙 공문 발송 및 강의승낙서 확보 등이 포함된다.

4) 강의원고 요청 및 교재개발의 책무

교육프로그램의 핵심적인 요소인 관련 지식과 정보를 확보하고 재구성하여 교재로 편찬하는 일련의 과업을 수행하는 것을 말한다. 여기에 속하는 수행과업은 강의원고 집필 요청, 강의원고 수집 및 편집, 교수설계 및 교재개발, 교재개발 품의서 작성 및 검수 등이 포함된다.

5) 학습자 모집 및 등록안내의 책무

교육기관에서 준비한 교육프로그램에 잠재적 학습 고객의 관심을 유발시키기 위해 홍보하고, 대상자를 선발한 후 교육프로그램에 참여하기 위해 준비해야 할 사항을 안내하는 일련의 과업을 수행하는 것을 말한다. 여기에 속하는 수행과업은 학습자 모집계획 및 홍보, 학습자 상담 및 모집, 학습자 선발 확정 및 명부 작성, 학습자 확정 명부 공지 및 통보, 교육등록비 납부 안내 및 대기자 선발, 교육프로그램 개강 및 준비 안내 등이 포함된다.

6) 교육프로그램 개강 준비의 책무

교육프로그램이 본격적으로 시작되기 전에 학습자, 강사(교수자), 교육운영자 측면에서 필요한 사항들을 점검하고 확인하여 준비함으로써 교육프로그램 운영이 원만하게 이루어지게 하기 위한 일련의 과업을 수행하는 것을 말한다. 여기에 속하는 수행과업은 오리엔테이션 자료작성 및 준비, 교육일정표 작성, 등록자 확인 및 점검표 준비, 개강식 시나리오 준비, 교재 및 자료집 점검, 교육기자재 및 장비의 점검, 교육환경 및 시설의 점검과 준비, 등록확인 명부 작성 및 명찰 제작, 출석부 제작, 학습자 급식 의뢰 및 협의, 간식과 음료 준비 및 점검, 상비의약품 확보 및 준비, 강사료 및 교육운영 경비 검토, 개강식 참여인사 의뢰 및 일정 확인, 교육운영지원 인원 확인 및 역할 분담, 강사대기실 점검, 강사출강 일정통보 및 준비사항 확인, 교육생의 학습이력 및 특성조사표 준비, 평가 설문지 및 평가자료 준비, 기타 교육운영 사전 점검 등이 포함된다.

7) 교육프로그램 운영의 책무

강사와 학습자를 위한 다양한 지원과 교육프로그램의 진행과정에 참여하여 강의와 학습에 대한 모니터링과 평가 등 다양한 과업을 수행하는 것을 말한다. 여기에 속하는 수행과업은 개강식(입교식) 진행 및 사회, 교육과정 안내 및 학사관리 오리엔테이션, 학습자간 소개 및 정보교환, 학습자 자치회 구성 및 활동, 자치회 리더와의 파트너십, 교육재료 및 소모품 지원, 교육기자재 및 장비의 작동 지원, 교육환경 및 시설의 교육적 최적화, 강사출강 안내 및 준비물 확인, 강사영접 및 강사소개, 강의 및 교수전개, 현장학습 운영 및 지도, 교육프로그램 모니터링 및 기록, 교재 및 교육자료 배부, 강사의 음료 및 학습자 간식 제공, 식사 및 숙식 안내, 차량 안내 및 관리, 출석·결석 확인, 학습자 면담과 상담, 강의 종료 후 강사 응대 및 모니터링 대화, 강사와 학습자간의 환류 촉진, 일일 강의만족도 및 평가 설문조사, e-HRD 프로그램 운영, 위탁 교육운영 및 진행 등이 포함된다.

8) 교육프로그램 평가 및 수료의 책무

교육을 통해 학습자에게 일어난 성장과 변화를 객관적으로 확인·진단하고 교육프로그램 전개과정의 핵심요소인 강사, 교육내용, 교육프로그램 운영, 교육환경 및 시설 등에 대한 만족도를 분석하는 일련의 과정을 수행하는 것을 말한다. 여기에 속하는 수행과업은 교육프로그램 종합평가회 진행, 교육프로그램 수료식 준비, 교육프로그램 수료식 진행, 종합강의만족도 조사 및 분석, 교육결과보고서 작성 및 결재, 수료자 학습동아리 형성 및 지원, 수료자 추수활동 오리엔테이션, 현장적용 지도 및 성과 확인 등이 포함된다.

9) 교육프로그램 지원행정의 책무

교육프로그램의 효과적인 운영과 관리를 위해 편성된 비용을 처리하고 집행하는 업무에서부터 교육기관 중 혹은 종료 후에 학습자의 편의를 위해 제공되는 각종 지원과 서비스를 처리하는 일련의 업무를 수행하는 것을 말한다. 여기에 속하는 수행과업은 강사료 지급 서류 준비, 강사료 지급 품의서 작성, 수료증 제작 및 발급, 교육수료 및 이수 확인증 발급, 급식 인원 집계 및 통보, 수료자 DB 입력 및 이력관리, 교육프로그램 성과의 대내외 홍보, 기타 행정업무 사항 처리 등이 포함된다.

3. 평생교육기관의 프로그램 운영 직무수행 패턴과 특징

평생교육기관의 프로그램 운영은 담당자의 다양한 직무수행의 패턴에 의해 가시적으로 조망될 수 있다. 다시 말해, 평생교육기관마다 독자적인 프로그램 운영 직무패턴을 가지고 있으며, 또한 교육운영 담당자마다 자신만의 전문화된 교육운영 직무패턴 모델을 가지고 있다. 이러한 교육운영 직무패턴은 프로그램의 성격과 학습자의 특성, 기관의 여건에 따라 다를 수밖에 없다.

1) 평생교육기관 차원의 교육운영 직무수행 패턴과 특징

평생교육기관마다 다르게 나타나는 교육운영 직무수행 패턴은 평생교육 프로그램 운영과 관련된 역할 분담과 조정이 필요함을 시사한다. 본 저서에서 제시하고 있는 교육운영 직무수행 패턴은 [그림 4-1]과 같이 사례로 가시화될 수 있다. 사례로 제시된 평생교육기관의 직무수행 패턴은 팀장 1명과 팀원 3명으로 구성된 사례이다. 이처럼 평생교육기관의 교육운영 직무는 업무량이 많고 담당영역의 스펙트럼이 넓어 업무분장이 요청된다.

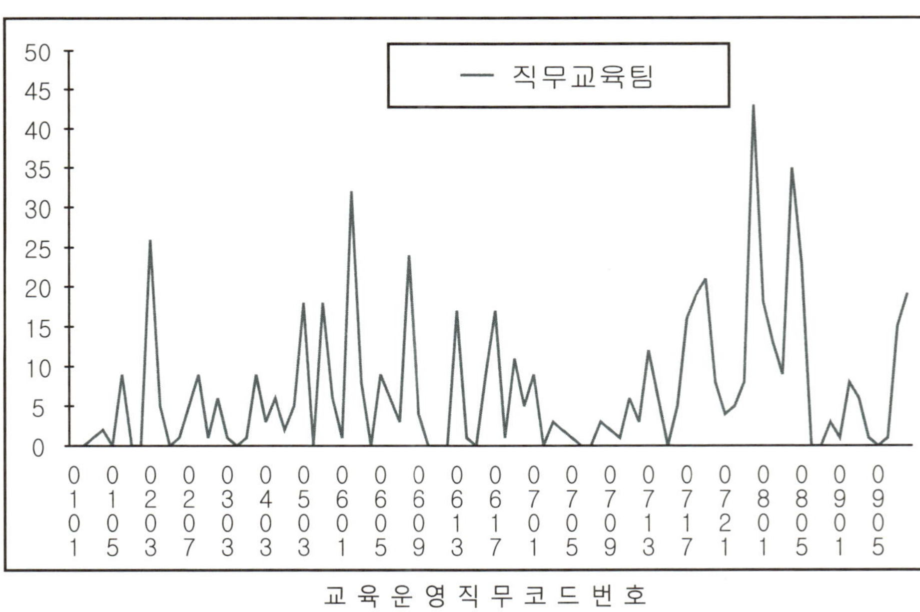

[그림 4-1] OO 평생교육센터의 프로그램 운영 직무수행 패턴과 특징

여기에 사례로 제시된 평생교육기관의 교육운영 직무수행의 패턴의 특징은 본 저서의 교육운영 직무수행모델에 의해 9개의 교육운영 책무 중에서 수행빈도가 상대적으로 높은 경우는 교육프로그램 개강준비, 교육프로그램 수료 및 평가이고 수행빈도의 비율이 상대적으로 낮은 경우는 강사 선정 및 요청, 교육프로그램 기획이었다.

그리고 4명의 팀원이 담당하는 역할 중에서 주요 공통업무는 교육운영 및 진행, 종합강의만족도 및 평가 설문지 분석, 개강일정 및 교육일정표 작성에 대한 직무수행의 특징을 보인다.

해당 평생교육기관의 교육운영 직무수행과 관련하여 공통직무, 인수인계시 어려운 직무, 직무수행 패턴 비율은 다음과 같이 확인할 수 있다.

〈표 4-2〉 공통직무

과업	순위
0724. 교육운영 및 진행	1
0804. 종합강의만족도 및 평가 설문지 분석	2
0603. 개강일정 및 교육일정표 작성	3

〈표 4-3〉 인수인계시 어려운 직무

과업	순위
0104. 프로그램 탐색 및 성과 구상	1
0203. 교육프로그램 협의 및 편성	2
0724. 교육운영 및 진행	3

〈표 4-4〉 교육운영 직무수행 패턴비율

책 무	직무수행 빈도	백분율
01 교육프로그램 기획	12	2.0%
02 교육프로그램 세부운영 계획	46	8.0%
03 강사 선정 및 요청	8	1.0%
04 강의원고 요청 및 교재개발	19	3.0%
05 학습자 모집 및 선발	49	8.0%
06 교육프로그램 개강 준비	148	24.0%
07 교육프로그램 운영	195	32.0%
08 교육프로그램 수료 및 평가	83	14.0%
09 교육 프로그램 지원행정	51	8.0%
소 계	611	100.0%

2) 교육운영 담당자별 직무수행 패턴과 특징

평생교육기관마다 여러 명의 교육운영 담당자가 각자에게 주어진 교육프로그램을 운영하고 있다. 여기에서 팀장 1명과 팀원 3명으로 구성된 조직의 교육운영 직무수행 패턴과 특징을 살펴보는 것은 실질적인 도움이 될 수 있다.

(1) 팀장 A1의 교육운영 직무수행 패턴과 특징

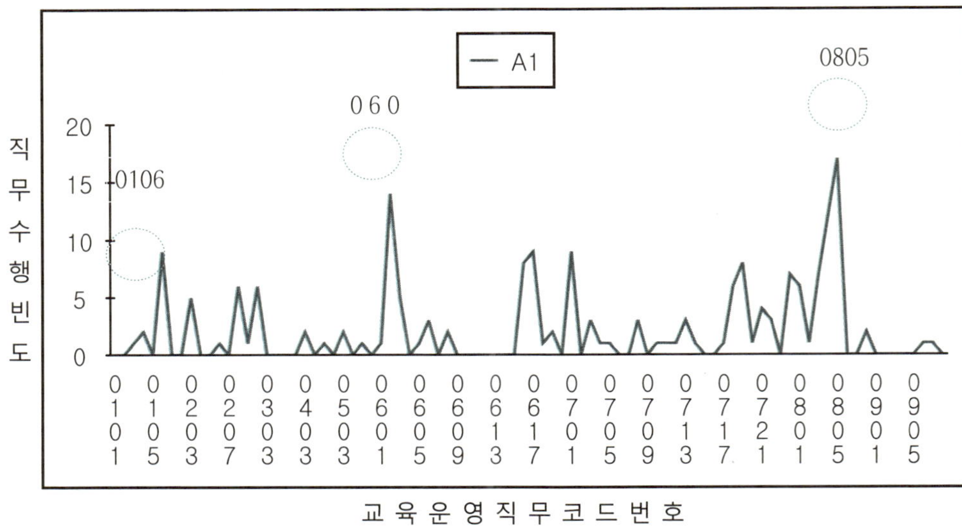

[그림 4-2] 팀장 A1의 교육운영 직무수행 패턴과 특징

〈표 4-5〉 최다수행 직무

과업	순위
0805. 교육프로그램결과 보고서 작성 및 결재	1
0602. 개강 일정 및 교육일정표 작성	2
0804. 종합강의만족도 및 평가 설문지 분석	3

〈표 4-6〉 인수인계시 어려운 직무

과업	순위
0104. 프로그램 탐색 및 성과 구상	1
0102. 프로그램 아이디어 창출	2
0103. 프로그램 타당성 검토	3

〈표 4-7〉 시간소요 최다 직무

과업	순위
0104. 프로그램 탐색 및 성과 구상	1
0102. 프로그램 아이디어 창출	2
0103. 프로그램 타당성 검토	3

〈표 4-8〉 전문지식 필요 직무

과업	순위
0103. 프로그램 타당성 검토	1
0102. 프로그램 탐색 및 성과 구상	2
0103. 현장적용 평가	3

〈표 4-9〉 단독처리 직무

과업	순위
0302. 타 기관 네트워킹 및 외부 자문	1
0701. 개강식(입교식) 진행 및 사회	2
0302. 강사 의뢰 및 강사 섭외	3

〈표 4-10〉 대리처리 협조 직무

과업	순위
0403. 강의원고 수집 및 편집	1
0606. 교육기자재 준비 및 점검	2
0608. 등록자 명단 작성 및 명찰 제작	3

팀장A1의 교육운영 직무수행 패턴의 특이사항 이해

- 외부 환경변화, 조직 인적 구성, 새로운 업무분장에 따라 직무패턴이 자주 달라짐
- 최근에는 평가부분이 강조되고 있어 평가에 대한 전문지식이 요청됨
- 교육 프로그램 기획 과정에서 객관적인 타당성을 검토하는 것이 어렵고 많은 시간이 소요됨

(2) 팀원 A2의 교육운영 직무수행 패턴과 특징

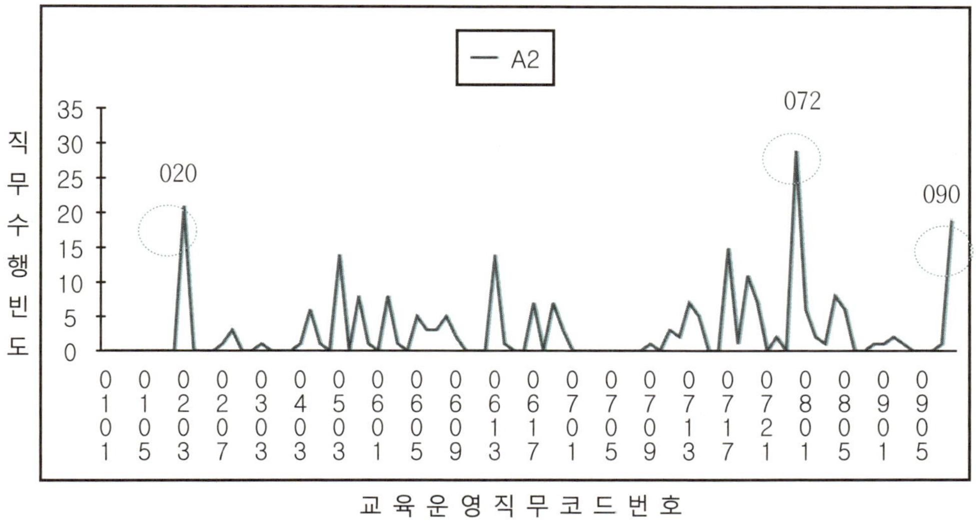

[그림 4-3] 팀원 A2의 교육운영 직무수행 패턴과 특징

〈표 4-11〉 최다수행 직무

과업	순위
0724. 교육운영 및 진행	1
0203. 교육프로그램 협의 및 편성	2
0908. 교육프로그램 성과의 대내외 홍보	3

〈표 4-12〉 인수인계시 어려운 직무

과업	순위
0203. 교육프로그램 협의 및 편성	1
0301. 강사선정 협의회	2
0723. e－HRD 프로그램 운영	3

〈표 4-13〉 시간소요 최다 직무

과업	순위
0724. 교육운영 및 진행	1
0605. 교재 및 자료집 제작 점검	2
0302. 강의 의뢰 및 강사 섭외	3

〈표 4-14〉 전문지식 필요 직무

과업	순위
0404. 교수설계 및 교재 개발 점검	1
0106. 타 기관 네트워킹 및 외부 자문	2
0805. 교육프로그램 결과보고서 작성 및 결재	3

〈표 4-15〉 단독처리 직무

과업	순위
0724. 교육운영 및 진행	1
0302. 강의 의뢰 및 강사 섭외	2
0908. 교육프로그램 성과의 대내외 홍보	3

〈표 4-16〉 대리처리 협조 직무

과업	순위
0724. 교육운영 및 진행	1
0605. 교재 및 자료집 제작 점검	2
0804. 종합강의만족도 및 평가 설문지 분석	3

팀원A2의 교육운영 직무수행 패턴의 특이사항 이해

- 교육프로그램 협의 및 편성을 위해 주무 부서별 담당자와 연락처를 알고 있어야 함
- e－HRD 시스템과 로드 구성에 대한 사전지식이 있어야 함

(3) 팀원 A3의 교육운영 직무수행 패턴과 특징

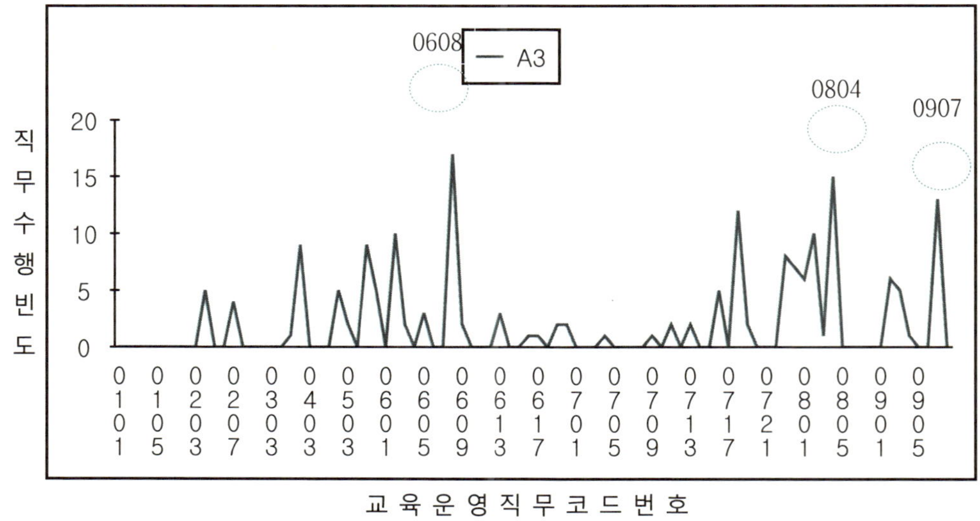

[그림 4-4] 팀원 A3의 교육운영 직무수행 패턴과 특징

〈표 4-17〉 최다수행 직무

과업	순위
0608. 등록자 명단 작성 및 명찰 제작	1
0804. 종합강의만족도 및 설문지 분석	2
0907. 수료자 이력관리 및 DB 입력	3

〈표 4-18〉 인수인계시 어려운 직무

과업	순위
0724. 교육운영 및 진행	1
0719. 학습자 격려 및 학습의지 조장과 상담	2
0907. 학습자 수료자 이력관리 및 DB 입력	3

〈표 4-19〉 시간소요 최다 직무

과업	순위
0723. e-HRD 프로그램 운영	1
0620. 교육운영 점검 업무	2
0902. 강사료 지급 품의서 작성	3

〈표 4-20〉 전문지식 필요 직무

과업	순위
0713. 교육프로그램 모니터링 및 기록	1
0719. 학습자 격려 및 학습의지 조장과 상담	2
0723. e-HRD 프로그램 운영	3

〈표 4-21〉 단독처리 직무

과업	순위
0502. 학습자 모집 및 확정	1
0723. e-HRD 프로그램 운영	2
0907. 학습자 수료자 이력관리 및 DB입력	3

〈표 4-22〉 대리처리 협조 직무

과업	순위
0904. 교육 및 학습수료 확인증 발급	1
0717. 귀가 및 차량안내 및 관리	2
0804. 종합강의만족도 및 설문지 분석	3

팀원A3의 교육운영 직무수행 패턴의 특이사항 이해

- 교육프로그램에 대한 모니터링 원리와 방법에 대한 전문지식이 필요함
- 학습자 격려 및 학습의지를 조장해야 하는 경우가 많음

(4) 팀원 A4의 교육운영 직무수행 패턴과 특징

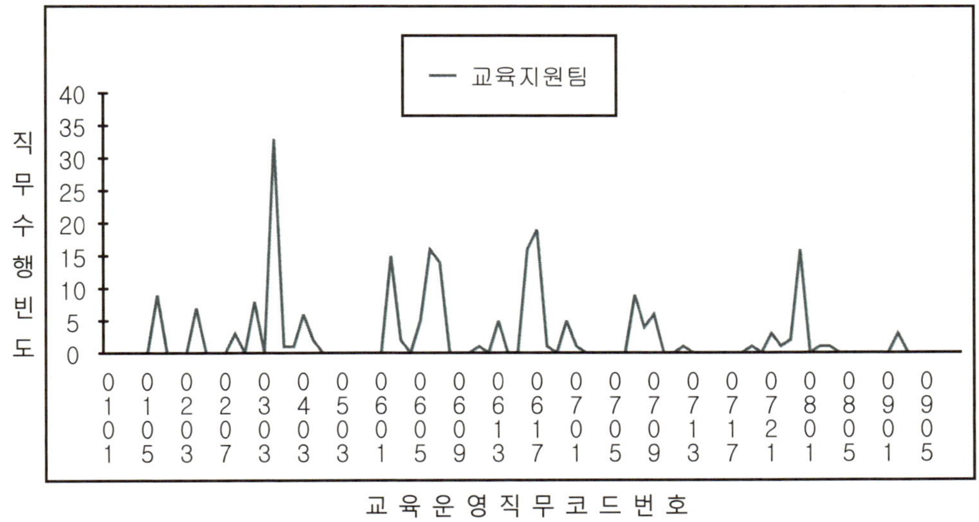

[그림 4-5] 팀원 A4의 교육운영 직무수행 패턴과 특징

〈표 4-23〉 최다수행 직무

과업	순위
0304. 강의 승낙서 및 인적사항 요청	1
0617. 강사출강 일정 통보 및 준비사항 확인	2
0616. 강사 영접 및 대기실 점검	3

〈표 4-24〉 인수인계시 어려운 직무

과업	순위
0715. 강사 음료 및 학습자 간식 준비	1
0724. 교육운영 및 진행	2
0707. 교육기자재 설치 및 작동 지원	3

〈표 4-25〉 팀원 A4의 교육운영 직무수행 패턴 비율

책 무	직무수행 빈도	백분율
01 교육프로그램 기획	9	4.0%
02 교육프로그램 세부운영 계획	10	5.0%
03 강사 선정 및 요청	41	19.0%
04 강의원고 요청 및 교재개발	10	5.0%
05 학습자 모집 및 선발	0	0.0%
06 교육프로그램 개강 준비	99	45.0%
07 교육프로그램 운영	44	20.0%
08 교육프로그램 수료 및 평가	2	1.0%
09 교육 프로그램 지원행정	3	1.0%
소 계	218	100.0%

팀원A4의 교육운영 직무수행 패턴의 특이사항 이해

- 강사의 강의 및 학습자의 수업 전후와 관련한 행정에 대해 꼼꼼히 체크해야 함
- 간식준비 및 교육진행과 관련하여 발생될 다양한 상황에 대한 준비를 잘 갖추어야 함

제2부

평생교육 프로그램 운영의 전개와 매뉴얼

제5장

평생교육 프로그램 기획

01. 평생교육 프로그램 기획

1. 기관장의 요청 및 지시
2. 프로그램 아이디어 창출
3. 교육기획 공모
4. 프로그램 타당성 검토
5. 프로그램 구상 및 기대효과 확인
6. 외부 자문 및 타 기관과의 네트워킹

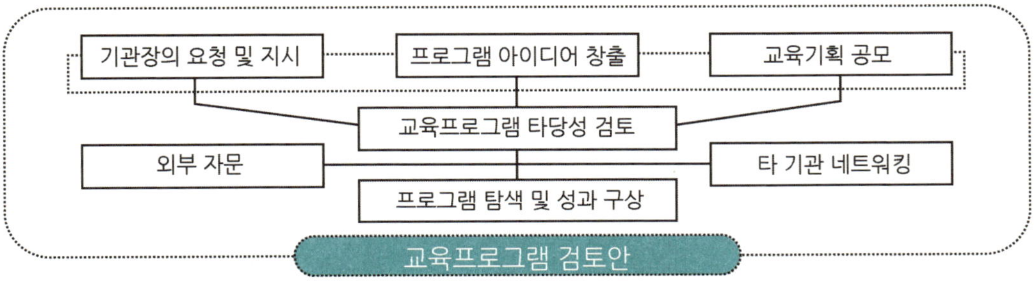

개요

평생교육기관은 지향하고자 하는 목적을 실현하고 학습자의 요구와 생애사건의 필요를 교육적으로 해결하고 충족시키기 위해 프로그램을 기획한다. 그러므로 프로그램기획과 관련된 원리와 방법을 숙지하는 것은 교육담당자의 중요한 책무이다.

수행체제 및 과업

평생교육 프로그램 기획은 기관장의 지시나 요청에 의해, 담당자의 아이디어 창출에 의해, 공모사업의 제안서로 시작되며, 이것을 토대로 해당 프로그램의 타당성 검토과정과 전문가의 자문 및 관련 조직과의 네트워크를 통해 프로그램이 개설된다.

교육프로그램 기획 Tips

- 지시자 혹은 요청자의 입장에서 알아야 할 핵심 사항을 중심으로 작성한다.
- 다양한 관점을 반영하여 분석적 · 종합적으로 타당성 있게 작성한다.

1. 기관장의 요청 및 지시

기관장의 요청 및 지시는 교육프로그램이 개설되는 1차적인 요인이며, 이러한 요청과 지시는 해당 분야의 책임자 혹은 관련자 등 소수 몇 사람에게만 전달되는 경우가 일반적이므로 교육담당자는 부서의 구성원 모두가 전달내용을 공유하고 역할을 분담할 필요가 있다.

1) 기관장의 요청 및 지시의 중요성

기관장은 교육프로그램의 개설에 영향력을 발휘하는 중요한 요인 중 하나이다. 기관장은 교육담당부서에 교육프로그램을 운영할 것을 요청하거나 지시한다. 교육운영부서의 책임자는 동료 직원에게 기관장의 요청과 지시를 뒷받침할 수 있는 타당한 논리를 탐색하고 개발한다.

지시 및 요청 사항에 근거하여 교육운영 기획 검토안을 작성하여 보고한다.

2) 기관장의 요청 및 지시의 공유 및 처리과정

기관장의 요청과 지시에 대해 교육담당자는 지시 및 요청 사항에 대한 의도를 분명하게 인지하는 것을 전제로 다음과 같은 일련의 과정을 통해 검토하는 것이 좋다.

지시 및 요청	전달 및 공유	준비 및 조치
• 지 시 자 : ______ • 장　　소 : ______ • 지시내용 : – ______________ – ______________ 00년. 00월. 00일 담당자 : ○ ○○	• 참 석 자 : ________ • 전달내용 : – ____________ – ____________ • 협의 내용 : – ____________ – ____________	• 역할분담 : – ____________ – ____________ • 아이디어 통합 : – ____________ – ____________ • 준비 내용 : – ____________

[그림 5-1] 기관장의 지시 및 요청에 따른 진행

촉진사항

- 조직구성원이 요청 및 지시사항을 충분히 공유할 수 있도록 자료를 사전에 준비한다.
- 요청 및 지시사항에 대한 검토과정에서 실무자로서 분명한 소신이 중요하다.
- 요청 및 지시사항에 대한 검토 기획안은 기관장의 스타일에 맞게 작성한다.

2. 프로그램 아이디어 창출

> 프로그램 아이디어 창출은 프로그램을 개설하는 최초의 단계로 하나의 아이디어로 출발하므로 교육운영 담당자는 평소에 아이디어 창출에 지속적인 관심과 시대적 트렌드에 민감해야 한다.

1) 아이디어 창출의 이해

프로그램 아이디어 창출은 묻혀있거나 잠재되어 있던 교육적 테마를 세상 밖으로 드러내는 혁신적 발상의 일종이다. 아이디어는 계획, 기획과는 의미에 차이가 있다. 이는 창의성, 논리성, 현실성이라는 세 가지의 개념을 통해 구별할 수 있다.

[그림 5-2] 아이디어, 계획, 기획의 개념 이해

2) 아이디어 창출 방법

아이디어 창출은 현실성과 논리성은 부족하지만 좋은 프로그램의 중요한 자원인 창조성이 내포된 프로그램개발의 씨앗이다. 그런데 아이디어 창출은 아무것도 없는 무(無)의 상태에서 이루어지기 보다는 정책이슈, 최근의 트렌드, 유사프로그램, 학습자 요구 등을 기반으로 한 개인적 통찰력과 집단적 노력이 있어야 가능하다.

〈표 5-1〉아이디어 창출 정리 방법

정책이슈	최근 트랜드	유사프로그램	학습자 요구

촉진사항

- 기관 내부에서 역동적인 프로그램 아이디어 창출의 분위기가 형성되어야 한다.
- 교육담당자는 비형식적 학습자 요구를 수시로 기록하는 민감성을 가지도록 한다.
- 기관의 조직 내부에 아이디어 프로모터가 있어야 한다.

3. 교육기획 공모

교육기획 공모는 새로운 프로그램을 구상하는 과정에서 외부의 아이디어를 활용하기 위한 전략으로 교육담당자는 교육기획 공모사업을 내·외부에 공지하고 홍보하는 과정을 수행한다.

1) 교육기획 공모의 중요성

평생교육기관은 좋은 프로그램을 확보하기 위해 외부의 아이디어를 적극적으로 수용하여 반영하는 노력이 필요하다. 교육기획 공모사업이 내·외부에 공지되고 홍보됨으로써 양질의 교육프로그램을 확보할 수 있다.

교육기획 공모사업의 공고문에 포함될 내용은 다음과 같다.

[교육기획 공모사업 공지에 포함될 사항]

1. 공모방향
2. 세부공모계획 (공모분야, 심사 방향 및 기준)
3. 신청자격
4. 공모기간 (제안접수, 서면심사, 선정 및 통보)
5. 제출서류 (신청서, 교육운영계획서, 운영인력, 정관/설립허가증, 교육실적, 교육수요조사 근거 자료)
6. 제출방법 : 우편접수
7. 사업예산 및 지원규모

※ 공모사업 설명회

2) 교육기획 공모의 처리과정

공모과정을 통해 수집된 교육기획안은 일정한 서면평가와 전문가 심사를 거쳐 그 중에서 혁신적이고 실현가능한 아이템을 선정한다. 이렇게 선정된 프로그램 아이템은 기관의 중요한 자산이므로 교육기획 공모사업에 참여한 기관과의 지속적인 네트워크와 파트너십을 유지해야 한다.

촉진사항

- 우수한 관련기관이 교육기획 공모사업에 참여하도록 적극적으로 유도한다.
- 교육기획 공모사업은 공정한 심사와 개방성이 중요하다.
- 교육기획 공모사업은 별도의 설명회를 열어 관련기관의 관심을 유발시키도록 한다.

4. 프로그램 타당성 검토

교육프로그램의 타당성이 시대적 맥락, 교육운영기관, 정책성, 학습자 차원에서 체계적으로 정리, 분석하는 과정으로 교육담당자는 프로그램의 가치에 대한 객관적 논리성을 확보할 수 있다.

1) 프로그램 타당성 검토의 기준

교육프로그램 타당성 확인은 일정한 기준을 필요로 한다. 그 기준은 다음에 제시된 사항을 적용하면 효과적이다.

〈표 5-2〉 프로그램 타당성 검토 기준

· 시대적·사회적 맥락 차원	: 프로그램과 시대적·사회적 특성과 트랜드와의 연계
· 학습자 요구 및 필요 차원	: 고객의 직업적 요구와 생애사건에 의한 요구 연계
· 교육프로그램 운영기관 차원	: 교육기관에 가져다주는 프로그램의 가치와 연계
· 정부 및 상급기관 정책 차원	: 정부 정책과 상급기관의 지침에 부응시켜 연계
· 지역의 산업 및 문화 차원	: 지역의 산업 및 문화에 예상되는 파급효과와 연계

2) 프로그램 타당성

교육프로그램 타당성은 다음의 양식을 적용하면 보다 쉽게 이루어질 수 있다.

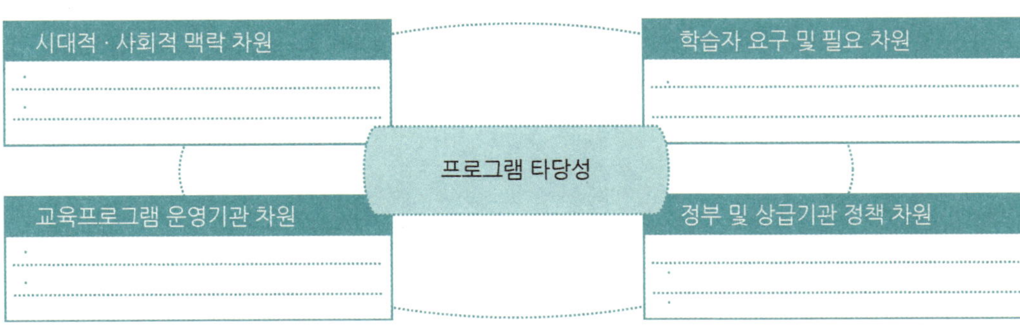

[그림 5-3] 프로그램 타당성 정리 양식

촉진사항

- 교육프로그램의 가치를 규정하는 중요한 전문적인 행위이자 과업임을 명심한다.
- 교육담당자는 교육프로그램의 타당성을 검토하는 민첩성을 발휘해야 한다.
- 개인적인 노력보다는 집단적 노력을 기울이는 것이 보다 효과적이다.

5. 프로그램 구상 및 기대효과 확인

교육기획의 목적과 의도는 기대효과를 통해 확인할 수 있으며, 프로그램의 구상은 이러한 기대효과를 성취하기 위해 교육콘텐츠와 전개방식이 됨으로 교육담당자는 프로그램을 구상하기 위한 요소를 고려하여 객관적으로 검토해야 한다.

1) 교육프로그램 구상

교육프로그램 구상은 ① 교육목적, ② 교육대상, ③ 교육내용, ④ 교육장소, ⑤ 교육시간 등 프로그램 구성요소에 대한 전반적인 사항을 개략적으로 검토하고 정리한다.

〈표 5-3〉 교육프로그램 구상 양식

프로그램명				
교육대상		인원수	(　　　) 명	
프로그램 목적				
교육내용 성격 및 특징				
교육일시	교육시수 및 시간	교육장소		
기대효과				
특이사항				

2) 기대효과 확인

교육프로그램의 운영으로 나타나는 기대효과는 프로그램의 가치를 결정하는 요소이므로 교육담당자는 각별한 관심을 기울여야 한다.

촉진사항

- 프로그램 명칭은 교육의도와 목적이 명확히 나타나도록 한다.
- 프로그램 목적은 학습자에게 일어나는 직접적인 변화를 명시한다.
- 기대효과는 성공적인 교육성과로 인한 파급효과를 중심으로 기술한다.

6. 외부 자문 및 타 기관과의 네트워킹

프로그램 개설의 최종결정 전에 전문가의 자문과 타 기관의 지원에 대한 점검이 필요함으로 교육담당자는 프로그램 운영 과정에서 실제적인 도움과 지원을 받을 수 있는 타 기관과 부서에 사전에 충분한 협조가 필요하다.

1) 외부 자문

교육프로그램의 성공적인 운영은 다양한 외부 전문가의 의견과 자문이 중요한 요인으로 작용한다. 관련정책 담당자, 민간기관 전문가, 대학 관련 교수, 유사 프로그램 운영의 유경험자 등이 외부 자문가이다.

〈표 5-4〉 외부 자문에 대한 정리 예시

성 명	자문내용	소 속	연락처

외부전문가의 효과적인 자문은 다음의 사항을 고려하여 진행하는 것이 필요하다.

- 개설하려는 교육프로그램의 성공적인 운영을 위해 필요한 사항이 무엇인지 파악한다.
- 자문을 요청할 핵심적 내용이나 쟁점이 되는 사항을 사전에 준비하고 작성한다.
- 외부 전문가로부터 해당 자문 내용을 이메일 혹은 직접 전화통화로 확인한다.

2) 타 기관과의 네트워킹

프로그램의 성격에 따라 효과적인 교육운영을 위해 타 기관의 협조가 필요한 경우가 많다. 특히, 현장방문과 현장실습 시에는 타 기관의 협조가 더욱 중요하다.

- 타 기관에 요청하고 협조를 구할 사항을 사전에 파악하여 준비한다.
- 우리 기관의 입장만을 강요하는 네트워킹 분위기로 비춰지게 해서는 안 된다.
- 타 기관과 장기적인 네트워킹을 염두에 두고 전개한다.

촉진사항

- 자문과 협조가 필요한 사항과 쟁점을 사전에 철저히 조사하고 탐구하여 정리한다.
- 중요한 자문 사항에 대해서는 공식적인 방문일정을 계획하고 추진한다.
- 타 기관과 네트워크는 소통이 용이한 관련 실무자와의 관계가 중요하다.

제6장

평생교육 프로그램 세부 운영계획

02. 평생교육 프로그램 세부 운영계획

1. 교육 목적 및 운영방향의 구체화
2. 잠재적 교육대상자 파악
3. 교육내용 협의 및 편성
4. 운영일정 결정과 교육장소 확보
5. 소요경비 및 예산 편성
6. 세부 추진 교육계획안 작성
7. 교육운영 계획안의 품의서 작성 및 보고
8. 조직 내 관계자 협조 요청

세부 운영 계획안 내용 구상 ⇄ 세부 교육운영 계획안 및 품의서 작성 ⇄ 세부 교육운영 계획안 보고

개요

평생교육 프로그램은 지향하는 의도가 있고, 성취하고자 하는 뚜렷한 목표를 가지고 있다. 이러한 의도와 목표는 세부 운영계획이 수립되어야 성공을 기대할 수 있다. 그러므로 기관의 상황과 여건을 고려하여 체계적이고 상세히 수립해야 한다.

수행체제 및 과업

평생교육 프로그램 세부 운영계획은 프로그램의 운영과 관련된 제반 사항을 사전에 종합적으로 검토하고 결정하는 일련의 과업을 말한다. 여기에는 프로그램의 성격과 잠재적 학습자의 특성을 고려하여 교육운영의 기본방향과 원칙을 결정하고 관련된 사항을 계획내용에 포함시켜 품의서를 작성하여 보고하는 과업이 전개된다.

교육프로그램 세부 운영계획 Tips

- 육하원칙에 의해 실제적으로 추진 가능하도록 세부운영 계획안을 작성한다.
- 교육기관의 상황과 여건을 충분히 고려하여 계획을 수립한다.
- 교육프로그램 세부 운영 계획안은 기관에서 활용되는 목차와 패턴을 따른다.

1. 교육목적 및 운영방향의 구체화

교육목적과 운영방향은 프로그램의 취지와 교육의 성격을 반영하여 교육운영이 가능하도록 함으로 교육담당자는 교육운영의 기본원리, 교육운영의 체제, 교육내용의 특징, 교육방법의 강조사항 등을 구체화할 수 있어야 한다.

1) 교육목적과 목표 설정 및 진술

교육프로그램의 의도가 무엇인지 명시하고, 이러한 목적을 성취하기 위해 상세한 교육목표를 설정하고 진술한다.

[교육목적 진술의 구성요소]

① 상 황 : 거시적 시대적, 사회적 맥락의 특성
(※ 예 : ~ 한 시점에서)

② 상 태 : 시대적 맥락과 사회적 상황 속에서 학습자 특성과 수준
(※ 예 : ~이 부족한 ~에 관심이 있는)

③ 대 상 : 교육프로그램의 잠재적 참여자 및 학습고객
(※ 예 : ~ 있는 OO에게)

④ 내 용 : 제공될 프로그램의 주요 내용 및 프로그램 명칭
(※ 예 : ~을 제공함으로써)

⑤ 직접적 결과 : 프로그램의 결과로 즉시적으로 변화된 학습자의 특성
(※ 예 : ~을 터득하게 하여)

⑥ 기 대 효 과 : 현장적용으로 인한 개인적 · 지역적 기대효과와 파급효과
(※ 예 : ~ 하도록 한다)

[프로그램목적 진술 사례]

① 세계화 흐름 속에서 지역사회의 독자적인 문화 창달이 요구되는 시점에서 ② 우리 고장의 역사와 문화에 관심이 있는 ③ 지식층 노인에게 ④ 문화유산역사알기, 문화 체험장 답사, 우리고장 특산품 조사 등 『문화유산해설가과정 프로그램』을 제공함으로써 ⑤ 전통문화지역홍보대사로서의 자질과 능력을 갖게 하여 ⑥ 향토사랑 운동에 일조하고, 보람 있는 노년의 삶을 영위할 수 있도록 하는데 목적이 있다.

2) 교육운영 방향 구체화에 포함될 사항

교육프로그램 개설의 성격을 고려하여 교육운영 기본원칙지침, 교육운영체제 및 방법, 교육내용 성격 및 특성 등을 포함한다.

〈표 6-1〉 교육운영 방향 구체화 내용

구분	내용
교육운영 기본 원칙	교육프로그램 개설의 성격을 고려하여 기본적인 지침으로 삼아야할 사항을 토대로 설명된 진술문을 말한다.
교육운영 체제 및 방법	교육기관 입장에서 교육프로그램의 효율적 운영을 위한 추진체제와 교수자 입장에서 중점을 두는 교육방법상의 특징을 말한다.
교육내용 성격 및 특성	교육목적, 교육내용, 학습자의 특성과 연계시켜 형성한 교수학습 전개과정의 기본 원리를 말한다.

[교육운영 방향 구체화의 사례]

- 교육운영 기본 원칙(사례)
  ※ 경기도 교육청과 연계하여 특수 분야 직무연수 교육으로 운영

- 교육운영 추진체제 및 방법의 특징 (사례)
  ※ 『학교 – 평생학습센터 – 시민』 상호 정보 교류를 통해 연계를 강화
  ※ 생태환경 어메니티에 대한 이론 및 체험학습 병행으로 현업 적용도 향상

- 교육내용 성격 및 특성(사례)
  ※ 기초이론 + 심층전공 + 현장적용 등 3각 체제로 구성

촉진사항

- 교육프로그램 개설 검토안의 의도와 취지에 대한 확인이 선행되어야 한다.
- 교육프로그램 개설 검토안에 빠진 내용, 수정할 내용, 첨가할 내용 등을 확인한다.
- 교육목적과 교육목표 설정 및 진술에 대한 체계적인 교육이 필요하다.

2. 잠재적 교육대상자 파악

잠재적 교육대상자는 주로 평생학습자, 시민 등이 포함되며, 이들은 계획과정에서 중요한 요소이므로 교육담당자는 참여가 예상되는 잠재적 학습자를 결정하고, 관련 기초정보를 확인해야 한다.

1) 교육대상자의 매핑

일반적으로 교육대상자의 파악은 잠재적 학습고객의 매핑과 특성분석이 필요하다. 이들은 잠재적 고객집단이므로 보다 구체적인 정보를 확보하려는 노력이 필요하다.

- 사회체제 분석 : 사회체제에 소속된 잠재고객의 사회적 구조를 일정한 기준에 의해 분석하여 유형화 시키는 것
(예: 생산자, 소비자, 공무원 등)
- 사회적 차별화 : 잠재고객이 가지고 있는 고유한 특성에 의해 대상을 차별화시키는 것
(예: 성별, 연령, 품목별, 사회적 역할 등)
- 문 화 분 석 : 다양한 문화요소에 의해 집단을 분류하는 것
(예: 교사, 제대군인 등)

2) 교육대상자의 결정

교육대상자는 교육프로그램이 구상되는 초기 단계에서부터 이미 어느 정도 결정되는 것이 보통이다. 그러나 이들은 통계학에서 말하는 모집단과 같은 성격을 가지므로 모집단에 포함된 많은 사람 중에서 어떤 유형의 사람을 교육대상자로 결정할 것인가를 판단하는 것이 필요하다.

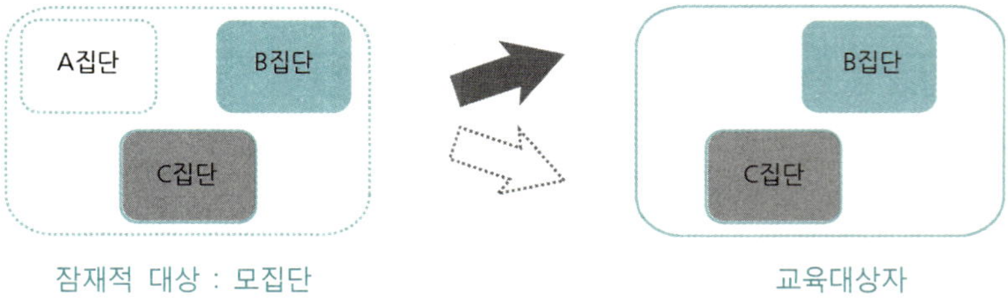

[그림 6-1] 잠재적 교육대상자 결정의 개념도

촉진사항

- 잠재적 교육대상자의 지역별 인구통계 자료를 활용한다.
- 교육담당자는 기존 교육프로그램 참가자 DB를 참조하여 활용한다.
- 잠재적 교육대상자의 정보획득을 위해 지역 담당자의 의견과 협조를 구한다.

3. 교육내용 협의 및 편성

교육내용의 협의 및 편성은 교육프로그램의 핵심적인 요소로 전문가의 자문과 협의를 거쳐 편성하는 것이 중요함으로 교육담당자는 양질의 교육내용이 편성되도록 최선의 노력이 필요하다.

1) 교육내용 협의

교육내용 협의는 교육내용의 품질을 결정하는 중요한 요소이므로 교육담당자는 사전에 충분한 자료를 검토하고 숙지하는 것이 필요하다.

[교육내용 협의]

- 교육내용 협의를 위한 기본 자료와 정보를 사전에 정리한다.
- 타 기관 및 기존 관련 프로그램의 교육내용을 사전에 상세하게 분석한다.
- 교육내용 협의가 가능한 내용전문가를 추천받아 목록과 연락처를 정리한다.
- 교육내용 협의는 전문가와의 직접대면과 간접대면의 방법을 적절히 병행한다.

2) 교육내용 편성

교육내용의 편성은 선정된 교육내용을 해당 교육내용의 성격, 학습자의 특성, 그리고 기관의 상황을 고려하여 계열성과 현실성을 반영한다.

- 교육대상자의 요구 및 필요사항과 직접적으로 관련된 내용을 우선적으로 선정한다.
- 교육프로그램 기획 의도에 적합한 교육내용을 선정하고 우선적으로 편성한다.
- 교육내용을 선택하는 경우, 현실적으로 강의가 가능한지를 확인해야 한다.
- 강의 중심의 일방적인 편성보다는 실습과 견학 등을 포함시킨다.
- 교육 장비 및 매체의 준비 여건을 고려하여 교육내용을 선정하고 편성한다.
- 계절의 특성에 영향을 받는 교육내용을 검토하고 적절히 편성한다.
- 교육프로그램 운영의 총 시간을 고려하여 교육내용을 적절히 편성한다.

촉진사항

- 연구기관 및 시험장에서 활동하고 있는 전문가의 DB를 적극적으로 활용한다.
- 교육내용 협의의 대상과 방법은 조직 내부의 선임자 의견을 참조하여 결정한다.
- 교육담당자는 교육내용 편성을 위한 간담회 혹은 워크숍을 진행할 수 있어야 한다.

4. 운영일정 결정과 교육장소 확보

운영일정 결정과 교육장소 확보는 기관의 상황과 여건을 고려하여 신속하게 이루어져야 함으로 교육담당자는 운영 일정의 선택과 교육장소를 확인하고 확보하는데 순발력을 발휘해야 한다.

1) 교육운영 일정 선택 시 고려사항

교육일정의 결정은 교육내용의 성격, 학습고객의 상황, 교육기관의 여건, 강사의 확보 등을 종합적으로 고려하여 신중하게 결정한다.

[교육운영 일정 선택 시 고려사항]

- 교육내용의 성격 : 교육내용이 계절 혹은 특정 시기에 의해 영향을 받는가?
- 학습고객의 상황 : 학습자의 참여가 일정에 의해 제약을 받지는 않은가?
- 교육기관의 여건 : 교육운영과 관련하여 시설 및 장비의 활용이 가능한가?
- 강사의 확보여부 : 시기적으로 우수한 강사의 확보에 어려움은 없는가?

2) 교육장소의 확보와 선정

교육장소는 강사와 학습자 모두에게 교수학습 분위기 형성에 중요함으로 강사 및 학습자의 접근성, 교육진행의 용이성, 교육의 성과를 고려하여 다음 사항을 기준으로 신중하게 결정해야 한다.

장소 선정 원칙	장소 선정 기준	장소 선정 과정
• 교육 분위기 적합성	• 참석인원수 고려	• 후보시설 정보 및 선정
• 학습자 접근성	• 교육장 크기 고려	• 필요사항 점검
• 강사의 접근성	• 책걸상 배열 상태	• 시설 우선순위 선정
• 인원수에 적합한 규모	• 조명 및 교육기자재	• 사전 답사
• 교육진행의 용이성	• 소음, 온도, 교통편의	• 장소 최종 선정

[그림6-2] 교육장소의 확보 및 선정의 원리와 전개

촉진사항

- 장소선정에 있어 교육의 목적과 성격을 고려하는 것이 필요하다.
- 장소선정에 있어 장소선정의 원칙, 기준, 과정 등의 요소를 확인해야 한다.
- 기관 운영일정을 정확히 파악하여 장소 선정에 착오가 없도록 한다.

5. 소요경비 및 예산 편성

소요경비 및 예산 편성은 소요 경비를 각 항목별로 편성하는 것으로 교육담당자는 프로그램의 성격을 고려하여 비용항목에 따라 필요비용을 도출하고 예산 편성안을 작성한다.

1) 소요경비 산정

교육프로그램 운영에 필요한 소요경비는 교육프로그램의 성격을 고려하여 이에 적합한 항목별 필요비용을 일정한 기준에 의해 산정한다.

- 교육프로그램의 성격에 적합한 소요경비의 지출과 관련된 필요비용 항목을 도출한다.
- 교육프로그램 운영에 필요한 소요경비의 제도적 기준과 원칙을 살펴보고 활용한다.
- 소요경비 항목별 비용을 산정하는 과정에서 회계담당 부서와 사전에 충분히 협의한다.

위탁기관 및 학습고객이 부담해야할 비용을 일정한 방식과 원리에 의해 산정한다.

- 총비용가격 : 교육운영에 필요한 총비용의 전부를 학습고객에게 부담하는 방식이다.
- 지출중심형 : 프로그램에 소요되는 비용과 참여자 수를 예측하여 수업료로 충당하는 방법이다. 지출비용 중에서 가변비용보다는 고정지출비용을 중심으로 한다.
- 수요중심형 : 프로그램에 대한 수요 정도에 따라 가격을 달리 책정하는 방법으로 참가자 수가 적다하더라도 수요가 강하면 가격을 높게 책정할 수 있다.
- 기타지출형 : 경쟁가격형, 시세가격형, 한계비용형 등이 있다.

2) 예산 편성

산출비용을 예산항목별로 편성하고, 다음의 지침에 따라 회계담당과 협의한다.

- 예산을 사전에 확보하고 예산 항목은 인건비, 직접비 및 수용비, 재료비, 간접비 등으로 편성한다.
- 공무원교육훈련기관 경비 및 교육훈련의 세부지침을 참조하여 산정한다.
- 강사료에는 원고료, 여비 등 부대경비를 포함하며, 지급대상은 해당 기관이 자율적으로 결정하여 운영수당에서 지급한다.

촉진사항

- 기존 교육프로그램 운영의 예산 지출 내역을 검토하여 활용하는 것이 효과적이다.
- 교육프로그램 개설이 예산상 이유로 중단되지 않도록 기관장의 지지를 요청한다.
- 기관의 예산 편성 기준에 맞추어 지출항목 내역을 편성한다.

6. 세부 추진 교육계획안 작성

상세한 검토과정을 통해 확정된 사항을 세부 추진 교육계획안으로 작성함에 있어 효율적인 실행이 가능하도록 교육목적, 추진방향, 추진계획, 기대효과 등을 포함하여 체계적으로 작성한다.

1) 세부 추진 교육계획안 작성 시 유의사항

세부 추진 교육계획안은 교육기관에서 해당 교육프로그램의 개설에 대한 종합적인 검토의 최종 결과물이다. 이것은 보고와 결재 과정을 통해 교육기관 책임자가 교육프로그램을 개설하려는 의사결정의 근거자료가 됨으로 중요한 쟁점과 기대효과를 객관성과 타당성을 갖추어 작성한다.

또한 세부 추진 교육계획안은 조직 내 타 부서와의 의견조율과 협의된 내용 이외에 자기 부서의 입장만을 고려한 내용을 포함하는 것에 대해서는 주의할 필요가 있다.

2) 세부 추진 교육계획안 작성 양식

세부 추진 교육계획안은 조직 내에서 활용되어 왔던 양식과 형식을 기준으로 작성함으로써 구성원이 함께 공감하고 쉽게 이해하는데 도움이 된다.

OOOOO 계획(안)

- 교육목적 및 기대효과
- 추진배경 및 필요성
  -
- 추진방향
  -
- 추진계획
  ○ 교육기간 및 일정
  ○ 계획인원
  ○ 교육대상
  ○ 교육장소
  ○ 교 육 비
- 교육내용 편성
  ○ 교육내용
  ○ 교육방법
- 교육대상자 홍보 및 모집
  ○ 홍보
  ○ 모집
- 소요 경비 및 예산 편성
  -
- 기타 특이사항
  -

※ 붙 임

[그림 6-3] 교육프로그램 세부 계획안 형식]

촉진사항

- 교육기관의 세부 교육프로그램 기존 계획안을 검토하여 적극적으로 활용한다.
- 교육기관 내에서 사용하는 양식 외에 상황에 따라 창의성을 필요로 하기도 한다.
- 세부 계획안의 작성은 [붙임] 자료를 잘 활용하는 것이 효과적이다.

7. 교육운영 계획안의 품의서 작성 및 보고

교육운영 계획안은 기관장에게 보고하여 결재를 받은 후에 관련 업무가 전개됨으로 교육담당자는 프로그램 세부 계획안에 대한 품의서를 작성한 후, 상급자에게 보고하고 결재를 받는다.

1) 품의서 작성

품의서는 기안서와 다르게 이미 발생한 일에 대해서 동의와 결재를 구하기 위한 형식을 말한다. 품의서는 포괄적으로 발생 장소, 담당자, 내용, 소요 비용, 인력, 시기, 결과 예상까지 전체적 맥락을 구성하여 자세한 상황을 담당자에서 부터 상위 결재자에게까지 보고된다.

교육담당자는 기안자로서 교육운영 계획에 대한 종합적인 의견을 기관 내부의 서식과 양식에 맞게 간략하면서도 내용전달이 가능하도록 정확히 작성한다.

- 품의서의 제목은 추진목적을 정확히 나타낼 수 있도록 진술한다.
- 추진과정에서 사용될 예산은 집행내역과 집행금액을 정확히 제시한다.
- 추진 내용에 따라 회계부서 및 관련 부서의 협조를 구한다.
- 집행 예정금액의 경우, 지침으로 규정된 기준 액을 준수한다.

2) 품의서 보고 및 결재

교육담당자는 추진하고자 하는 세부 교육계획안을 기관장에게 보고하고 결재를 받아야 관련 업무가 전개됨으로 품의서를 효과적으로 설명하고 보고할 수 있어야 한다.

- 품의서 내용에 대한 핵심사항을 요약·정리하여 보고한다.
- 작성한 품의서에 대해 자신감 있는 목소리로 차근차근 설명한다.
- 사전에 결재권자의 예상 질문에 대한 답변 자료를 구상한다.
- 조직 내 부서와 충분한 협의과정이 있었음을 밝힌다.

촉진사항

- 결재된 품의서는 관련 부서의 담당자가 공유할 수 있도록 신속히 조치한다.
- 품의서 결재를 위한 보고와 설명은 결재권자의 입장에서 이해하기 쉽게 한다.
- 결재권자의 수정 및 재 지시 사항은 신속히 처리한다.

8. 조직 내 관계자 협조 요청

조직 내 협조 요청은 개인 혹은 특정 부서의 단독 조치와 노력만으로는 제약이 많으므로 교육담당자는 교육계획안을 검토하여 관련자의 협조를 구하기 위해 네트워킹에 적극적이어야 한다.

1) 교육운영 협력에 대한 제도 인식

교육담당자는 기관 내 관계자의 협조를 요청하는 것이 이미 지침으로 명시되어 있는 경우와 그렇지 않은 것을 확인하고 다음 내용을 적절히 대처한다.

1. 교육수요 조사 및 과정 개설
2. 교안작성 및 교재 집필
3. 강의 및 실습
4. 교육훈련의 진행 및 학사관리
5. 실습장소 제공 등 그 밖에 교육훈련에 필요한 사항

2) 조직 내 관계자 협조 및 네트워크 방법과 전략

교육담당자는 기관 내 관계자의 네트워크 형성과 협조를 요청함에 있어 여러 가지 방법을 구상하고 적극적으로 노력해야 한다.

- 조직 내 관계자에게 협조를 요청 할 사항에 대해 성격별로 분류하여 정리한다.
- 관계자의 협조를 구하기 위해 관련 부서와 관련자의 목록과 전화번호를 확보한다.
- 관련자의 성향과 특성에 대한 기초적인 정보를 수집한다.
- 협조요청에 대한 동의가 이루어진 사안에 대해서는 기록으로 남겨 서로 공유한다.

교육담당자는 다음과 같은 사안에 대해 협조 사항을 정리하여 공유한다.

〈표 6-2〉 협력사항 정리표

협력내용(예시)	협력부서	협력자	일시	가/부
• 강사추천				
• 시설활용				
• 장비 및 기자재 설치				

촉진사항

- 기관 내 네트워크 형성이 교육담당자의 중요한 직무이며 과업임을 명심한다.
- 교육 세부계획안을 작성하는 과정에서 사전에 공감대 형성에 노력해야 한다.
- 관계자에게 협조를 요청하는 경우에 공식적인 사안임을 주지시킨다.

제7장

강사 섭외 및 선정

03. 강사 섭외 및 선정

1. 강사 추천 의뢰 및 협의
2. 강사 섭외 및 선정
3. 초빙강사 명단 정리 및 공유
4. 강사초빙 공문 발송 및 강의승낙서 확보

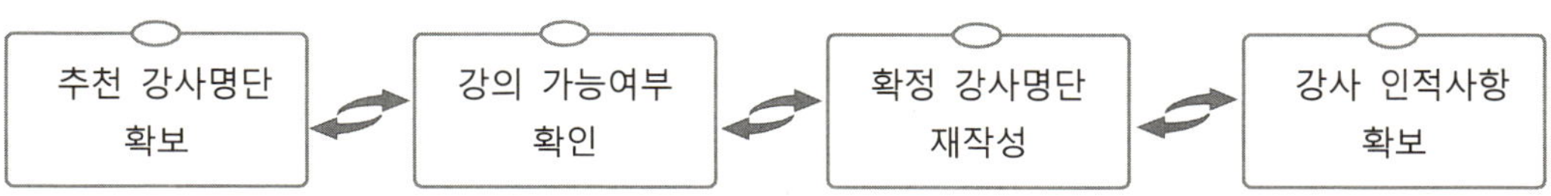

개요

평생교육 운영의 성공 요인 중 우수한 강사의 확보는 중요하다. 우수한 강사를 확보하는 것이 교육기관의 이미지 제고뿐만 아니라 학습자의 학습효과에도 상당한 효과가 있다. 교육내용이 아무리 잘 구성된 평생교육 프로그램이라 할지라도 교육내용을 효과적으로 전달하지 못한다면 학습효과를 기대할 수 없기 때문이다.

수행체제 및 과업

강사 섭외 및 선정은 교육내용에 대해 강의를 전개 할 수 있는 적합한 강사를 선정하고 강의 승낙서와 인적사항을 확보하는 일련의 과업을 수행하는 것이다. 구체적으로 강사 추천 의뢰 및 협의, 강사 섭외 및 강의 가능여부 확인, 주제별 강사명단 작성, 강의승낙서 및 인적사항 요청·확보단계로 이루어진다.

강사 섭외 및 선정 Tips

- 적합한 강사확보에 정보를 제공해 줄 수 있는 관계자를 확인하고 연락한다.
- 우수강사 추천을 위한 협의 및 간담회를 적극적으로 활용한다.
- 강사 섭외 과정에서 교육의 취지와 학습자에 대한 정보를 정확히 제공한다.

1. 강사 추천 의뢰 및 협의

적합한 강사를 추천받고 협의하는 것이 프로그램 운영의 성공 요건으로 매우 중요하므로 교육담당자는 적합한 강사의 추천을 의뢰하고 협의회를 통해 추천 강사의 명단을 정리하고 확보한다.

1) 강사 추천 의뢰

교육담당자는 교육프로그램의 목적과 취지에 적합한 우수한 강사를 확보하기 위해 다각적인 노력을 기울여야 한다. 우수한 강사에 대한 사전 정보가 있으면 다행이지만 그렇지 않은 경우에는 관련자로부터 우수한 강사의 추천을 의뢰하고 협의하도록 한다. 강사 추천 의뢰는 강의주제에 적합하고, 역량을 갖춘 강사를 복수로 추천받는다. 인지도나 명성은 부족하지만 강의가 충실하고 학습자의 만족도가 높은 강사도 있다.

〈표 7-1〉 강사 추천 리스트 양식 예시

강의주제	강사명	소 속	연락처	추천자
•	OOO			
	OOO			
•	OOO			

2) 우수 강사 추천 협의

우수한 강사의 확보를 위해 교육기관 차원에서 강사선정 협의 및 간담회를 공식화시켜 적극적으로 추진할 필요가 있다.

- 강사 추천 협의는 유사 프로그램 운영경험이 있는 교육담당자를 참여시킨다.
- 강의주제와 관련된 내부 전문가와 외부 전문가를 참여시켜 의견을 듣는다.
- 참여할 수 없는 전문가에 대해서도 빠짐없이 온라인으로 자문을 구한다.

촉진사항

- 적합한 강사를 추천 받으려면 관련자에게 정확한 교육계획의 정보를 제공한다.
- 강사 추천과정에 잠재적 학습고객의 의견을 반영하는 방안도 모색한다.
- 성공적인 교육운영은 우수한 강사의 확보가 전제되어야 비로소 가능하다.

2. 강사 섭외 및 선정

강의주제별로 추천을 받은 2 - 3명의 강사 중에서 강의 가능여부를 확인하고 강사를 선정하는 것은 어려운 직무이므로 교육담당자는 교육취지와 학습자의 특성을 상세히 설명하고 강의를 요청해야 한다.

1) 강사 섭외 과정

강사의 전문영역과 강의과목, 출강했던 기관, 교육대상 등 다른 기관에서의 강의 경력을 사전에 충분히 파악한다.

강사 섭외는 가급적 1순위 강사가 선정되도록 노력하며, 순차적으로 강의를 요청한다.

2) 전화를 통한 강의요청 실제

〈표 7-2〉 전화를 통한 강의요청 실제

이름 : OOO	연락처: 000 - 0000 - 0000	소속 :

강사 섭외 전화 멘트		
강사 초빙 경력	없는 경우	• 선생님 강의내용이 좋다는 평을 듣고 우리 교육원의 교육생들을 위해 선생님을 강사로 초빙하고자 이렇게 전화를 드렸습니다.
	있는 경우	• 항상 저희 교육원의 발전에 많은 도움을 주셔서 감사합니다. 선생님 강의가 교육생들에게 반응이 좋아 다시 모시고자 전화를 드렸습니다.
교육과정, 교육기간, 교육대상 등 설명		• 다름이 아니라 ○일부터 ○일간 실시하는 ○○○과정에 선생님께 ○월 ○일 ○시간 정도 ○○분야(제목)의 강의를 부탁드리고자 전화를 드렸습니다.
		• 교육대상은 ○○이며, 인원은 ○○명 정도로 실시할 예정입니다. 선생님께서 당일 ○시간 정도 강의를 해주실 수 있겠습니까?
초빙 요청을 승낙한 경우		• 강의에 응해 주셔서 정말 감사드립니다. 선생님께서 강의하실 주제는 ○○○이고 ○월 ○일 ○○시부터 ○○시까지 ○시간입니다. 자세한 사항은 이메일로 보내드리겠습니다. 이메일 주소를 알려주시면 감사하겠습니다.
요청을 승낙하지 않은 경우		• 선생님을 꼭 모시고 싶었는데, 일정이 맞지 않아 너무 아쉽습니다. 다음 기회에 한번 부탁드리겠습니다. 바쁘신 중에도 이렇게 시간을 내주셔서 감사합니다. 안녕히 계십시오.
※ 첨부자료		교육과정 주제 및 목적
		세부 교육계획서

촉진사항

- 강사에 관한 정보 DB를 적극적으로 활용하도록 한다.
- 강사섭외 시 세부 교육계획서를 첨부하여 교육목적과 취지를 정확히 알려준다.
- 강사가 희망하는 일정에 강의가 가능한지 신속히 연락하여 섭외한다.

3. 초빙강사 명단 정리 및 공유

강의 가능여부 확인을 통해 최종적으로 확정된 초빙강사의 명단을 정리하고 재작성하는 과정으로 교육담당자는 확정된 초빙강사를 강의주제와 일정별로 정리하여 세부 교육운영 계획에 활용하도록 재작성 한다.

1) 초빙강사 명단 정리

확정된 초빙강사의 명단 정리표는 초빙 강사에게 강의승낙서를 요청하는 과정에서 공유할 수 있도록 하는 유용한 자료이다.

- 강의주제와 출강일정을 교육과정 시간표상에서 쉽게 확인할 수 있도록 작성한다.
- 초빙 강사에게 공식적인 강의요청을 위한 첨부 자료로 활용할 수 있도록 작성한다.
- 교육기관 책임자와 관계자가 공유할 수 있는 자료의 성격으로 작성한다.

세부 교육프로그램 계획안에 명시된 교육과정에 근거하여 강의주제별로 초빙강사 이름과 소속을 정리하고 교육일정과 시간이 중복되지 않도록 작성한다.

〈표 7-3〉 초빙강사 명단 정리

강의주제(예시)	강사명	소속	교육일정	연락처

2) 초빙강사 명단 공유

초빙강사의 명단은 관련자가 함께 공유할 수 있도록 함으로써 교육운영 준비과정에서 협조요청을 쉽게 할 수 있다.

- 교육기관 책임자에게 보고하고 기관 내 타 부서의 관련자와 공유한다.
- 강사 추천의뢰에 참여했던 내・외부 전문가에게 강사 선정 결과를 통보한다.
- 필요한 경우에 잠재적 학습자와 공유할 수도 있다.

촉진사항

- 강사 추천에 관여했던 외부 전문가와의 결과를 통해 지속적으로 협조가 가능하도록 한다.
- 확정된 강사의 교체가 있을 경우도 대비하고 있어야 한다.
- 교육프로그램 홍보 자료로 활용을 고려하는 것도 필요하다.

4. 강사초빙 공문 발송 및 강의승낙서 확보

교육기관이 행정절차를 밟아 공식적으로 출강 요청 공문을 발송하고 강의승낙서를 확보하는 것으로 교육담당자는 강사가 소속된 기관장을 통하여 강사에게 발송할 공문을 작성하고 관련 자료를 확보한다.

1) 강사초빙 공문 작성 및 발송

전화통화로 강의승낙을 이미 받았으나 강사가 소속된 기관장을 통하여 공식적으로 해당 강사의 출강의뢰를 요청하는 것은 서로에게 중요하다.

- 수신 기관장, 강의주제, 출강일시 등 공문 작성에 포함시킬 사항을 정리하여 작성한다.
- 출강 의뢰를 위한 공식적인 공문 발송은 교육기관 내 행정절차를 밟아 전개한다.
- 공문 발송 후, 주어진 기간 내에 초빙강사에게 정확히 전달되었는지 확인한다.

수신자 : 수신자 참조
(경우)
제목 : 5월 중 평생교육사 전문교육 과정 출강 의뢰 및 강의승낙서 요청

1. 귀 기관(하)의 무궁한 발전을 기원합니다.
2. 평생교육사 전문역량 강화를 위하여 실시하는 '평생교육사 직무교육 5월 교육과정 중 『교육프로그램설계』 과정에 귀하를 강사로 위촉하오니 출강하여 주시기 바랍니다.
3. 첨부한 강사카드를 완성하여 5월 3일까지 e-mail로 제출하여 주시기 바랍니다.

붙임
1. 5월중 평생교육사 전문교육 출강내용 1부.
2. 강사카드 및 약도 1부. 끝.

2) 강의승낙서 및 강사카드 요청

초빙강사에 대한 신뢰성 확보 차원에서 강의 경력과 소속기관에 대한 기초정보를 담은 강사카드를 작성한 후 회신을 요청한다.

촉진사항

- 초빙강사에게 전달되는 과정에서 착오가 생길 수 있음을 주시해야 한다.
- 강의승낙서 및 인적사항 요청 시 지속적인 연락을 취한다.
- 강의승낙서 및 강사카드에 대한 회신 날짜를 점검한다.

제8장

강의원고 요청 및 교재개발

04. 강의원고 요청 및 교재개발

1. 강의원고 집필 요청
2. 강의원고 수집 및 편집
3. 교수설계 및 교재개발
4. 교재개발 품의서 작성 및 검수

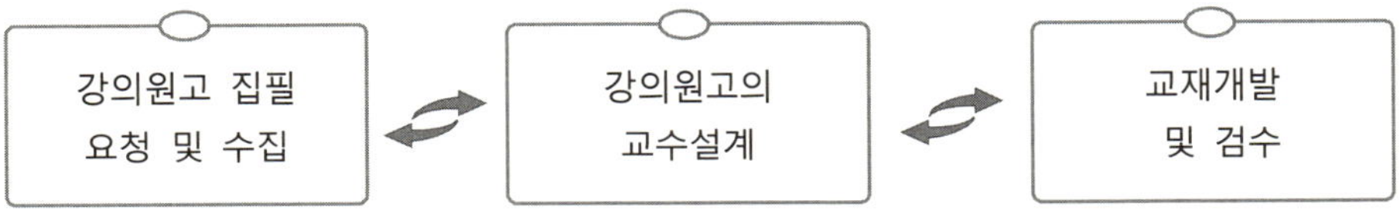

개요

교재는 강사와 학습자의 상호작용에 중요한 매개물로 평생교육 프로그램의 성공과 직접적인 관련이 있다. 강사에 의해 집필된 강의 원고는 교재의 기본이며, 프로그램이 지향하고 있는 교육기획의 의도와 부합되는 내용이어야 한다. 또한 평생교육기관은 강의요청 시 프로그램목적과 학습자특성을 강사에게 전달하여야 한다.

수행체제 및 과업

강의원고 요청 및 교재개발은 평생교육 프로그램의 핵심적인 요소인 관련 지식과 정보를 확보하고 재구성하여 교재로 편찬하는 일련의 과업을 수행하는 것을 말한다. 구체적으로 교육목적에 부합하는 교육내용을 강사에게 집필・의뢰・수집하여 학습자가 효과적으로 이해하고 익히도록 교수설계의 과정을 통해 재구조화시켜 교재로 개발한다.

강의원고 요청 및 교재개발 Tips

- 강사에게 강의원고 집필에 대한 기본 지침과 정보를 정확히 제공해야 한다.
- 강의원고는 효과적인 교수학습 전개과정을 위해 체계적인 교수설계가 필요하다.
- 교재개발은 실용성과 매력성을 갖도록 세심한 관심을 기울여야 한다.

1. 강의원고 집필 요청

교육프로그램의 목적을 달성할 수 있는 교육내용 구성을 위해 강사에게 강의원고를 의뢰하는 일련의 과정으로 교육담당자는 적절한 강의원고가 구성되도록 학습자의 특성과 교육의 취지를 강사에게 정확히 전달하고 강의원고 지침을 제공한다.

1) 강의원고 집필 요청

강사에게 강의원고 집필 요청 절차에 따라 의뢰하며, 강의원고 집필 요청 자료에는 교수요목, 강의원고 집필 양식, 회신일, 담당자 연락처 등을 첨부하여 이메일로 발송한다.

평생교육사 전문교육 「교육프로그램설계」 과정에 출강하여 주셔서 감사드립니다.
강의원고의 다음 내용을 참고하여 작성하신 후 가능한 5. 3(월)일까지 제출해 주시기 바랍니다.
  ○ 출강일정과 강의주제는 시간표상의 해당 과목명으로 확인
  ○ 다른 과목을 확인하여 최대한 강의내용이 중복되지 않도록 유의
  ○ 강사이력관리 및 강의수당 지급 시 활용
- 제출방법 : 이메일

2) 강의원고 집필 방법 및 유의사항 안내

교육기관에서 활용되고 있는 기본 양식을 준수하도록 하며, 학습자의 특성과 수준을 고려하여 다음 사항을 유의하여 알려준다.

· 원고 집필 매수: 시간당 200자 원고지 16매 기준, 원고 분량 조절 집필
· 시간당 A4용지 4매, 파워포인트 16컷
· 원고 집필 시 번호 순서는 사무관리규정 내용 및 예시 참고
· 최신통계, 시험성적 등을 알기 쉽도록 그림, 도표, 사진 등을 적절히 활용
· 용어는 단일화하고, 가급적 한글 용어 사용
· 이해가 어려운 용어는 (　)안에 한자 또는 쉬운 말로 표기
· 간단명료하게 내용을 반개조식으로 작성하고 가급적 공백이 없도록 편집
· 인용문헌이나 자료 출처를 명기

촉진사항

· 강의원고 집필 지침만으로 충분하지 않기 때문에 강의원고 작성 예시를 제시한다.
· 초빙강사와 교육담당자의 협의를 통해 강의원고 회신 날짜를 정하도록 한다.
· 교육담당자는 강의원고 집필유의사항을 숙지하여 전달한다.

2. 강의원고 수집 및 편집

강의원고 집필의뢰 절차에 따라 강사에게 요청한 강의원고를 마감 날까지 수집하고 교육기관의 편집양식에 따라 강의원고를 정리하는 것으로 교육담당자는 강의원고를 제 날짜에 수집 완료하여 일정에 착오 없이 편집하여 보관한다.

1) 강의원고 수집

강의원고 집필 요청을 받은 강사는 출강 자체가 기관의 주 업무가 아니라 차 순위의 부가적인 업무인 경우가 많으므로 원고제출 마감일 3~4일 전에 확인 메일을 보내어 미리 준비할 수 있도록 한다.

강의원고가 교육목적에 부합하는지 검토하고, 부족한 경우에 실제 강의 진행과정에서 보충해 줄 것을 요청한다. 특별한 경우 외에는 강의원고 집필을 재요청하지 않는다.

2) 강의원고 편집 방법

수집된 강의원고는 교육편성시간표 순서대로 교육기관에서 활용하는 편집양식에 따라 수정 및 편집한다.

- 편집용지 : A4(국내판 210×297 mm)
- 여　　백 : 위 20, 아래 20, 왼쪽 22.5, 오른쪽 22.5, 머리말 10, 꼬리말 10, 제본 0,
  줄 간격 160, 본문 중 표내 줄 간격 130

  ※ 본문 글씨체는 훈글 신명조 12point를 기준으로 작성
- 집필순서 : 번호를 붙일 경우는 아래의 순서를 활용하되 가급적 번호가 적게 들어가도록 작성

제1장 (20point, 진하게)
　1. (16point, 진하게)
　　가. (14 point, 진하게)
　　　1) (12포인트, 보통)
　　　　가) ....
　　　　　(1) .....
　　　　　　(가) ....

촉진사항

- 원고 마감일은 교재개발의 일정을 고려하여 충분한 집필 시간을 선정한다.
- 원고 집필 중에 강사에게 도움이 되는 자료를 보내는 것은 효과가 크다.
- 강사 중에는 편집 형식을 어려워하는 경우 충분한 설명이 선행되어야 한다.

3. 교수설계 및 교재개발

학습자의 특성과 교육내용의 성격을 고려하여 교수학습 전개방식에 맞게 교육내용을 재구조화 시켜 강의교재로 활용 가능하도록 개발하는 것으로 교육담당자는 체계적인 교수설계의 원리를 알고 실제 강의교재 개발을 할 수 있어야 한다.

1) 교수설계의 방법과 고려사항

교수설계는 강사가 집필한 강의 원고를 강사와 학습자가 보다 쉽게 활용할 수 있도록 교수학습 전개과정을 고려하여 재구조화시키는 것으로 교육담당자의 전문성이 요청된다.

교수설계에 포함될 사항은 강의개요, 학습목표, 교수학습 전개과정, 교육자료 및 매체, 교육환경 등을 포함하며 간략하면서도 핵심적인 내용을 기술한다.

제1강 강의주제

강사명

○ 강의개요
 –

○ 학습목표
 – 학습자는 OO을 설명할 수 있다
 – (3형식 문장, 행위동사, 능동형)
 – (한 문장에 단일 성과만 기술)

○ 교수학습 전개과정
 – 도입
 – 전개
 – 정리(평가, 차시예고 등)

○ 교육자료 및 매체
 –

○ 교육환경
 –

○ 심화자료

[그림 8-1] 교수설계 내용의 예시

2) 교재개발 및 편찬

교재개발은 가능한 사용 예산을 고려하여 모든 강의주제를 일정한 분량의 페이지로 한정하고 한권의 책자로 편찬하는 것을 말한다. 보통 교재개발의 형식은 서술형 교재, 파워포인트형 교재, 디지털형 교재 등으로 나눌 수 있다.

[교재개발의 형식]

- 서술형 교재 : 지식전달과정에서 강사와 학습자의 가독성을 충분히 고려한다.
- 파워포인트형 교재 : 교재와 글자의 크기를 고려한다.
- 디지털형 교재 : 교육내용과 강사의 영상과 음성을 디지털로 매체화시킨다.

교재개발에 포함될 사항은 표지, 기관 슬로건, 전체목차, 강의주제, 교육내용 등이 포함된다.

- 표　　　지 : 교육과정명과 교육운영기관 명시
- 기관 슬로건 : 기관의 비전/미션, 조직 구성원의 공유가치 및 행동규범 기술
- 전 체 목 차 : 교재 전체의 목차 또는 강의 모듈의 내용을 기술
- 강 의 주 제 : 강의모듈의 학습 목표와 내용의 목차를 기술
- 교 육 내 용 : 본 교재 내용의 논리적 · 체계적 기술

3) 교재개발 점검을 위한 체크리스트

교재개발은 다음 사항에 대해 교육담당자가 객관적으로 판단하는 것이 매우 중요하다.

〈 표 8-1 〉 교재개발 점검표 예시

점검 항목	점검
· 교재의 겉표지는 매력적으로 구성 되었는가?	
· 교재명, 강사명, 강의주제 등 핵심적인 사항에 대해 오탈자는 없는가?	
· 교재는 학습자들이 충분히 이해할 수 있도록 제작되었는가?	
· 교재의 전체 페이지, 인쇄상태, 종의 질, 글자 크기 등이 적당한가?	
· 학습자가 휴대하고 다니기에 교재의 크기는 적당한가?	
· 학습자가 교육내용을 필기할 수 있도록 교재에 충분한 여유가 있는가?	

촉진사항

- 교수설계 시 전체 과정에서 세부과정 단계에 맞추어 순차적으로 진행해야 한다.
- 교수목표의 설정과 방법의 절차를 충분히 이해하고 실행하도록 한다.
- 교재개발은 강사와 학습자가 활용하기에 용이하도록 제작한다.

4. 교재개발 품의서 작성 및 검수

교수설계와 교재개발을 통해 완성된 강의교재를 책자로 만드는데 소요되는 비용을 확보하기 위해 지출 품의서를 작성한 후 발주된 인쇄책자를 검수하는 것으로 교육담당자는 지출 품의서를 작성하고 인쇄책자에 대한 검수 내용을 알아야 한다.

1) 교재개발 품의서 작성

교재개발 품의서는 교재를 책자로 편찬하는데 소요되는 예산을 확인하여 지출 품의서를 작성한다. 지출 품의서에 대한 교육기관장의 결재가 있어야 비로소 소요비용에 대한 공식적인 집행이 가능하다.

[교재개발 품의서 작성 시 확인사항]

- 교재 인쇄에 대한 예산 편성을 확인한다.
- 강사 및 학습자의 인원수, 홍보책자 수를 확인하여 인쇄 권수를 정한다.
- 기관의 양식에 맞추어 교재 개발 품의서를 작성한다.

[교재개발 품의서 작성 시 고려사항]

- 품의서의 제목은 추진목적을 정확히 나타낼 수 있도록 진술한다.
- 추진과정에서 사용될 예산은 집행내역과 집행금액을 정확히 제시한다.
- 추진 내용에 따라 회계부서 및 관련 부서의 협조를 구한다.
- 집행 예정금액의 경우, 지침으로 규정된 기준 액을 준수한다.

2) 교재개발 검수

교육담당자는 책자로 인쇄된 교재의 검수과정에 세심한 점검이 필요하다. 자칫, 인쇄과정에서 잘못 표기된 사항이나 불량 상태를 확인하지 않아 문제가 될 수 있다.

- 품의서에 명시된 납품을 확인하고 권수를 정확히 확인한다.
- 납품된 교재가 원안과 차이가 없는지를 정확히 확인한다.
- 납품인쇄물의 불량 상태 여부를 확인한다.

촉진사항

- 인쇄할 교재출판 권수는 예산 범위 내에서 좀 더 여유 있게 한다.
- 납품된 교재에 대한 검수는 정확하고 꼼꼼하게 이루어져야 한다.
- 검수서 작성은 실제 검수 내용과 일치하도록 한다.

제9장

학습자 모집 및 선발

05. 학습자 모집 및 선발

1. 학습자 모집계획 및 홍보
2. 학습자 상담 및 모집
3. 학습자 선발 확정 및 명부 작성
4. 학습자 확정 명부 공지 및 통보
5. 교육등록비 납부 안내 및 대기자 선발
6. 교육프로그램 개강 및 준비 안내

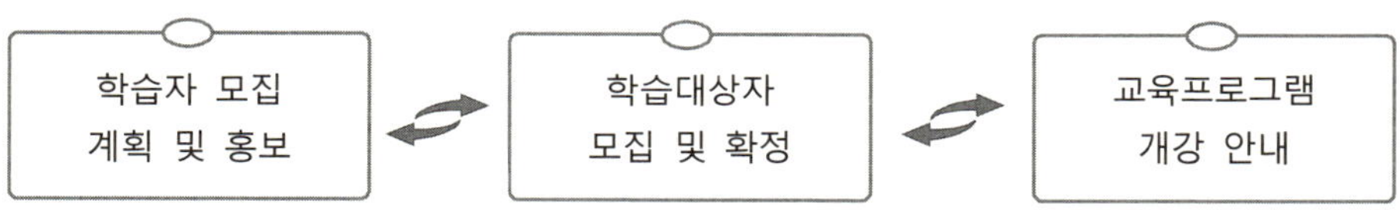

개요

평생교육 프로그램 운영은 학습자 모집과 선발이 이루어져야 비로소 교육운영을 위한 준비가 가능하다. 잠재적 학습 고객은 생애사건에 필요로 하는 생애역량 개발과 해당 직무의 역량 향상 및 새로운 직업준비 차원에서 평생교육 프로그램에 관심을 기울인다. 그러므로 평생교육기관은 잠재적 학습고객에게 평생교육 프로그램에 참여할 수 있는 기회를 부여하여 적합한 대상을 공정하게 선발하여야 한다.

수행체제 및 과업

학습자 모집 및 선발은 평생교육기관에서 준비한 평생교육 프로그램에 잠재적 학습 고객의 관심유발을 위해 홍보하고, 대상자 선발 후 참여하기 위해 준비해야 할 사항을 안내하는 일련의 과업을 수행한다.

학습자 모집 및 선발 Tips

- 홍보할 권역과 대상에 대한 매핑(구획)을 전략적으로 결정한다.
- 학습고객의 니즈와 연계하여 교육프로그램의 유의가(가치)를 적극적으로 홍보한다.
- 지역 센터의 담당자에게 교육프로그램에 대한 정확한 홍보 콘텐츠를 제공한다.

1. 학습자 모집계획 및 홍보

잠재적 학습고객의 참여를 촉진시키기 위해 구성된 안내문이며, 교육프로그램 홍보를 구상하는 데 활용되는 것으로 교육담당자는 모집계획안을 토대로 효과적인 홍보 문구를 작성하고 유관기관에 홍보 협조를 공식적으로 요청한다.

1) 학습자 모집계획안 작성

잠재적 학습고객이 교육프로그램에 관심을 가지도록 하기 위해서는 우선 학습자 모집계획안을 작성하여야 한다. 학습자 모집 계획안은 교육프로그램을 홍보하거나 지역 센터 및 관련 기관에 학습자 모집 요청을 의뢰하는데 곧바로 활용될 수 있다. [그림 9-1]은 학습자 모집계획안 예시이다.

2) 교육프로그램 홍보의 중요성

아무리 훌륭한 교육프로그램이라 하더라도 잠재적 학습고객에게 그 가치와 유의가(valence)를 알리지 못한다면 학습자의 등록은 미비하고 최악의 경우에는 교육운영은 더 이상 이루어지지 않는다.

시민대학(1기)』교육생 모집
『엘리트귀농대학(1기)』교육생을 아래와 같이 모집합니다.

귀농 · 귀촌 의사결정에 필요한 구체적 정보와 자기학습을 위한 기초능력 향상

– 교육개요
• 모집전공: 특용작물, 과수, 채소, 가공창업
– 교육기간
• 8월(교양)/ 9~11월(전공+교양): 월, 목
※ 전공별 현장 실습 및 견학 4회(토요일)
※ 입학식 8.13, 논문제출11.16~17,
졸업식 11.19
– 교육장소: 서울역(이론), 농진청(현장실습)
• 교육내용: 교양(공통), 전공
• 수료조건: 교육시간 80% 이상, 졸업논문제출
– 교육생 모집요강
• 모집인원: 100명
• 응시자격: 귀농을 희망하는 도시민
• 교육비: 자부담 만원
• 선발방법: 선착순 선발(교육비 입금 순)
• 대기자 선발: 모집인원의 10%

– 교육신청서 접수
• 접수기간:
• 접수방법: 전화접수, 교육비입금, 동의서
– 제출서류
• 동의서, 교육신청서
※ 홈페이지 공지사항에서 다운로드
– 선발일정
• 합격자 발표:
※ 홈페이지 공지사항에 게재
• 입교 및 오리엔테이션:
– 지원자 유의사항
• 교육신청서의 구비서류 미비 등으로 일어나는 불이익에 대해 신청자 본인이 책임진다.
• 교육생이 제출한 서류를 위조변조 하거나 허위사실을 기재하는 경우 합격을 취소할 수 있다.

[그림 9-1] 학습자 모집계획안 예시

3) 홍보의 기본원리와 지침

홍보는 홍보방법과 매체를 통해 홍보하고자 하는 내용을 구성해야 하고, 홍보의 기본원리에 따라 전개하는 것이 효과적이다.

[홍보의 아이도마(AIDOMA) 법칙]

- Attention(주목) : 홍보대상의 주의를 불러일으키고 눈길을 끌게 한다.
- Interest(관심) : 관심을 보이고 사로잡히게 한다.
- Desire(충동) : 요구를 불러일으키고, 행동하도록 부추긴다.
- Memory(기억) : 요구를 유지시키고, 충동을 기억한다.
- Action(행동) : 실제 행동으로 옮긴다.

효과적인 홍보를 위해서는 사전에 잠재적 학습고객의 주목을 끌기위해 홍보내용이 구성되어야 한다. 홍보내용을 토대로 홍보대상, 홍보내용, 홍보매체, 홍보방법, 홍보기간 등이 결정된다.

[홍보내용 구성의 지침]

- 교육프로그램에 참여하여 얻게 되는 가시적인 성과와 혜택을 포함한다.
- 정확하고 명확하게 내용이 전달되도록 구성한다.
- 잠재적 학습고객의 요구를 자극하여 학습동기를 유발할 수 있는 내용으로 구성한다.
- 잠재적 학습자가 친숙함을 느낄 수 있는 내용을 포함하여 구성한다.
- 쉬운 표현으로 홍보내용을 구성한다.

[교육프로그램 홍보의 지침]

- 교육운영 기간을 확인하고 적절한 홍보기간을 설정한다.
- 교육프로그램 홍보에 가장 적합한 홍보 대상자를 선정한다.
- 육하원칙에 입각하여 홍보 안내문(예: 모집요강)을 구성하고 작성한다.
- 교육대상자, 교육내용, 지역적 특성 등을 고려하여 홍보방법을 선정한다.
- 홍보 일정표를 작성하고 일정별로 상황을 점검하고 실행한다.

촉진사항

- 교육내용에 맞는 홍보계획을 수립하도록 한다.
- 기존 교육 참여자 및 기타 교육 참여자에 대한 정보를 수집한다.
- 교육프로그램 예산편성에 따라 홍보경비를 결정하도록 한다.

2. 학습자 상담 및 모집

교육 참여를 희망하는 자를 대상으로 일정한 상담과정을 거쳐 정해진 기간 내에 등록 신청서를 받는 것으로 교육담당자는 등록 신청서 제출 종료 시점까지 지역 센터 및 관련기관의 담당자와 개별 학습자의 궁금증을 상담하고 안내하는 역할을 한다.

1) 학습자 상담 및 모집의 이해

학습자 모집계획과 홍보를 접한 잠재적 학습고객은 실제로 교육프로그램에 신청서를 작성하기 전에 궁금증을 상담하고 최종적으로 등록한다. 지역센터와 관련 기관을 통해 추천을 요청하였을 경우에는 담당직원에게도 사전에 학습자 공모계획에 대해 상세하게 설명하여 간접적인 상담이 가능하도록 해야 할 것이다.

2) 효과적인 학습자 상담의 요령

학습자 상담은 다양한 목적을 가지고 전개될 수 있으나 여기에서 상담의 직접적인 목적은 잠재적 학습 고객으로 하여금 해당 교육프로그램에 등록하도록 하는 것임을 명심해야 한다.

상담과정에서 잠재적 학습 고객이 주로 궁금해 하거나 상담받기를 원하는 내용은 다음과 같이 다양하다. 즉 학습자 모집계획안을 이미 살펴보았더라도 상담자에게 직접 확인해야 한다.

[상담을 희망하는 주요 내용]

- 교육을 통해 획득하게 되는 성과와 활용성에 대해 궁금해 한다.
- 교육기간 및 일정, 교육장소, 숙박시설 등에 대해 재차 확인하기를 원한다.
- 등록신청서에 있는 작성 항목에 대해 부가적인 설명을 원한다.
- 강사진의 특성에 대해 문의하는 경우도 많다.
- 자신의 처지를 밝히고 등록신청이 가능한지를 문의한다.
- 자신이 교육내용을 잘 이해하고 따라갈 수 있는지를 확인하고자 한다.
- 선발 방식에 대해 문의하거나 자신이 선발될 가능성이 있는지 확인하고자 한다.

촉진사항

- 모집기간, 신청방법, 모집인원 등 기본적인 사항에 대해서 정확히 알고 있어야 한다.
- 교육담당자는 모집과 관련한 상담을 실시할 때 항상 친절하게 응대해야 한다.
- 등록 신청서가 분실되지 않도록 세심한 주의가 필요하다.

3) 교육신청서 예시

학습자가 활용할 수 있는 적합한 양식으로 〈표 9-1〉과 같이 제시한다.

〈표 9-1〉 교육신청서

교 육 신 청 서

<table>
<tr><th colspan="6">학 습 자 기 본 정 보(필수기재)</th></tr>
<tr><td>희망과정명</td><td colspan="5"></td></tr>
<tr><td rowspan="3">(사 진)</td><td>성 명
(성별)</td><td>(남 · 여)</td><td>주 소</td><td colspan="2"></td></tr>
<tr><td>생년월일</td><td></td><td>전화번호</td><td colspan="2"></td></tr>
<tr><td>이 메 일</td><td></td><td>핸드폰번호</td><td colspan="2"></td></tr>
<tr><td>최종학력(전공)</td><td colspan="2"></td><td>전공 선택
(택1,☑표시)</td><td colspan="2">☐ 특용작물 ☐ 과수
☐ 채소 ☐ 가공창업</td></tr>
<tr><td>귀농·귀촌
희망지</td><td colspan="2"></td><td>귀농·귀촌
희망(예정)시기</td><td colspan="2"></td></tr>
<tr><td>경작 희망작목
(주재배작물)</td><td colspan="2"></td><td>영농희망
규 모</td><td colspan="2"></td></tr>
</table>

<table>
<tr><th colspan="6">학 습 자 상 세 정 보(해당사항만 기재)</th></tr>
<tr><td>직 업</td><td></td><td>근무처</td><td></td><td>근무경력</td><td></td></tr>
<tr><td>토지현황</td><td colspan="5">(본 인) ㎡ (기 타) ㎡</td></tr>
<tr><td>영농경력
(주말농장 등)</td><td colspan="5">주작목 : 재배경력 :</td></tr>
</table>

<table>
<tr><th colspan="4">관련 교육 이수이력</th></tr>
<tr><td>교육기간
(년 월)</td><td>교육과정(학과)</td><td>교육기관(학교)</td><td>세 부 교 육 내 용</td></tr>
<tr><td></td><td></td><td></td><td></td></tr>
<tr><td></td><td></td><td></td><td></td></tr>
</table>

<table>
<tr><th>국가기술자격 소지현황</th></tr>
<tr><td></td></tr>
</table>

<table>
<tr><th>교육에 참여하게 된 동기(서술식으로 기재)</th></tr>
<tr><td></td></tr>
</table>

상기 사실이 틀림없음을 확인함.

년 월 일

신청인 (서명)

※ 이메일 송부 시 서명 생략가능

4) 동의서 예시

동 의 서

아래 내용을 읽으시고 내용에 동의하시면 네모 칸에 표시(☑) 하여 주십시오.

□ 본인은 '『엘리트귀농대학(1기)』교육생 모집' 요강을 읽었고, 내용을 충분히 이해합니다.

□ 본인은 『지원자 유의사항』을 읽었고, 내용을 충분히 이해합니다.

○ 교육신청서의 기재착오 및 구비서류 미비 등으로 일어나는 불이익에 대해서는 신청자 본인의 책임입니다.

○ 일단 제출된 서류는 일체 반환하지 않습니다.

○ 제출한 서류를 위조·변조하거나 허위사실을 기재하는 경우 합격을 취소할 수 있습니다.

□ 본인은 『대기자 선발』에 관한 사항을 읽었고, 내용을 충분히 이해합니다.

○ 선발인원 : 모집인원의 10%(전공별)

○ 선발대상 : 9.4(토)까지 대기 희망자(입금순)

○ 선발요건 : 9.4(토) 이전에 결원 발생 시 선발, 미발생시 전액 환불 조치

○ 입교시점 : 9.4(토)까지 대기자 순번대로 입교 허가, 교육시간 부족 시 사이버 학습으로 최대 16시간(2과목)까지 인정 가능

□ 본인은 『교육비 환불』에 관한 사항을 읽었고, 내용을 충분히 이해합니다.

○ 8.9~11 교육 포기자 : 전액 환불

○ 8.12~13 교육 포기자 : 90% 환불

※ 교육 포기자는 반드시 센터 홈페이지 게시판이나 문서로 포기의사를 밝혀야 환불가능

○ 9.4(토) 이전 퇴교 : 사용한 교육비 제외한 금액 환불(수강시간×1만원)

○ 9.6(월) 이후 퇴교 : 미환불

○ 9.4(토) 까지 추가입교(대기자) : 입교 이전까지의 교육비 환불

※ 9.4(토) : 전체 교육시간의 20% 미만 진행(수료기준 80%) / 시간당 교육비 1만원

본인은 자유로운 의사에 따라 교육 참여를 요청하며, 동의서를 제출 합니다.

20 .   .   .

성 명 :   (서명)

※ 이메일 송부 시 서명 생략가능

[그림 9-2] 동의서 예시

출처 : 김진화 외 9 (2011). 농촌인적자원개발센터 교육운영 직무수행체제 개발 연구.

3. 학습자 선발 확정 및 명부 작성

신청서를 제출한 예비 학습자들 중 일정한 기준에 의해 교육대상자로 선발·확정하고 그들에 대한 기초정보를 정리하는 것으로 교육담당자는 심사기준에 따라 공정하게 교육대상자를 선발하고 정리된 자료를 기관장에 보고하여 확정한다.

1) 학습자 선발의 기준과 공정성

교육프로그램에 참여를 개별적으로 혹은 기관을 통해 신청한 대상에게 정해진 기준이 적합한지를 공정하게 심사하여 교육대상자로 최종 선발·확정한다. 또한 대기자 선발 원칙에 대해서도 공지해야 한다.

[학습자 선발 기준]

- 교육기관의 연간교육 여건을 고려하여 배정된 인원수를 기준으로 삼는다.
- 지역 센터 및 의뢰기관에서 추천한 인원을 우선적으로 선발한다.
- 최종 등록하지 않은 경우를 생각하여 후보자를 선정한다.

[대기자 선발 기준의 예시]

- 선발인원 : 모집인원의 10%(전공별)
- 선발대상 : 20 년 월 일까지 대기 희망자(입금순)
- 선발요건 : 20 년 월 일까지 이전에 결원발생 시 선발
- 입교시점 : 20 년 월 일까지 대기자 순번대로 입교 허가

2) 학습자 선발 확정 명부 작성

학습자 선발 확정은 공정성 확보를 위해 최종적으로 합격자 명부를 작성하여 교육기관장의 결재를 통해 공식화하는 절차를 거친다.

[확정 명부 작성 요령]

- 등록 신청서를 토대로 학습자 명부와 기초정보를 정리한다.
- 명부 작성은 이름, 성별, 주민번호, 연락처, 이메일, 주소, 교육과정별, 지역별 등을 포함한다.

촉진사항

- 교육계획에 따라 학습자를 확정하고, 학습자의 기초정보를 확보한다.
- 결정된 학습자가 선발기준에 따라 적절히 선정되었는지 확인한다.
- 학습자 기초정보를 명확히 정리하여 연락에 차질이 없도록 한다.

4. 학습자 확정 명부 공지 및 통보

심사기준에 적합한 최종 교육대상자의 명단을 공지하고 개별 교육대상자에게 공식적으로 알려주는 것으로 교육담당자는 교육기관의 인터넷 홈페이지에 확정자 명단을 게시하고 개별 대상자에게 문자를 발송한다.

1) 학습자 확정 명부 공지 및 통보 요령

교육생으로 확정된 학습자 명부는 개인 혹은 기관에 알려서 개강 이전에 취해야 할 교육비 납부 및 제반 필요사항을 준비하도록 한다.

[확정 명부 공지 및 통보]

- 지역 센터 및 유관기관을 통해 단체로 신청한 경우에는 담당자에게 통보한다.
- 개별적으로 학습자가 쉽게 확인할 수 있도록 인터넷 홈페이지에 공지한다.
  ※ 개인 사생활이 침해되지 않도록 주의한다.
- 휴대폰 문자와 이메일로 선발 확정을 개별적으로 통보한다.

2) 확정 명부 공지 및 통보의 사례

[교육생 확정 명단 공지]

- 교육 확정자 명단을 붙임과 같이 올리니 확인하여 주시기 바랍니다. 관심 가지고 참여하여 주신 모든 분들께 감사드리고, 대기자로 안내받으신 분들께는 결원 발생 시 순차적으로 문자로 안내해 드릴 예정이니 착오 없으시기 바랍니다.
- 입학생으로 선정된 분들은 8. 11일(수)까지 본 홈페이지에 회원가입을 완료하여 주시기 바랍니다.
  ※ 이미 가입되어 있는 분들은 다시 가입할 필요가 없으므로 홈페이지에서 확인하여 주시기 바랍니다.

–회원가입요령: 붙임 참조, 회원가입 문의: ☎ 111-1113-1235

〈표 9-2〉 교육생 확정 명단 공지

연번	전공 및 교육과정	이름	거주지
1		김○○	경기고양
2		한○○	경남진주

촉진사항

- 확정된 학습자를 교육일정에 맞추어 각 기관에 통보하도록 한다.
- 최종 교육생 명단을 홈페이지에 게시하여 모든 학습자들이 볼 수 있도록 한다.
- 교육생에게 개별 문자나 메일로도 확정결과를 통보하고 안내문을 함께 첨부한다.

5. 교육등록비 납부 안내 및 대기자 선발

교육생으로 확정된 자에게 필요한 등록 절차와 교육비 납부에 대한 정보를 알려주고 미등록자가 있을 경우에 대기자를 선발하는 것으로 교육담당자는 교육등록비 납부의 안내 자료를 지역 센터, 위탁기관, 개별학습자에게 전달한다.

1) 교육등록비 납부 안내

교육담당자는 교육프로그램 등록 및 납부일정과 함께 등록에 필요한 서류와 사항들을 개별 학습자들에게 신속히 공지하고 전달한다.

[교육등록비 안내 공지 내용]

· 교육과정명 · 납부 금액 · 교육비 납부 방법 · 입금주/계좌번호

※ 교육등록비 납부 증명서 발급이 가능하도록 준비해야 한다.

[교육등록비 안내 및 조치]

- 교육등록비 납부 안내는 이메일과 교육기관 홈페이지를 통해 공지한다.
- 납부 마감일까지 등록되지 않은 경우, 차 순위 대기자 선발을 명시한다.
- 교육등록비 납부는 개인별 납부와 기관별 통합 납부로 이루어진다.
  - 교육생 본인이 계좌이체 할 경우에는 통장에 실명이 표시되도록 안내한다.
  - 기관별 계좌이체 할 경우에는 과정별 코드번호를 기재할 것을 요청한다.
- 등록비 정액이 입금되지 않은 경우 해당자에게 신속히 조치하도록 한다.
- 교육등록비 납부 마감일에 정확하게 등록명단을 확인해야 한다.

2) 대기자 선발

교육담당자는 교육비 미등록 발생 시, 차순위 후보자를 새로운 학습자로 확정하고 통보하여 등록하도록 조치한다.

[대기자 선발 조치]

- 교육담당자는 미등록자가 발생할 경우를 대비하여 대기자 명단을 정리한다.
- 대기자의 확정과 선발도 공정성을 잃지 않아야 한다.
- 차-차순위 대기자의 선발 가능성에도 신속히 대비해야 한다.

촉진사항

- 대기자의 명단과 관련 정보는 동료 직원도 알게한다.
- 등록일정 및 교육비 납부 방법에 대하여 정확히 공지한다.
- 미등록생 발생 시 다른 학습자가 등록할 수 있도록 신속히 조치한다

6. 교육프로그램 개강 및 준비 안내

교육프로그램 개강 및 준비 안내는 해당 교육프로그램 교육비를 납부하고 등록을 완료한 학습자를 대상으로 향후에 예정된 개강 일정과 필요한 준비사항을 알려주는 것으로 교육담당자는 교육대상자에게 안내할 사항을 꼼꼼히 체크하고 자료를 만들어야 한다.

1) 개강 일정 안내문 작성 및 통보

교육담당자는 확정된 학습자가 개강 일정을 확인할 수 있도록 다음 예시를 참조하여 안내문을 작성하고 통보해야 한다.

[개강 일정 안내문 작성 예시]

1. 과정 개요
 가. 과정 성격: 전문 교육과정
 나. 교육 목표: 관리자의 코칭스킬 향상으로 부하육성 및 성과향상에 기여
 다. 교육 대상 및 인원: 과장. 팀장급 공무원 ○○명
 라. 교육 기간: 2○○○. ○○. ○○ ~ 2○○○. ○○. ○○
 마. 중점 교육 방향
  – 조직의 리더들에게 필요한 코칭스킬 실습

2. 교육생 명단 및 등록 절차
 가. 교육생 명단
  – 첨부문서(※교육생 확정 명단)를 확인해 주시기 바랍니다.
 나. 교육생 등록(개강일)
  – 등록 일시: ___년 ___월 ___일(수), 08:00~08:50
  – 등록 장소: 교육원 본관 3층 세미나실 앞
  – 교육 수료시간은 ____년 ___월 ___일(금) 16:40분경이 될 예정이오니 지방에서 오시는 분들은 귀경차표 예약에 참고하시기 바랍니다.
  – 준비물: 볼펜 등 학습용 필기구 등
   ※ 교재 및 안내자료 당일 배부

3. 기타 : 주차장 이용관련 및 셔틀 버스 이용 안내

4. 문의사항
  – 평생학습과: (☏) (Fax)
  – 교육원홈페이지:

※ 교육계획안(교육프로그램 및 강사 포함)에 대한 자료를 첨부한다.

촉진사항

- 교육개강 일정을 정확하게 파악하여 학습자에게 전달하도록 한다.
- 교육프로그램 참가 준비사항에 대해 학습자에게 미리 전달하도록 한다.
- 교육담당자는 총체적인 준비사항을 파악하여 점검해야 한다.

제10장

평생교육 프로그램 개강 준비

06. 평생교육 프로그램 개강 준비

1. 오리엔테이션 자료작성 및 준비
2. 교육일정표 작성
3. 등록자 확인 및 점검표 준비
4. 개강식 시나리오 준비
5. 교재 및 자료집 점검
6. 교육기자재 및 장비의 점검
7. 교육환경 및 시설의 점검과 준비
8. 등록확인 명부 작성 및 명찰 제작
9. 출석부 제작
10. 학습자 급식 의뢰 및 협의
11. 간식과 음료 준비 및 점검
12. 상비의약품 확보 및 준비
13. 강사료 및 교육운영 경비 검토
14. 개강식 참여인사 의뢰 및 일정 확인
15. 교육운영지원 인원 확인 및 역할 분담
16. 강사대기실 점검
17. 강사출강 일정통보 및 준비사항 확인
18. 교육생 학습이력 및 특성조사표 준비
19. 평가 설문지 및 평가자료 준비
20. 기타 교육운영 사전 점검

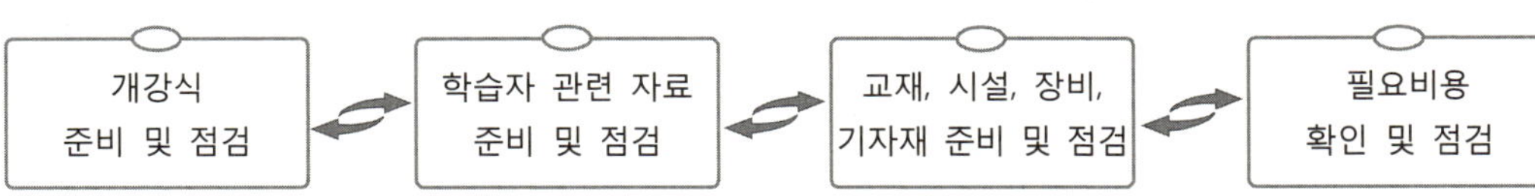

개요

평생교육 프로그램 개강 준비는 성공적인 교육프로그램 운영이 가능하도록 사전에 철저한 준비를 하는 것이다. 교육프로그램 개강 및 운영에 필요한 제반 사항을 주도면밀하게 준비하고 점검하는 것은 성공적인 프로그램 운영의 기반이 된다.

수행체제 및 과업

평생교육 프로그램 개강 준비의 수행체제는 교육프로그램이 시작되기 전에 학습자, 강사, 교육운영자 측면에서 필요한 사항들을 점검하고 확인하여 준비함으로써 교육프로그램 운영이 원만하게 이루어지게 하기 위한 일련의 과업으로 구성한다.

교육프로그램 개강 준비 Tips

- 교육프로그램의 운영에 필요한 사항을 영역별로 나누어 단계적으로 점검한다.
- 교육프로그램 운영의 준비과정에서 관련자 혹은 타부서의 협조를 요청한다.

1. 오리엔테이션 자료작성 및 준비

참가자가 새로운 교육환경에 적응하고 효과적으로 학습활동에 참여할 수 있도록 필요한 정보와 지침을 자료로 제작하는 일련의 과정으로 교육담당자는 교육프로그램 참여자에게 실질적인 도움이 되도록 오리엔테이션 자료를 준비한다.

1) 오리엔테이션 자료의 중요성

오리엔테이션 자료는 교육프로그램의 취지와 목적에 대해 학습자가 재인식하게 하고 교육이 전개되는 동안 학습자가 숙지해야할 사항을 체계적으로 정리하여 안내하는 것을 말한다.

[오리엔테이션 자료의 목적]

- 교육프로그램의 목적을 명확히 알리고 이해시킨다.
- 교육프로그램 흐름을 익혀 단계별 학습활동 및 행동요령을 숙지시킨다.
- 교육에 적극적인 참여와 자발적인 교육운영에 협력하도록 한다.

2) 오리엔테이션 자료 포함 사항

오리엔테이션 자료작성에 포함될 사항은 교육취지, 교육목적, 교육내용 및 강사, 교육운영 및 평가지침, 교육기관 특징, 이용 및 편의시설, 학습자 준비물, 학습자 준수사항, 담당자 소개, 첨부자료(교육운영 내규 및 학칙) 등이다.

[오리엔테이션 자료 포함 내용]

- 교육취지 및 목적 : 프로그램 배경과 의도 및 목적을 정부, 기관, 학습자 차원에서 기술
- 교육내용 및 강사 : 교육과정 편성표와 교육내용의 특성, 강사 소개
- 운영 및 평가지침 : 교육운영의 기본원칙과 평가지침 제시
- 교육기관 특징 : 교육기관의 전문성과 신뢰성을 학습자에게 알리는 내용
- 이용 및 편의시설 : 학습자의 이용이 가능한 시설과 장비에 대해 설명
- 학습자 준비물 : 학습자가 지참해야 할 준비물과 종료 후 반납해야할 물건
- 학습자 준수사항 : 학칙 혹은 교육운영 내규에 포함된 지켜야할 내용 ※ 출석, 지각, 중결, 조퇴 등
- 담 당 자 소 개 : 교육프로그램 책임자, 실무자, 보조자의 이름과 연락처

촉진사항

- 교육일정 전개과정 중 소지하고 활용이 용이하도록 한다.
- 교육운영 내규 및 학칙을 부록으로 첨부시키면 효과적이다.
- 교육프로그램 수강 시 실제로 활용하기 좋게 쉽게 정리해야 한다.

2. 교육일정표 작성

계획된 교육프로그램의 전개과정을 학습자, 강사, 교육담당자, 관계자들이 한 눈에 쉽게 파악할 수 있도록 일정 시간별로 정리하는 것으로 교육담당자는 강의주제, 강사, 교육시간, 장소 등을 포함시켜 교육일정표를 정리하고 게시가 가능하도록 한다.

1) 교육일정표 작성의 요령

교육일정표는 세부 교육계획안을 토대로 교육프로그램의 진행과정을 한눈에 쉽게 확인할 수 있도록 정리하여 작성한다.

- 연간 및 월간 교육일정표를 기준으로 다른 교육과 중복되지 않도록 작성한다.
- 교육일시, 교육주제, 강사, 강의실, 교육장소 등의 항목을 포함한다.
- 교육프로그램 진행에 있어 학습자와 관련자들이 쉽게 이해할 수 있도록 한다.

〈표 10-1〉 ○○○ 교육일정표 예시

일 시		내 용	장 소
11. 10 (화)	09:00 ~ 09:30	· 학습자 등록	제 1강당 앞
	09:40 ~ 10:00	· 개강 일정 안내	제 1강당
	10:00 ~ 10:20	· 인사말씀	〃
	10:20 ~ 12:00	· 국내외 교육 현황 및 발전방향 (○○대학교 ○○○ 교수)	〃
	12:00 ~ 13:00	· 중식	식당
	13:10 ~ 14:00	· ○○년 교육훈련사업 추진방향	2층 세미나실
	14:10 ~ 17:00	· ○○년 교육훈련 사업 성과발표	〃
	17:10 ~ 18:00	· ○○년 교육훈련사업 추진성과	〃
11. 11 (수)	09:10 ~ 10:00	· ○○년 교육 우수사례 발표	〃
	10:10 ~ 12:00	· 고객만족을 위한 고객중심 감성서비스	〃
	12:10 ~ 13:00	· 중식	식당
	13:10 ~ 14:00	· 안전사고 현황 및 대책	2층 세미나실
	14:00 ~	· 설문 및 수료식	〃

촉진사항

- 교육일정표는 게시용으로도 활용되어야 함을 고려하여 작성한다.
- 교육일정표는 교육기관의 모든 직원들이 공유할 수 있도록 작성한다.
- 교육일정표는 교육기자재 및 교육 장소의 중복 여부를 미연에 방지하는데 유용하다.

3. 등록자 확인 및 점검표 준비

개강식 당일 등록자를 확인하고 필요한 서류의 제출 여부와 필요한 사항을 점검하는 것으로 교육담당자는 학습자의 기본적인 인적사항이 포함된 등록자 확인 점검표, 관련서류의 제출여부, 필요 사항 점검 양식을 준비한다.

1) 등록자 확인표 작성 양식

교육프로그램 개강 당일 교육담당자는 등록자 확인을 위해 등록번호, 성명, 주민번호 앞자리, 주소, 전화번호, 이메일, 출석확인 서명란이 포함된 점검표를 준비한다.

〈표 10-2〉 등록자 확인 양식

번호	성명	주민번호	주소	전화번호	이메일	확인	지역
1							
2							
3							

2) 등록자 확인 및 점검 포함 사항

교육프로그램이 시작되는 당일 개강식 직전에 교육담당자는 확인해야할 중요한 사항이 몇 가지 있다.

[등록자 확인 및 점검표 포함 사항]

- 개강식 당일 참여인원수와 결시자 명단
- 숙박 여부 확인
- 열쇠 수령 확인
- 교재 수령 여부
- 관련 서류 제출 확인
- 식권 및 관련 소품의 수령 확인
- 교육비 납부 여부 등
- 기타 특이사항 등

※ 등록대장에는 학습자 기초정보뿐만 아니라 제출서류 확인도 가능하도록 작성한다.

촉진사항

- 학습자의 간단한 인적사항을 확인할 수 있도록 양식에 포함한다.
- 등록자 확인표는 등록 명부와 비교하여 누락된 사람이 없는지 확인한다.
- 제출하지 않거나 누락된 서류 항목을 학습자가 쉽게 확인할 수 있도록 작성한다.

4. 개강식 시나리오 준비

일정한 형식과 절차에 따라 개강식을 진행하기 위해 대본을 구성하는 단계로 교육담당자는 사회자가 개강식을 원활하고 효과적으로 진행할 수 있도록 교육기관의 관례적 식순과 상황을 고려하여 필요한 대본을 구성하고 작성한다.

1) 개강식 시나리오 작성 요령

개강식 시나리오는 개강식의 원활한 진행을 위한 기본으로 실제 실행할 개강식의 식순과 상황에 맞추어 작성하여야 한다.

[개강 식순에 따른 시나리오 요소]

- 개 식 사 : 학습자에게 교육프로그램의 개강식이 시작됨을 알리는 인사말이다.
- 국민의례 : 공식적 의식이나 행사에서 국민으로서 마땅히 갖추어야 할 격식이다.
- 환 영 사 : 교육프로그램에 참여한 것에 대한 환영의 인사말이다.
- 직원소개 : 교육프로그램에 대해 학습자에게 도움을 줄 직원을 소개한다.
- 홍 보 : 교육기관에 대한 인식 전환 및 교육프로그램의 가치를 홍보한다.
- 오리엔테이션 : 교육취지와 교육기간 동안 숙지하고 준수해야할 사항을 알린다.

2) 개강식 시나리오 작성의 예시

[개식사/국민의례/환영사]

- 개식사 : ○○교육과정의 개강식을 시작하도록 하겠습니다.
- 국민의례 : 먼저, 국민의례가 있겠습니다. 모두 자리에서 일어나 정면의 국기를 향해 주시기 바랍니다.
- 환영사 : 본 기관의 ○○○소장님의 환영사가 있겠습니다.

[직원소개]

- 직원소개 : 다음은 여러분들의 문제점 및 문의사항들에 관해서 도움을 주실 본 기관 직원들의 소개가 있겠습니다. 교육프로그램의 직접적 운영을 담당해 주실 ○○○입니다. 행정 및 사무와 관련한 사항을 담당해 주실 ○○○입니다.

[홍보]

- 지금부터 10분 동안 기관의 홍보물을 상영하도록 하겠습니다.

[오리엔테이션 안내]

- 지금부터 교육프로그램과 관련한 일정 및 계획, 전반적인 사항과 관련하여 오리엔테이션이 있겠습니다

촉진사항

- 교육담당자는 개강식순에 포함시켜야 할 과정을 파악하여 시나리오를 작성한다.
- 개강식 시나리오는 실제 진행하듯이 구체적으로 작성한다.
- 교육담당자는 시나리오를 진행할 사회자의 입장에서 작성한다.

5. 교재 및 자료집 점검

교수설계를 통해 준비된 강의원고를 인쇄하기 위해 교재개발을 통해 인쇄를 의뢰한 교재의 인쇄 과정을 확인하고 개강 당일 활용이 가능한지를 확인하는 것으로 교육담당자는 교육자료 및 교재의 인쇄 상태를 확인하고 문제발생시 신속히 조치를 취한다.

1) 교재 및 자료집 점검의 필요성

교재 및 자료집은 서술형 교재, 파워포인트형 교재, 디지털형 교재형식으로 강사와 학습자가 교수학습과정 중에 활용하는 중요한 교육매개물이므로 개강 전에 점검하는 것이 필요하다.

[교재 및 자료집 점검의 필요성]

- 교재 및 자료집은 개강 당일 날 정상적으로 배부할 수 있는가?
- 교재 및 자료집의 보관은 개강 당일까지 문제가 없는가?
- 교재 및 자료집의 인쇄 상태는 좋은가?

2) 교재 및 자료집의 점검 사항

교재 및 자료집은 다음 몇 가지 사항에 대해 교육담당자가 객관적으로 판단하는 것이 매우 중요하다.

[교재 및 자료집 점검 사항]

- 우리기관의 규정에 맞추어 자료집이 제작되었는가?
- 교재의 겉표지는 매력적으로 구성 되었는가?
- 교재명, 강사명, 강의주제 등 핵심적인 사항에 대해 오탈자는 없는가?
- 자료집의 전체 장수, 인쇄상태, 종이 질, 글자크기 등은 적절한가?
- 교재에 포함되어야 할 내용을 빠뜨린 것은 없는가?
- 인쇄가 잘못된 부분은 없는가?
- 교재를 학습자 인원 수 대로 충분히 제작하였는가?

촉진사항

- 교수설계에 적합하게 교재가 제작되었는지를 살펴보아야 한다.
- 자료집 제작에 있어, 꼭 필요한 사항만을 포함할 수 있도록 하여야 한다.
- 교재 및 자료집 점검 시 학습자의 입장을 충분히 고려하여야 한다.

6. 교육기자재 및 장비의 점검

교육프로그램 운영과정에서 사용하고자 하는 교육용 기자재가 정상적으로 작동하는지 점검하고 준비하는 일련의 과정으로 교육담당자는 기자재의 용도 및 수량이 한정적이기 때문에 사용할 때 반드시 그 기기의 상태를 점검하고 준비해야 한다.

1) 교육기자재 및 장비의 이해

교육기자재와 교육장비는 학습자의 이해를 촉진시키고 강사의 원활한 강의 진행에 큰 도움이 된다. 교육기자재와 교육장비는 활용의 목적과 성격상 차이가 있으므로 구분을 필요로 한다.

[교육 기자재와 교육장비의 개념 이해]

- 교육기자재는 교육콘텐츠인 교육내용과 설명하고자 하는 사례에 대한 교육상황을 보다 더 사실적으로 전달하기 위해 주로 활용되는 수단이다.
- 교육장비는 학습자가 해당 장비의 작동원리와 기능을 이해하고 직접 작동할 수 있는 기능을 훈련하고 숙달해야 하기 위한 방법이다.

2) 교육기자재 목록 및 점검표

〈표 10-3〉 교육기자재 목록 및 점검표

품 명	활용가능	품 명	활용가능
빔프로젝트		OHP	
Projection TV		카세트	

3) 교육장비 목록 및 점검표

〈표 10-4〉 교육장비 목록 및 점검표

품 명	활용가능	품 명	활용가능

촉진사항

- 우리 기관에서 보유하고 있는 교육기자재의 수량을 파악하는 것이 필요하다.
- 교육담당자는 기관에서 보유하고 있는 기자재를 사용할 수 있어야 한다.
- 교육기자재의 작동 여부를 수업 전에 반드시 확인한다.

7. 교육환경 및 시설의 점검과 준비

강사와 학습자가 학습활동에 집중할 수 있도록 교육환경의 구체적인 부분에 대해 학습 과정에 필요한 환경이나 시설을 점검하는 일련의 과정으로 교육담당자는 수업 분위기와 학습 효과의 향상을 위해 교육환경 및 시설을 점검하고 준비해야 한다.

1) 교육환경 및 시설의 점검과 준비의 중요성

교육환경과 교육시설은 무조건 새로운 것이라고 해서 강사나 학습자를 학습활동에 열중하게 하거나 학습효과를 극대화 할 수 있는 것은 아니다.

- 교육과정 목적에 맞는 환경을 조성하고 학습자들이 편안하게 학습할 수 있는 시설의 분위기가 되도록 노력해야 한다.
- 현재 기관에서 사용되고 있는 환경과 시설을 교육과정에 어떻게 부합할 것인가를 생각하여 맞추어 나가는 것이 중요하다.

2) 교육환경 및 시설 준비 점검 사항

〈표 10-5〉 교육환경 및 시설 준비 점검 사항

NO	항 목	준 비	점 검	비 고
1	강의실의 크기			
2	강의실 배열			
3	강의실의 조명		양호	
4	강의실의 소음			
5	강의장의 위치(접근의 편이성)			
6	필요설비(시설물)			
7	스크린의 작동상태		조치	
8	교육장 내 음향상태			
9	전기설비		보통	
10	전원 추가확보 가능 여부			
11	확성장치			
12	비품 보관 장소			

촉진사항

- 강사의 교육방법 및 교육내용에 따라 교육장의 배열이 달라질 수 있다.
- 교육환경은 교육담당자가 체크리스트에 따라 사전에 직접 확인·점검하여야 한다.
- 교육담당자는 기존의 환경과 시설을 어떻게 효율적으로 활용할지 구상한다.

8. 등록확인 명부 작성 및 명찰 제작

교육시작 당일 개강식에 학습자의 참여를 확인하고, 명찰을 착용할 수 있도록 준비하는 것으로 교육담당자는 학습자가 자신을 확인할 수 있는 인적사항이 포함된 등록 명단표를 준비하고, 학습자의 이름이 기재된 명찰을 제작한다.

1) 등록 확인을 위한 명부 작성

교육이 시작되는 당일 개강식에 학습자의 참여는 중요하므로 예정된 모든 학습자들의 출석여부를 확인하기 위해 등록번호, 성명, 주민번호, 주소, 전화번호, 이메일, 출석확인 서명란이 포함된 명부를 준비한다.

2) 등록자 명찰 제작

교육생으로 최종 확정된 학습자 명단을 토대로 모든 학습자의 인원 수 대로 명찰을 제작한다. 명찰 제작은 기관의 형식에 맞추어 동일하게 제작하되 기관명, 교육과정, 이름, 전화번호 등을 기입하는 것이 효과적이다.

평생교육센터
홍 길 동
○○ 교육과정

○○ 교육과정
홍 길 동
010-1234-5678
평생교육센터

[그림 10-1] 등록자 명찰 제작 예시

3) 등록자 명찰 사용 주의사항 안내문 작성

교육과정이 개설되면서부터 사용될 명찰의 사용방법 및 안내사항에 대해 미리 작성해 두고 학습자가 명찰을 사용・보관하는데 착오가 없도록 한다.

[명찰 사용 안내문 작성 예시]

- 학습자 명찰은 교육진행 기간인 3월 2일~6월 30일 동안 사용한다.
- 명찰을 교부받은 학습자는 자신의 명찰을 분실하지 않도록 주의한다.
- 명찰 분실 시 명찰 재제작 기간까지 임시 명찰을 사용한다.
- 명찰은 교육과정별 보관함에 보관하고 타인의 명찰을 사용하지 않도록 한다.

촉진사항

- 등록 확인 명부 작성 시 정확한 정보를 기입하고 교육과정별로 구분한다.
- 교육담당자는 다양한 명찰 형식을 확인한 후 가장 적합한 것으로 선택한다.
- 명찰 안내문 작성 시 유의사항에 대해 정확히 숙지한 후 기관 상황에 맞게 작성한다.

9. 출석부 제작

교육프로그램에 현재 등록한 학생들의 명단을 작성하여 교육프로그램의 참여 여부를 확인하는 것으로 교육담당자는 과목명, 교수자, 날짜, 시수 등의 요소를 포함하여 제작하도록 하며 출석부는 교육과정 완료 후, 수료에 대한 자격을 부여하는 데 중요한 자료로 활용한다.

1) 출석부 제작의 지침

- 출석부는 각각의 교육프로그램별로 하나씩 제작한다.
  즉, 같은 교수자라 할지라도 교육과정별로 하나씩 제작한다.
- 출석부 기록 양식을 출석부 제작에 포함시킨다.
  ※ 기록 양식 예시 : 병결 : ø , 결석 : ／, 지각 : ナ , 출석인정 : 出
- 출석부는 교육일자, 교육시수로 표시할 수 있도록 제작한다.

〈 표 10-6 〉 출석부 예시

○○ 교육기관	반		과목		교수자	

	등록 시간	월일 / 시수 / 성명																교육 시수	결석 시수	출석률 (%)
1																				
2																				
3																				
4																				
5																				
6																				
7																				
8																				
9																				
10																				

촉진사항

- 교육담당자는 교육이 실행되기 이전에 학습자가 미제출 서류의 유무를 확인한다.
- 교육담당자는 등록생 명단을 정확히 확인하는 것이 중요하다.
- 각 교육프로그램별 출석부를 개강 이전에 모두 제작하여야 한다.

10. 학습자 급식 의뢰 및 협의

예정된 교육일정에 모든 학습자가 정상적으로 급식을 제공받을 수 있도록 제반 상황을 확인하고 준비하는 과정으로 교육담당자는 영양사와 사전에 협의하여 급식이 가능하도록 조치하고 학습자의 특성에 맞는 식단구성을 의뢰한다.

1) 학습자 급식 의뢰 및 협의의 중요성

전문교육기관은 내부에 식당공간이 마련되어 있으나 많은 교육프로그램이 동시에 진행되는 경우가 많아 모든 학습자를 수용하기에는 한계가 있다.

해당 교육프로그램의 운영을 책임져야 할 교육담당자는 학습자들의 급식에 불편함이 없도록 사전에 영양사 및 식당과 협의하여 준비한다.

2) 학습자 급식 의뢰 및 협의 요청

학습자 급식 의뢰 및 협의과정에서 교육담당자는 다음의 사항을 정리하여 영양사 및 식당 관계자에게 미리 통보하여 준비하도록 요청한다.

[급식 의뢰 요청 시 포함 사항]

- 교육과정 명 : ______________________
- 교 육 일 시 : ______________________
- 급 식 횟 수 : ______________________
- 급식 인원수 : ______________________
- 급식대상특성 : (연령), (성별), (직업) 등
- 가 용 예 산 : ______________________

※ 당일 급식 가능 여부 확인
※ 급식에 필요한 소요비용 산출 의뢰

교육담당자는 급식 의뢰를 요청한 후, 영영사와 식당 관계자로부터 회신을 받아 신속히 조치를 취해야 한다.

촉진사항

- 급식장소의 위치 및 배식시간을 사전에 정해야 한다.
- 학습자들이 포만감을 느껴 학습에 방해되지 않는 메뉴를 선정하도록 한다.
- 교육담당자는 급식상황 점검 시 학습자의 입장에서 살펴보아야 한다.

11. 간식과 음료 준비 및 점검

학습자가 교육진행의 쉬는 시간에 요기가 될 수 있는 간식과 음료를 준비하고 이를 점검하는 과정으로 교육담당자는 학습자의 특성 및 연령을 고려하여 간식을 선택하여 준비하고 전반적인 상황에 대해 점검하도록 한다.

1) 간식 및 음료 준비의 중요성

간식은 학습자가 교육에 대한 새로운 의욕을 고취시킬 뿐 아니라 강사와 다른 학습자 간에 상호교류 할 수 있는 장을 마련해 준다. 학습자의 연령대와 특성, 계절을 고려하여 기호에 맞게 간식을 준비하는 것이 필요하다.

〈표 10-7〉 간식 준비 예시

계절별	간식	음료	연령별	간식	음료
봄	비스킷, 빵	결명자차	20대	조각 케익	커피
여름	토마토, 과자	주스	30대	샌드위치	커피
가을	송편	황국차	40대	빵	주스
겨울	호두파이, 귤	매실차	50대	떡	따뜻한 음료

〈표 10-8〉 간식 및 음료 준비상황 점검 사항

NO	항 목	그렇다	보통이다	아니다
1	간식의 종류와 양은 적절하게 준비되었는가?			
2	음료의 종류와 양은 적절하게 준비되었는가?			
3	간식 및 음료의 비치장소는 적절한가?			
4	정수기는 적당한 장소에 설치되어 있는가?			
5	정수기의 물의 양은 적당히 준비되어 있는가?			
6	종이컵의 수는 적절하게 준비되었는가?			
7	교수자의 간식 및 음료는 따로 준비하였는가?			

촉진사항

- 해당 교육과정에 학습자의 특성에 맞는 간식이 준비되었는지 확인한다.
- 교육과정의 형식에 맞추어 간식과 음료의 위치를 미리 점검한다.
- 교육담당자는 간식과 음료가 충분히 준비되었는지 확인한다.

12. 상비의약품 확보 및 준비

교육프로그램 운영과정에서 예상하지 못한 사고나 응급상황에 대비하여 의약품을 구비해 놓는 것으로 교육담당자는 응급상황을 대비해 기본적인 상비의약품을 확보하고 리스트를 작성하여 수시로 점검해야 한다.

1) 상비의약품 확보 및 준비의 중요성

교육과정 진행 중에 학습자가 갑자기 아프다거나, 활동중심의 교육인 경우 다치는 경우가 발생할 수 있다. 어떤 응급상황이 발생하게 될지 모르기 때문에 항상 예상하지 못한 사고에 대비하여 의약품의 수량을 주기적으로 확인하고 자주 사용되는 의약품의 경우 충분한 수량을 확보하여야 한다.

〈표 10-9〉 상비의약품 점검

NO	품 명	수 량	준 비	점 검	비 고
1	소 화 제				
2	해 열 제				
3	진 통 제				
4	감 기 약				
5	밴 드 류				

2) 상비의약품 준비 시 고려사항

의약품을 구비할 때 다음과 같은 상황을 고려하여 준비하며, 취급과정에서도 주의를 필요로 한다.

[상비의약품 준비 시 고려사항]

- 학습자의 인원수를 고려하여 관련 의약품을 충분히 준비하도록 한다.
- 교육진행이 이루어지는 계절을 고려하여 관련 의약품을 확보한다.
- 연령별, 성별의 특성을 고려하여 필요한 의약품을 준비해야 한다.
- 실험실습이 포함된 교육을 고려하여 관련 상비의약품을 확보한다.

촉진사항

- 의약품 리스트를 통해 수량을 항상 점검하고 확보하도록 한다.
- 기본적으로 흔히 많이 쓰이는 상비약은 넉넉히 준비하도록 한다.
- 교육담당자는 상비약에 대한 사용처나 효용성을 정확히 알고 있어야 한다.

13. 강사료 및 교육운영 경비 검토

교육프로그램 기획에서 세웠던 소요경비 및 예산 편성 내용을 검토하는 단계로 교육담당자는 실제 교육프로그램을 운영하면서 투입될 강사료 및 교육운영 경비를 집행하는데 무리가 없는지 확인하고 검토한다.

1) 집행 가능한 필요경비 확인의 중요성

교육프로그램 계획에 포함시킨 소요경비 중 강사료 및 교육운영 경비 부분에서 책정된 예산을 확인하고 집행 가능성을 최종 점검한다.

교육프로그램 교과목 시수, 강사료 지급 기준, 교육운영에 필요한 소모품·급식·다과 경비 등에 대해서 확인한다.

〈표 10-10〉 소요 예산 점검 내용

NO	항 목	점검확인
1	강좌의 총 시수는 계획한 대로 이루어질 수 있는가?	
2	처음 계획했던 교수자가 맞는가?	
3	필요한 소모품, 급식, 다과 경비 등에 대한 변동은 없는가?	
4	위의 내용들에 따라 예산변동은 어느 정도 차이가 있는가?	

예산이 충분할 경우, 처음에 계획했던 대로 예산을 집행하도록 한다.

예산이 충분하지 않을 경우, 어떠한 방법으로 예산을 충당할 것인지에 대해서 계획한다.

[필요 예산 충당 방법]

- 특별 예산이나 이월 예산 중 사용할 수 있는 예산 항목이 존재하는가를 동료직원들과 협의한다.
- 교육운영에 필요한 예산 항목 중 다른 프로그램과 중복으로 지정되어 있어 함께 이용할 수 있는 항목은 없는지 살펴본다.
- 교육운영에 필요한 예산 항목 중 예산을 감소하도록 대체할 수 있는 항목이 존재하는지 살펴본다.

※ 단, 예산 변경은 그에 상응하는 충분한 사유가 있어야 할 것이다.

촉진사항

- 강사료 지급 기준은 본 기관의 기준에 따르도록 해야 한다.
- 예산을 상황에 따라 융통성 있게 집행하는 것도 필요하다.
- 강사료 및 운영경비 중 중요한 항목과 그렇지 않은 항목을 구분할 수 있어야 한다.

14. 개강식 참여인사 의뢰 및 일정 확인

내・외부 인사들 중 참여인사 명단을 확보하고 참여가능여부를 확인하는 과정으로 교육담당자는 교육의 성격과 식순에 따라 적합한 참여인사를 결정하고 의뢰하여 참여가 가능하도록 적절한 조치를 취한다.

1) 개강식 참여인사 선정 방법

전문교육기관의 교육프로그램의 개강식은 내・외부 인사들이 참여하는 경우가 일반적이며, 이러한 경우 교육담당자는 사전에 충분한 시간을 가지고 초청할 사람의 목록을 작성하고 연락을 취해야 한다.

〈표 10-11〉 개강식 참여인사 선정 시 고려사항

식순	고려사항
개식사	· 개식사는 보통 사회자에 의해서 이루어지며, 사회자는 중간관리자 정도로 선정한다.
환영사	· 교육프로그램이 기관에서 주관하는 것이라면 기관 최고의 장에게 개강식의 환영사를 의뢰한다. · 다른 기관과 공동으로 프로그램을 주최하는 경우, 타 기관의 장도 함께 개강식의 환영사를 의뢰한다. · 지자체의 예산에 의해 운영되는 프로그램의 경우, 지자체의 장도 함께 개강식의 환영사를 의뢰한다.
직원소개	· 교육프로그램 운영과 관련하여 직접적으로 연계되어 있는 직원은 모두 참석할 수 있도록 한다.

2) 개강식 참여인사 의뢰 시 점검표

〈표 10-12〉 개강식 참여인사 의뢰 시 점검표

NO	식순	직급	성명	수락 여부	비 고
1	개식사				
2	환영사				
3	직원소개				

촉진사항

- 참여의뢰는 전화로 한 뒤, 반드시 메일이나 문자를 통해 의뢰내용을 보낸다.
- 개강식 하루 전에 전화연락을 통해 개강식 일정을 확인시킨다.
- 교육프로그램의 규모와 수준에 따라 참여인사를 의뢰한다.

15. 교육운영지원 인원 확인 및 역할 분담

교육운영에 필요한 사항들을 지원하기 위해 담당할 인원을 확인하고 그에 따른 역할을 분담하는 과정으로 교육담당자는 교육프로그램 운영은 개인이 혼자서 하는 것이 아니라 여러 명이 함께 하는 집단적 활동임을 인식해야 한다.

1) 교육운영지원 인원 배정 및 역할 분담의 필요성

교육프로그램의 운영은 다양한 사람의 노력이 있어야 성공적으로 마무리할 수 있다. 교육운영에 참여가 가능한 인원을 사전에 확인하고 그들에게 역할을 부여하기 위해 사전에 준비해야 한다.

〈표 10-13〉 교육운영지원 인원 확인

NO	영역	성명	인원수
1	개강준비		
2	교육운영		
3	평가수료		
…	…		

〈표 10-14〉 교육운영지원 역할 분담

영역	과제	책임자	1차 완성일	최종완성일
개강준비	오리엔테이션 자료작성 및 준비			
	개강일정 및 교육일정표 작성			
	등록대장 및 필요사항 점검			
교육운영	개강식 진행 및 사회			
	학사관리 오리엔테이션			
	학습자간 소개 및 정보교환			
평가수료	교육프로그램 종합평가회 진행			
	교육프로그램 수료식 준비			
	교육프로그램 수료식 진행			
지원행정	강사료 지급 서류 준비			
	강사료 지급 품의서 작성			
	수료증 제작 및 발급			

촉진사항

- 교육운영은 준비단계에서부터 행정적으로 완전히 마무리될 때까지 주의해야 한다.
- 자신의 담당 업무 성격에 따라 역할분담을 수행한다.
- 교육프로그램 운영지원과 관련하여 적극적으로 도움을 구하는 것이 필요하다.

16. 강사대기실 점검

교육프로그램 개강 전에 강사가 강의를 준비하고 편안하게 휴식을 취할 수 있도록 필요한 제반 사항을 확보하고 준비하는 단계로 교육담당자는 강사대기실에 필요한 물품과 시설을 사전에 파악하여 비치하고 관리・점검한다.

1) 강사대기실의 기능 및 역할

강사가 강의를 원활하게 진행하도록 각별히 배려하는 것은 교육기관의 중요한 역할이므로 강사대기실의 편안한 환경과 시설에 대한 점검이 필요하다.

[강사대기실의 기능]

- 대기의 공간 : 강의시작 전 편안하게 기다릴 수 있는 기능
- 휴식의 공간 : 강의시작 전, 중간 쉬는 시간, 강의가 끝난 후 쉴 수 있는 곳
- 강의준비 공간 : 강의 할 자료를 집중해서 검토할 수 있는 곳
- 의사소통 공간 : 교육담당자와 가벼운 대화 및 담소의 기능
- 행정처리 공간 : 간단한 메일 체크와 행정 사항 처리
- 소지품보관 공간 : 강사가 소지한 물품을 보관할 수 있는 기능
- 정보교류 공간 : 출강강사 간의 네트워크 형성 및 학습자 상담

2) 강사대기실 점검 사항

〈표 10-15〉 강사대기실 점검 사항

NO	항목	그렇다	보통이다	아니다
1	대기실은 깨끗하게 정돈되어 있는가?			
2	다과와 음료는 준비되어 있는가?			
3	대기실의 분위기는 조용하고 안락한가?			
4	대기실 사용이 다른 일정과 중복되지는 않는가?			
5	대기실에 컴퓨터 및 기자재가 준비되어 있는가?			
6	대기실에 책상 및 의자가 준비되어 있는가?			
7	대기실에 필기구가 준비되어 있는가?			
8	안전하게 소지품을 보관할 만한 장소인가?			
9	출강 강사의 인원수를 충분히 고려하였는가?			

촉진사항

- 출강 여성 강사의 경우, 필요한 편의시설을 준비하도록 한다.
- 강사의 대기실 장소는 교육프로그램 운영 장소와 근접한 장소이어야 한다.
- 강사대기실은 항상 깨끗하고 안락한 분위기를 유지하도록 점검해야 한다.

17. 강사출강 일정통보 및 준비사항 확인

강사가 교육프로그램의 일정을 정확히 확인하여 준비하는 과정으로 교육담당자는 강사에게 교육일정을 통보하고 교육운영에 필요한 사항들을 강사에게 미리 확인하여 준비한다.

1) 강사출강 일정통보 및 준비사항 확인의 중요성

교육운영을 성공적으로 마무리하기 위해서는 여러 가지 요소들이 필요하다. 그 중 강사는 학습자들이 학습활동에 적극적으로 관심을 가져 학습할 수 있도록 하는 역할을 담당한다.

교육담당자는 강사가 교육 강의 시 차질이 없도록 사전에 강사에게 연락을 취해 일정 및 강의 시 필요한 사항들을 요청하고 점검하도록 해야 한다.

[전자메일로 강의출강 일정통보]

- 확인 연락 시점 : 예정된 강의 일정 2주 전
- 전자메일 포함 사항 : 강의 주제, 강의 일정/시간, 강의 장소, 강의 시작 전 도착 장소, 담당자 연락처, 찾아오는 방법/약도
- 전자메일멘트(사례)
  안녕하십니까? 평생교육센터 〈교육프로그램설계〉 과정에 출강이 예정되어 있어 자세한 사항을 알려드립니다. 강의 일정표를 보시고 강사님의 일정을 확인해 주십시오. 그리고 강의에 필요한 기자재나 준비해야할 사항이 있으면 알려주십시오. 미리 준비하도록 하겠습니다. 그럼 강의하시는 당일 날 다시 연락드리겠습니다.

[강사가 준비해야 할 사항]

- 교육 기자재 활용 여부
  ※ 교육 매체 활용이 필요하시면 다음 사항을 확인해 주십시오.
  – 파워포인트, OHP, 유인물, 기타
  – 기자재 준비(강사님 지참 또는 교육원에서 준비 여부)
- 강사 소개 약력 카드 작성 협조
  ※ 붙임 소개서식을 참고해 주시기 바라며, 교육원에 기출강하신 경우
  (1년 이내)에는 변동 사항이 있으면 알려 주시기 바랍니다.

촉진사항

- 강사출강 일정통보는 강의시작 2주일 전에는 실시하도록 한다.
- 강사가 준비해야 할 사항과 관련하여 미리 통보하여 준비하도록 한다.
- 강사가 준비해야 할 사항을 강의시작 전에 꼭 확인한다.

18. 교육생의 학습이력 및 특성조사표 준비

학습자의 학습수준 및 학습자의 특성을 파악하여 교육과정에 반영하는 과정으로 교육담당자는 학습자의 과거 수강한 교육에 대한 이력을 조사 · 정리하기 위해 조사표를 구성하고 준비한다.

1) 교육생의 학습이력 및 특성조사표 준비의 중요성

학습자의 과거 학습경험을 파악하는 것은 성공적인 교육운영을 위해 중요한 기본 정보로 강사에게 학습이력 및 특성에 대한 정보를 제공하여 학습효과를 향상시킬 수 있다.

〈표 10-16〉 교육생 학습이력 작성 서식

NO	교육과정명	교과목명	교육기간	시수	이수상태
1					
2					
…	…				

[학습자의 특성 조사]

- 학습자들의 선수학습 수준 :
- 학습자의 동기/태도 :
- 여러 가지 교육방법에 대한 태도 :
- 학습에 영향을 미칠 수 있는 특징 :

2) 교육생 특성조사표 서식

〈표 10-17〉 교육생 특성조사표 서식

부문	부서	직무	직위	인원

촉진사항

- 학습이력 및 특성 조사표는 복잡하지 않게 핵심사항들을 포함하여 구성한다.
- 예정된 교육 및 강의주제와 관련된 학습이력이 파악될 수 있어야 한다.
- 학습이력과 특성조사표는 교육효과에 영향을 미치는 요소를 중심으로 작성한다.

19. 평가 설문지 및 평가자료 준비

교육프로그램의 전반적인 사항에 대한 학습자의 느낌과 만족 정도를 확인하거나 학습결과를 테스트하는 과정으로 교육담당자는 평가 설문의 내용을 구성하고 학습자 테스트를 위한 평가문제를 확보하여 제작한다.

1) 평가 설문지 구성의 고려사항

평가 설문지의 준비는 목적에 따라 설문 내용과 유형을 다르게 해야 할 필요가 있다. 보통 하나의 평가 설문지에 조사하고자 하는 모든 내용을 포함시켜 준비하는 경우가 많다.

[평가 설문지 준비 시 고려사항]

- 알고자 하는 사항이 무엇인지를 정확하게 확인하고 설문지 내용을 구성한다.
  ※ 교육운영평가 항목, 교육내용 만족도 항목, 교육시설 만족도 항목
- 주관식 응답을 요구하는 문항에 대해서 응답률이 떨어지기 때문에 가능한 객관식으로 응답할 수 있는 문항으로 구성하되, 문항 수는 가급적 적게 구성한다.
- 교육프로그램의 목표가 무엇인지를 고려하면서 평가내용 및 항목을 설정한다.

2) 평가 설문지의 점검 사항

〈표 10-18〉 평가 설문지의 점검 사항

NO	점검 항목	점검상태
1	문항 내용과 형식이 평가 목표에 일치하도록 작성하였는가?	
2	문항에 포함된 용어 등이 학습자의 수준에 적합한가?	
3	문항들은 간결하고 명료하게 작성되었는가?	
4	지나치게 세부적이고 특수한 지식을 묻는 문항은 없는가?	
5	지나치게 어렵거나 쉬운 문항은 없는가?	
6	문장 중에 정답의 단서가 되는 것은 없는가?	
7	맞춤법 및 띄어쓰기가 정확한가?	
8	전체적으로 볼 때 총 소요 시간은 주어진 시간에 비해 적절한가?	
9	판독이 어려운 것은 없는가?	
10	문제지가 두 장 이상일 때 쪽수가 틀리지 않게 인쇄되었는가?	

촉진사항

- 설문지와 교육평가지에 대한 사항을 교수자와 학습자에게 미리 공지한다.
- 강의 만족도 설문지 및 교육평가지를 교육프로그램 당일 실시할 수 있도록 한다.
- 설문지와 교육평가지는 분석결과이미지를 고려하여 작성한다.

[강의평가 설문지]

본 설문지는 평생교육기관 ○○교육과정에 대한 학습자 여러분의 솔직한 의견을 수렴함으로써 향후 교육운영 시 참고 자료로 삼기 위한 것입니다. 공정한 입장에서 성실하게 답변해 주시면 감사하겠습니다.

인적사항

소속 : 성명: E－mail @

※ 다음 설문 문항 중 해당란에 ∨ 표를 하여 주십시오
(5: 매우 그렇다. 4: 그렇다. 3: 보통이다. 2: 아니다. 1: 전혀 아니다.)

NO	설 문 항 목	5	4	3	2	1
	■ 나는					
1	교육을 통해 얻고자 하는 것을 충분히 얻었다.					
2	강의에 진지하게 임했으며, 적극적으로 학습에 참여하였다.					
3	나의 실력에 비추어 강의 내용이 적합한 것이었다.					
4	과제물을 충실하게 준비하고 제출하였다.					
5	현장실습을 통해 많은 도움을 얻었다.					
	■ 강사 및 강의시설에 관한 문항					
6	강사는 체계적으로 성실하게 강의를 준비하였다.					
7	강사는 강의내용에 비추어 시간을 적절히 배분했다.					
8	강사는 열정을 갖고 강의를 진행하였다.					
9	강의시설 준비는 적절하고 충실하였다.					
10	기숙사, 식당 등의 시설을 이용하는데 불편함이 없었다.					
	■ 강의 전반에 관한 문항					
11	이 강의는 나를 위해 꼭 필요하다고 생각한다.					
12	이 강의를 전체적으로 평가할 때 우수하다고 생각한다.					
13	나는 이 강의를 다른 친구에게 추천하고 싶다.					
14	향후 강의를 위하여 하고 싶은 말을 써 주십시오.					
…	…					

[그림 10-2] 강의평가 설문지 예시

20. 기타 교육운영 사전 점검

기타 교육운영에 필요한 다양한 항목들에 포함되지 않는 교육운영 관련 직무들을 부가적으로 점검하는 과정으로 교육담당자는 기타 포함되지 않는 항목들에 대해서 인식하고 사전에 준비할 수 있어야 할 것이다.

1) 기타 교육운영 사전 점검 항목

기타 교육운영 사전 점검 항목은 평생교육센터에서 수행하는 기타 교육운영 사전 점검 업무로 분류된 것을 참조할 필요가 있다. 체크리스트로 작성하여 점검하게 함으로써 업무를 처리해 나가는 것이 필요하다.

2) 기타 교육운영 사전 항목 점검 사항

〈표 10-19〉 기타 교육운영 사전 항목 점검 사항

NO	내용	준 비	점 검	완료
1	견학차량 배차 관리			
2	실습재료 구입			
3	교육환경에 대한 컨설팅			
4	기고문 내용 최종검토			
5	교육과정 공문처리 하도록 정리			
6	교육 준비사항 점검			
7	물품출급의뢰 공문 작성			
8	교육운영보조			
9	학사프로그램 관리			
10	교육 준비(봉투 작업)			
11	교육시간 인증에 대한 부분 검토			
12	교육생 생활관 사감업무			
13	실습포장관리준비			
14	교육훈련 장비 리스트 작성			
15	국가사업 필요성 준비			
16	실기교육			

촉진사항

- 수시로 점검해야 할 사항과 점검하지 않아도 되는 사항을 구분하여 처리한다.
- 기타 교육업무 사전 점검 업무 준비, 점검, 완료로 구분하여 표시하면서 일을 처리한다.
- 각 교육업무가 언제 필요한지에 대해서 살펴본다.

제11장

평생교육 프로그램 운영

07. 교육프로그램 운영

1. 개강식(입교식) 진행 및 사회
2. 교육과정 안내 및 학사관리 오리엔테이션
3. 학습자간 소개 및 정보교환
4. 학습자 자치회 구성 및 활동
5. 자치회 리더와의 파트너십
6. 교육 재료 및 소모품 지원
7. 교육기자재 및 장비의 작동지원
8. 교육환경 및 시설의 교육적 최적화
9. 강사출강 안내 및 준비물 확인
10. 강사영접 및 강사소개
11. 강의 및 교수전개
12. 현장학습 운영 및 지도
13. 교육프로그램 모니터링 및 기록
14. 교재 및 교육자료 배부
15. 강사의 음료 및 학습자 간식 제공
16. 식사 및 숙박 안내
17. 차량 안내 및 관리
18. 출석 및 결석 확인
19. 학습자 면담과 상담
20. 강의 종료 후 강사 응대 및 모니터링 대화
21. 강사와 학습자간의 피드백 촉진
22. 일일 강의만족도 및 평가 설문조사
23. e-HRD 프로그램 운영
24. 위탁 교육운영 및 진행

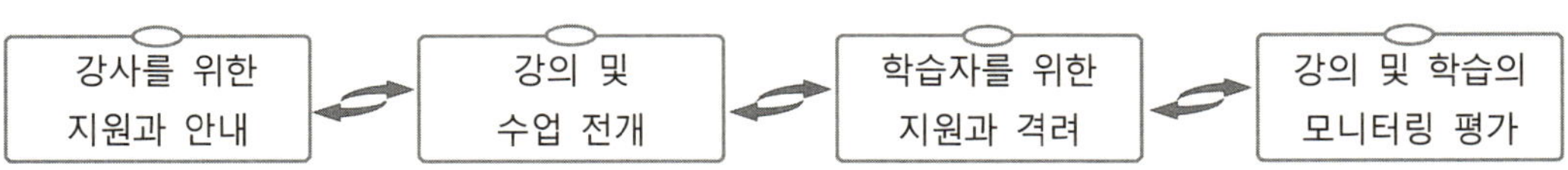

개요

계획과 설계가 아무리 잘 된 평생교육 프로그램이라 할지라도 프로그램 운영에 필요한 적절한 지원과 신속한 조치가 이루어질 때 비로소 프로그램의 성공을 기대할 수 있다. 그러므로 전문적인 역량을 갖춘 평생교육사를 필요로 한다.

수행체제 및 과업

성공적인 평생교육 프로그램 운영은 강사를 위한 다양한 지원과 안내가 필요하며, 학습자를 위한 다양한 지원과 격려가 요청된다. 또한 평생교육 프로그램의 진행과정에 참여하여 강의와 학습에 대한 모니터링과 평가 등 다양한 과업들을 포함한다.

교육프로그램 운영 Tips

- 개강식을 통해 교육기관에 대한 신뢰감과 학습자의 긍정적 분위기 형성에 노력한다.
- 교육프로그램의 진행 과정에서 신속한 모니터링과 효과적인 피드백이 중요하다.

1. 개강식(입교식) 진행 및 사회

교육기관과 학습자가 첫 대면을 갖는 공식적인 행사로 교육프로그램 운영의 중요한 출발점임으로 교육담당자는 학습자가 간단한 등록 절차를 거친 후, 개강식 장소에 입장하도록 안내하고, 예정된 시간에 개강식을 원활하게 진행한다.

1) 개강식 준비 사항

성공적인 개강식은 세심한 준비과정을 통해 가능하므로 교육담당자는 다음의 사항들을 고려해야 한다.

[개강식 준비 사항]

- 개강식 전에 환영 자막이나 편안하고 안정감 있는 음악을 들려준다.
- 개강식 진행 전에 시뮬레이션을 통해 진행 순서 및 마이크와 영상 매체를 점검한다.
- 참석하는 인원 및 참석자의 자리배치를 확인하고, 단상의 위치를 조정한다.
- 개강식의 진행 과정을 참석자 모두가 공유할 수 있도록 플랜카드를 설치한다.
- 개강식 참여가 예정된 상급기관의 책임자와 초청 인사의 정확한 도착시간을 확인한다.

2) 학습자의 등록 안내

개강식이 진행되기 전에 학습자가 교육 장소에 도착하여, 일정한 등록 절차를 거치도록 한다.

[학습자 등록 안내]

- 학습자가 도착하는 대로 인적사항을 확인하여 등록부에 등록하도록 안내한다.
- 학습자의 등록이 완료되면, 교육프로그램 안내서, 교재, 명찰 등을 교부한다.
- 미등록자 명단과 등록자 명단을 확인하여 개강식 참여인원을 동료담당자와 공유한다.
- 숙식이 예정된 후 개인 물품은 일정한 장소를 미리 정하여 보관할 수 있도록 한다.
- 개강식이 시작되기 15분전까지 입장할 수 있도록 안내한다.

3) 개강식 진행 요령

개강식은 교육프로그램의 특성에 따라 사전에 정해진 절차를 따라 실시해야 하며, 원활한 진행을 위해 전반적인 사항을 체크하여야 한다.

〈표 11-1〉 개강식 진행 시나리오 예시

식순	진행내용	비고
준비	잠시 후 입교식을 시작하겠습니다. 자세를 바르게 하여 주시기 바랍니다. 저는 개강식 사회를 맡은 ○○○입니다.	
개식	지금부터 제 ○○기 ○○○과정 입교식을 시작하겠습니다.	
국기에 대한 경례	먼저 국기에 대한 경례가 있겠습니다. – 모두 자리에 일어나 단상위의 국기를 향해 주시기 바랍니다. – 국기에 대한 경례 – 바로	공식행사(대규모)
애국가 제창	이어서 애국가 제창이 있겠습니다. 음악에 맞추어 1절만 부르겠습니다.	공식행사(대규모)
묵념	다음은 순국선열 및 호국영령에 대한 묵념이 있겠습니다. – 일동 묵념 – 바로 – 모두 자리에 앉아 주시기 바랍니다.	
개강인사	다음은 본 교육원 원장님께서 여러분의 입교를 환영하는 인사 말씀을 해 주시겠습니다.	
직원소개	이어서 본 센터의 직원 및 강사진을 소개하겠습니다. – ○○○ 팀장입니다. – ○○○ 박사님입니다.	
규칙안내	교육 중 여러분들이 지켜야 할 간단한 생활 규칙들에 대해 말씀 드리겠습니다.	
교육장 안내	여러분들이 사용하게 될 교육장들의 위치를 설명해 드리겠습니다.	
폐식	이상으로 입교식을 모두 마치도록 하겠습니다.	
퇴장	교육장으로 돌아가 주시기 바랍니다.	

촉진사항

- 개강식을 진행하기 전에 철저한 준비를 통해 실수가 없도록 한다.
- 개강식 진행 시 사전에 정해진 계획 및 순서에 따라 진행하도록 한다.
- 진행자는 개강식 분위기에 맞추어 적절한 어휘와 몸동작을 사용한다.

2. 교육과정 안내 및 학사관리 오리엔테이션

개강식 종료 후 교육생의 성공적인 학습을 촉진하고, 교육기간 중 원활한 생활에 필요한 제반 사항을 안내하는 과정으로 교육담당자는 교육생들과 공감대를 형성하고 미리 준비된 오리엔테이션 자료를 통해 설명한다.

1) 교육과정 안내

교육운영의 첫 출발은 학습자가 교육에 대해 기대감을 갖고, 교육기간 중에 열정적으로 참여할 수 있도록 동기화시키는 것이 중요하다.

교육과정에 대한 안내는 학습자의 기대감이 틀리지 않았다는 느낌을 갖도록 하여 학습자가 열심히 하겠다는 각오를 새롭게 다지는 중요한 시간이 되도록 해야 할 것이다.

- 준비된 오리엔테이션 자료를 활용하여 전체적인 시간표를 설명한다.
- 교육의 목적과 취지를 교육의 전체 내용과 흐름을 설명하면서 이해시킨다.
- 해당 교육프로그램의 성과를 학습자 관점에서 설명한다.
- 교육내용의 전체적인 윤곽과 담당 강사의 접합성과 전문성을 소개한다.
- 교육성과를 달성하기 위한 교육방법 상의 특징도 소개하고 협조를 당부한다.
- 교육평가 방법과 형식에 대해 설명하고 협조를 당부한다.
- 마무리 직전에 교육내용, 교육방법, 평가방식에 대한 질문을 받고 설명한다.

2) 학사관리 및 생활 안내

교육프로그램의 성공과 원만한 교육운영은 교육 진행 과정 중 교육생이 스스로 학사관리와 생활수칙에 대해 적극적인 협조가 있어야 가능하다.

- 교육 중 학습자들이 지켜야 할 생활 규칙에 대해 안내한다.
- 근태관리 사항 및 유의사항들을 안내하고 위반 시 조치 사항에 대해 알려준다.
- 평가방식과 유의사항에 대해 설명하고 협조를 당부한다.
- 교육장의 주요 편의시설 및 이용시설 등을 알려준다.
- 일반생활은 자치회를 구성하여 리더를 통해 자율적으로 운영할 것을 당부한다.

촉진사항

- 학습자가 교육에 대한 기대감을 갖도록 고취시키는 것이 핵심이다.
- 교육생이 교육의 목적을 인식하고 초기의 학습 분위기를 형성하는데 초점을 둔다.
- 오리엔테이션 자료는 미리 별도로 준비하거나 교재에 포함시키면 효과적이다.

3. 학습자간 소개 및 정보교환

교육과정 진행의 편안한 분위기 형성을 위해 수강 학습자간 소개를 통해 서로에 대한 정보를 교환하는 과정으로 교육담당자는 모든 학습자들이 상호간에 소개하고 원활한 정보교환이 이루어지도록 일정한 시간을 편성하여 진행한다.

1) 학습자 상호소개의 중요성

교육생들은 이미 사회에서 일정한 지위가 있고, 역할을 수행하고 있기 때문에 개인적 배경과 성향이 다르므로 서로를 이해하는 시간을 갖는 것은 원활한 교육 진행에 큰 도움이 된다.

- 학습자 자기 자신을 소개하는 것은 상대방과 친숙하게 하는 가장 효과적인 방법이다.
- 개개인의 소개 및 정보교환은 학습자간의 유대감을 형성할 수 있다.
- 유대감 형성은 학습공동체 의식을 향상시키며 자치회 형성에 영향을 미친다.
- 개개인의 요구와 감정, 경험들을 공유할 수 있는 시간이 되어야 한다.

2) 정보교환의 진행 요령

학습자간의 상호 이해와 지속적인 대화 및 정보교환은 교육운영의 초기 단계에서 중요하므로 교육담당자는 원활하게 진행할 수 있어야 한다.

[정보교환의 진행 요령]

- 간단한 자기소개와 기대감 표현하기 : 교육의 참석자들이 돌아가면서 간단한 자기소개(소속, 직급, 현재 담당업무 등)를 하고 교육에 대한 기대감 등을 발표하도록 한다.
- 자율규칙 만들기 : 교육프로그램이 진행되는 동안에 모든 학습자들이 지키기로 약속하는 그라운드 규칙(Ground Rule)을 만들어, 자율적인 학습 분위기를 만들어 가도록 하는 방식이다. 여기에 꼭 포함되어야할 사항은 학습태도, 시간관리, 의사소통 규칙 등이다.
- Opening SPOT : 생소한 사람들이 모인 초기 상태에서 학습자들의 마음을 편안하게 하며, 밝은 분위기를 조성하여 원활하고 자연스런 모임으로 만들어가는 다양한 방식을 말한다. 여기에는 (경쾌한 음악 틀어주기), (밝고 건강한 인사하기), (명함 교환하기), (싸인 받기), (기분전환 퀴즈), (계단박수), (건강박수) 등의 기법이 있다.

촉진사항

- 교육프로그램을 진행하는 사람에게 필요한 교육운영 기법임을 인식해야 한다.
- 교육담당자는 학습자의 참여를 촉진하기 위해 사전에 기법에 대해 연습한다.
- 가급적이면 학습 주제와 관련된 것으로 미리 준비를 하는 것이 효과적이다.

4. 학습자 자치회 구성 및 활동

교육기간 중 자율적인 학습 분위기 조성과 학습능률 제고는 물론이고 교육생의 자율 활동을 위한 구심체를 형성하는 기능을 발휘함으로 교육담당자는 학습자 자치회 구성의 필요성에 대해 안내하고 적절한 역할을 요청한다.

1) 학습자 자치회의 중요성과 기능

효율적인 교육운영은 교육기관 담당자의 주도만으로 한계가 있으므로 학습자 자치회의 적극적인 협조와 자발적인 노력이 필요하며, 학습자 자치회의 활동이 교육기간 중에 원활하게 전개되도록 교육운영 초기단계에 자치회가 구성되어야 한다.

[학습자 자치회의 기능]

- 학과운영 및 학습능률 제고를 위한 과제연구, 질문요지 작성, 질문자 선정, 토의요목 작성 등
- 합숙생활, 자율학습, 각종 생활교육행사 등의 자발적 참여 유도
- 교육생 의견수렴 반영 및 학습 분위기 조성
- 그 밖의 교육생 자율 활동을 위한 구심체 역할

2) 학습자 자치회 활동을 위한 조직 구성

학습자 자치회의 활동을 원활하게 전개하기 위해서는 학습자 자치회를 이끌고 갈 리더, 분임장, 총무를 선출한다. 이 과정을 모든 학습자들의 참여 하에 이루어져야 한다.

[리더의 선출 방법]

- 선출시기 : 오리엔테이션 직후 혹은 별도로 예정된 시간
- 선출방법 : 자원에 의한 방법, 추천에 의한 방법, 지명에 의한 방법
- 유의사항 : 리더십이 있는 자, 책임감이 있는 자, 세대 간 통합 능력이 있는 자

자치회 리더와 분임장 및 총무는 교육기간 중에 중요한 역할을 수행할 뿐만 아니라 교육종료 후의 지속적인 학습동아리 형성과 활동에도 중요하다.

[리더의 역할]

- 강사안내 및 소개
- 합숙 교육 시 아침·저녁 생활교육행사 지도 및 보고
- 교육성과의 제고를 위하여 필요한 건의 및 요망사항 전달
- 교육 수강준비의 실행, 확인 및 이상 발견 시 응급조치 및 보고

[분임장의 역할]

- 분임연구 및 토의의 효율적 진행을 위한 진행계획을 수립한다.
- 분임연구 및 토의를 진행한다.
- 분임원들에 대한 임무 부여, 행동통제 및 학습 분위기를 조성한다.

3) 학습자의 예절 및 생활 수칙 공유

성공적인 교육프로그램의 성과는 학습자의 자발적인 참여와 교육기간 중에 자체적으로 정한 교육 예절과 생활 수칙의 준수를 통해 가능하다.

학습자 자치회를 통해 결정된 교육 예절 및 생활 수칙을 학습자들이 상호 공유할 수 있도록 하는 것은 중요하다.

[교육 예절 포함 사항]

- 강사에게 예의를 지켜 질의하고 응답한다.
- 동료학습자의 학습권을 존중하고 학습활동에 방해가 되지 않도록 한다.
- 교육시간을 엄수하며, 강의 중에 자리를 이동하거나 강의실을 나가는 행동을 자제한다.
- 강의교재는 소중히 다루고 분실하지 않도록 한다.
- 강의장의 정리정돈에 솔선수범한다.
- 교육시간에 중요한 장비나 재료는 지시에 따라 조심스럽게 다루어야 한다.
- 평가에 임할 때는 부정행위를 하지 않는다.

[생활 수칙 포함 사항]

- 학습자 상호간 및 강사, 진행자에게 예절을 지킨다.
- 교육시간에 휴대폰 사용을 금하며, 교육장 내에서는 진동 모드로 바꾼다.
- 교육 장소, 숙소, 휴게실 활용 시 학습자 상호간에 예절을 지킨다.
- 마주치는 학습자 상호간 및 직원에게 목례한다.
- 복장은 규정된 스타일을 따르며, 명찰을 부착하여야 한다.
- 야간에 지나친 음주 및 사행 행위는 절대 금한다.
- 교육장 시설 및 물건을 규정대로 사용하며, 파손이 없도록 한다.

촉진사항

- 학습자 자치회의 적합한 리더의 조건은 이전 사례를 들어 장·단점을 제시한다.
- 교육운영과 학습활동의 촉진이 학습자 자치회의 일차적인 목적임을 유지한다.
- 학습자의 생활 수칙은 교육 장소와 숙소에 공지하여 수시로 접할 수 있도록 한다.

5. 자치회 리더와의 파트너십

원활한 교육운영을 위해 공감대를 형성하고 수시로 협조하고 상호작용하는 것이 중요함으로 교육담당자는 자치회를 통해 학습자의 요구와 필요에 대해 신속한 조치를 취하고, 자치회는 교육담당자의 요청을 학습자에게 정확히 전달하고 협조하도록 한다.

1) 자치회와의 파트너십 중요성

성공적인 교육운영은 교육 분위기에 의해 좌우되는데 이를 위해 자치회 조직을 적극적으로 활용하면 효과적이다. 교육담당자가 학습자 자치회를 교육운영의 파트너로 인식하고 상호작용하는 지혜가 필요하다.

모든 학습자에게 자치회가 이번 교육프로그램의 성공적인 운영을 위해 공식적인 파트너임을 알리고 협조를 당부함으로써 학습자의 자발적인 참여를 기대할 수 있다.

교육담당자는 자치회 리더를 통해 학습자의 요구와 필요에 대해 신속한 조치를 취할 수 있고, 자치회 리더는 교육담당자의 요청을 동료 학습자에게 정확히 전달하고 협조하도록 함으로써 좋은 교육 분위기를 형성할 수 있다.

2) 자치회 리더에게 권한 위임

학습자와의 파트너십은 말로만 하는 수사적 차원에서 머물지 않고, 학습자 자치회의 리더에게 담당해야 할 역할을 전달하고 일정한 권한을 위임하는 것이 필요하다.

[자치회 리더의 역할과 권한 위임]

- 강사를 교육실로 안내하고 소개한다.
- 동료 학습자는 교육 시작 이전에 입장하여 착석하도록 한다.
- 교육기간 중에 교육담당자로부터 전달사항을 받아 동료학습자에게 공지한다.
- 교육프로그램 전반에 대한 모니터링과 피드백을 수행한다.
- 교육기관에 숙식하는 경우, 동료학습자의 자체 생활수칙 준수를 유도한다.
- 교육자료 혹은 기자재를 작동하고 동료학습자 건강 체크에 협조한다.

촉진사항

- 자치회 리더들이 교육운영의 파트너임을 분명히 인식하도록 공감대를 형성한다.
- 강사 소개에 필요한 강사 약력이 포함된 강사소개 시나리오를 제공한다.
- 자치회 리더들과 매일 일정한 시간을 정해 대화한다.

6. 교육재료 및 소모품 지원

교육기간 동안 학습자가 집단 활동 혹은 개별 활동 중에 활용하는 일회성 물품을 지원하는 과정으로 교육담당자는 강사로부터 사전에 요청받은 소모품을 준비하고 강의실로 전달하는 역할을 담당한다.

1) 교육재료 및 소모품 활용의 중요성

교육재료는 교수학습의 전개를 보조하는 교보재와 소모품을 이르는 용어이다. 교육내용의 성격에 따라 교육재료는 반드시 필요로 하는 중요한 요소 중에 하나이다.

교수학습의 전개과정에서 강사가 적절한 교육재료를 효과적으로 활용하게 되면 학습자의 자발적인 참여를 유발하고 보다 더 역동적인 학습활동이 지속될 수 있게 하여 교육만족도와 교육성과를 높일 수 있다.

[교육재료 및 소모품의 활용 효과]

- 유능한 강사는 교수학습과정에서 적절한 교육재료를 효과적으로 활용한다.
- 학습자가 지루해하지 않고, 자발적인 참여를 유발하고 지속하는 효과가 있다.
- 집단 활동 중에 역동적인 학습활동이 이루어지게 한다.
- 학습자의 교육만족도에 긍정적인 효과를 미친다.
- 학습자가 교육성과를 가시적으로 확인하도록 한다.

그러므로 교육담당자는 강사에게 교수학습과정에서 필요한 교육재료와 소모품이 무엇인지를 사전에 조사하여 준비하고, 해당 교육시간에 적절하게 교육재료와 소모품을 지원해야 할 것이다.

2) 교육재료 및 소모품의 종류

교육재료 및 소모품 중에서 활용빈도가 높은 품목은 다음과 같으며, 이외에도 교육내용의 성격과 학습활동 형식에 따라 다양하고 독특한 교육 재료 및 소모품의 유형이 있다.

교육재료의 종류는 간단한 일회용 소모품인 포스트잇에서부터 학습자가 직접 만드는데 필요한 다양한 재료들을 포함한다. 예를 들어 집단토의가 활발하게 전개될 수 있도록 하기 위해 집단별로 지원하는 이젤과 전지(2절지)가 바로 교육재료이다.

〈표 11-2〉 교육재료 및 소모품의 종류

학습형식	교육재료 및 소모품			비 고
개별학습	필기류	문구류	안경	
집단학습	포스트잇 네임펜	보드마카 이젤	전지	
현장학습	필기류	문구류	현장일지	
체험학습	체험재료	문구류	현장일지	
실험실습	실험재료	문구류	현장일지	

3) 교육재료 및 소모품의 지원 요령

강사가 교육재료 및 소모품을 요청하는 과정에서 교육기관이 이미 확보하고 있는 교육재료와 소모품의 목록을 보여주고 체크하도록 하여 사전에 준비하여 적시에 지원한다.

교육기관이 확보하지 못한 교육재료와 소모품에 대해서도 일정한 예산 범위 내에서 지원이 가능함을 사전에 공지하고 해당 교육시간에 지원한다.

활용빈도가 높은 교육 재료와 소모품은 다른 교육과 중복되지 않도록 강사별, 교육시간별로 사전에 활용표를 만들어 대비해야 한다.

〈표 11-3〉 강의주제별 교육재료 및 소모품의 활용 점검표

강의주제 (강사명)	필요한 교육재료 및 소모품	수량	활용일시

촉진사항

- 교육담당자는 교육재료와 소모품의 영역을 정확히 알고 있어야 한다.
- 교육내용의 특성에 따라 교육재료와 소모품의 종류가 달라진다는 것을 인식한다.
- 교육담당자는 교육재료 및 소모품에 필요한 예산을 편성하여 집행해야 한다.

7. 교육기자재 및 장비의 작동 지원

교수학습이 전개되는 과정에서 강사가 원하는 시점에 정상적으로 작동되도록 하는 것이 중요함으로 교육담당자는 교육기관이 갖추고 있는 교육기자재와 장비에 상대적으로 익숙함으로 강사가 효과적으로 활용할 수 있도록 설명하고 지원한다.

1) 교육기자재 및 장비 작동의 중요성

교수학습과정에서 강사가 적절한 교육기자재 혹은 교육 장비를 활용하는 경우에 학습자의 이해를 촉진시킬 수 있고 학습자의 관심을 지속적으로 유발할 수 있다.

그러므로 교육담당자는 강사의 요청이 있을 경우, 교육기자재와 교육장비에 대해 적극적으로 조치를 취해 강사가 원하는 시기에 정상적으로 작동될 수 있도록 지원해야 할 것이다.

교육기자재와 교육장비는 활용의 목적과 성격상 서로 큰 차이가 있으므로 구분해야 한다. 공통점이 있다면, 그것은 교육 중에 활용되는 교재가 아니라 특수 기기이며, 기자재라는 점이다.

[교육기자재와 교육장비의 기능 이해]

- 교육기자재는 교육콘텐츠인 교육내용과 설명하고자 하는 사례에 대한 교육상황을 보다 더 사실적으로 전달하기 위해 주로 활용되는 수단적 성격을 갖는다. 학습자가 교육기자재에 대해 학습하는 것이 아니라 이것을 통해 다른 교육콘텐츠를 보다 쉽게 이해할 수 있도록 하는 기능을 갖는다.
- 그렇지만 교육장비는 그 자체가 바로 교육콘텐츠이며, 학습자에게 전달하고자 하는 교육 목적의 기능을 갖는다. 즉, 학습자가 해당 장비의 작동원리와 기능을 이해하고 직접 작동할 수 있는 기능을 훈련하고 숙달해야할 필요가 있다.

2) 교육기자재 작동의 지원 요령

교수학습과정에서 자주 활용되는 교육 매체는 빔-프로젝트, 컴퓨터(노트북/데스크탑), 파워포인트, 스크린 등으로 이것들은 개별적으로 활용되기 보다는 연계시켜 통합적으로 활용되는 것이 최근의 경향이다.

이러한 매체와 기자재에 대해 개별적으로 작동하는 원리를 알고 있어야 할 뿐만 아니라 개별 매체들 간의 연계 메커니즘의 원리와 호환성에 대해 충분히 숙지하고 있어야 제대로 지원할 수 있다.

[교육 매체 및 기자재 연계 요령]

1단계 : 교육 매체 및 기자재의 정상적인 작동여부를 개별적으로 확인한다.
2단계 : 주로 발생되는 문제점 중 하나는 빔-프로젝트의 필터링 교체를 요청하는 메시지가 나타나는 경우이다. 이 경우 조치를 취한다.
3단계 : 강의실에 설치된 데스크탑 컴퓨터 혹은 교육기관의 노트북을 활용하여 강사가 가지고 온 파워포인트(PPT) 파일이 호환성에 문제없이 정상 작동되는지 확인한다.
4단계 : 파워포인트 파일이 정상적으로 열리지 않을 경우에 호환성을 고려하여 버전이 맞는 컴퓨터로 교체한다.
5단계 : 파워포인트 파일이 정상적으로 열리면, 컴퓨터와 빔-프로젝트의 입출력 단자를 정확하게 확인하여 케이블 선을 연결한다.
6단계 : 스크린에 정상적인 화면이 나타나는지 확인하고, 강사에게 리모컨 활용방법을 설명하고 간편하게 시현한다.

※ 정상적인 작동 상태에서 강사에게 활용 방법을 일러주었더라도, 도중에 작동되지 않을 수 있으니, 문제 발생 시를 대비하여 연락처를 알려준다.

3) 교육장비 작동의 지원 요령

교육의 성격상 특정 장비를 작동하거나 운전하고 활용하도록 하는 교육프로그램의 운영은 교육 장비의 작동에 대한 교육운영자의 지원이 중요하다.

교육장비의 작동을 위한 지원은 개별 교육장비에 따라 다르다. 교육담당자는 특정 교육장비에 대한 상세한 원리와 작동 방법을 숙지하고 있어야 할 것이다.

[농촌인적자원개발센터의 주요 교육장비(사례)]

· 트랙터 · 콤바인 · 경운기 · 승용이앙기 · 보행관리기
· 퇴비살포기 · 농장용 굴삭기 · 사료배합기 · 땅속작물수확기 · 승용관리기
· 보행관리기 · 트랙터작업기 · 각종 농산업기계 등

촉진사항

· 교육 매체와 기자재의 작동은 전담자를 정해 지원하도록 하는 것이 안정적이다.
· 교육장비를 지원하는 과정에서 안전사고에 주의해야 한다.
· 고가의 교육장비를 취급할 때는 특별한 주의가 필요하다.

8. 교육환경 및 시설의 교육적 최적화

강사와 학습자가 안정감을 갖고, 교육에 전념할 수 있도록 인위적으로 환경을 적합하게 형성하는 과정으로 교육담당자는 강의 시 불편함이 없고, 학습활동에 열중할 수 있도록 주어진 여건 속에서 최적의 상태로 교육환경과 시설을 조성하고 유지하려고 노력한다.

1) 교육환경 및 시설의 최적화 이해

최적화(optimization)란 개념은 필요로 하는 특정 조건에 대해 "모든 것을 다 갖춘 상태"를 뜻하며, 교육환경 및 시설의 최적화는 "교육성과를 창출하기 위해 조건을 충분히 갖춘 상태"를 말한다.

교육환경 및 시설은 성공적인 교육성과 창출을 위해 결코 소홀하게 간주되어서는 안 될 조건 중에 하나이다. 교육현장에서 대다수의 강사는 '교육하기 좋은 곳', 많은 학습자는 '배우기 좋은 곳' 에서 프로그램이 전개될 때 만족도와 교육성과가 높다.

2) 최적화가 필요한 교육환경 및 시설 영역

최적의 좋은 교육환경은 시설 투자만으로 가능한 것이 아니라 해당 교육기관의 기존 교육시설을 어떻게 교육적으로 만들어 가느냐에 따라 가능하다.

최적의 교육적 환경과 시설은 단순히 현대적 시설의 조성만으로 가능한 것이 아니라 교육기관 및 교육시설이 교육적 이미지와 풍토를 만들어가는 것으로도 가능하다.

[최적화가 필요한 영역]

- 강의 장소는 인원수를 고려한 적합한 크기인가?
- 강의 장소의 자리 배치가 교육내용의 성격을 고려하여 재배열되어 있는가?
- 강의실의 조명은 성인학습자의 특성을 고려하여 조도가 적합한가?
- 강의실은 외부의 소음으로부터 제약을 받지 않도록 조치가 취해졌는가?
- 음향시설과 장치는 적절한 상태로 작동이 가능한가?
- 휴식 공간 및 편의시설은 쾌적하고 필요시 이용가능한가?

촉진사항

- 강의종료 후 시설 및 환경의 정리 및 점검표를 제작하여 수시로 확인한다.
- 교육담당자 혼자서 모든 조치를 취할 수 없음으로 보조요원을 적극 활용한다.
- 교육이 시작되는 매 시간마다 최적화 상태를 점검하고 상응한 조치를 취한다.

9. 강사출강 안내 및 준비물 확인

예정된 일정과 시간에 교육이 정상적으로 이루어질 수 있도록 강사의 일정을 재차 확인시키고 당일 필요한 기자재를 준비하는 과정으로 교육담당자는 예정된 강의 하루 혹은 이틀 전 강사에게 연락하고 필요한 준비물을 문의하여 조치한다.

1) 강사출강 재확인의 중요성

강사가 출강할 예정된 일시와 장소를 이미 알려주었으나 강의 일정에 차질이 생길 수 있는 예상치 못한 상황을 미연에 방지하기 위해 강사에게 직접 전화로 연락하여 출강 일시를 재차 확인하는 것은 교육운영의 기본이다. 강의 날짜 재확인을 통해 강사가 고맙게 생각하고, 예정된 출강에 대해 다시 생각하게 하여 강의에 대한 각오를 새롭게 한다.

2) 강사출강 안내 및 준비물 확인의 요령

강사출강 재확인은 전화로 직접 확인하는 것이 일반적이지만, 교육의 성격에 따라 준비할 사항이 있는 경우에는 전자메일로 필요한 사항을 알려주고 확인을 요청하는 것이 필요하다.

[전화로 강의출강 재확인 요령]

- 재확인 전화 시점 : 예정된 강의 일정 2-3일 전
- 전화에 포함 사항 : 출강 예정 날짜, 강의에 필요한 기자재, 교통편 조치 등
- 전화멘트(사례)
  안녕하세요!! 평생교육기관 ○○○입니다. ○○님께서 ___월 ___일(수)에 출강 건에 대해 확인차 연락드렸습니다. 강의진행 중에 필요하신 사항이 있으시면, 미리 알려주시면 준비하도록 하겠습니다. 빔 프로젝트와 노트북이 필요하시군요. 네, 준비하도록 하겠습니다. 그리고 교통편은 어떻게 하시나요. 직접 운전하여 오시는 경우, 관계자에게 통보하여 주차에 도움을 드리도록 하겠습니다. 그럼, 당일 날 뵙겠습니다. 좋은 하루 되십시오.

당일 오전에 예정된 강의 : 전날 오후/저녁에 통보 (강의시간과 장소 통보)
당일 오후에 예정된 강의 : 당일 오전에 통보

촉진사항

- 전화와 동시에 이메일과 휴대전화로 관련사항을 통보하고 필요사항을 확인받는다.
- 강의 당일 교통편에 대해 문의하고, 어떻게 도와줄 것인가를 알려준다.
- 강사가 요청한 사항에 대해서는 반드시 조치하고 준비할 것을 확인시킨다.

10. 강사영접 및 강사소개

해당 분야의 전문가로 초빙하였음을 인식하도록 정중하게 영접하고 강의 직전에 필요한 사항을 알려주고 학습자에게 소개하는 과정으로 교육담당자는 강사를 대기실로 안내하며 필요한 사항을 알려주고, 강의실로 안내하여 학습자 대표가 소개하도록 한다.

1) 강사영접 및 안내 사항

강사영접은 교육기관에 대한 강사의 첫인상이 형성되는 중요한 시점임을 인식하고 강사가 도착하면 간단한 인사와 예의를 표한 후 대기실로 안내하고 간단한 담소와 더불어 강의 준비사항을 간략히 설명한다.

교육담당자는 강사를 영접하는 요령을 숙지하고, 강사에게 확인하고 전달해야할 몇 가지 중요한 사항을 빠짐없이 수행해야 한다.

[강사영접 및 안내 요령]

- 간단한 차를 준비하고 권한다.
- 대기실로 찾아온 기관장이나 상급자와 인사하도록 중재한다.
- 준비된 교재를 건네면서 강사가 담당한 페이지를 펼치고 설명한다.
- 학습자의 인원수, 특성, 분위기에 대한 간략한 정보를 제공한다.
- 요청 받은 교육 기자재가 강의실에 설치되었음을 알린다.
- 가지고 온 파워포인트 자료나 추가 자료가 있는지 확인하고 조치한다.
- 강의교재를 살펴볼 수 있도록 혼자만의 시간을 최소 5－10분정도 할애한다.
- 정해진 강의시간이 되면, 학습자 대표와 인사하고 함께 강의실로 안내한다.

2) 강사소개의 요령

강사소개는 학습자와 강사가 첫 대면하는 중요한 시점이므로 교육담당자는 강사영접 때보다 더 많은 주의를 기울여야 한다.

[강사소개 요령]

- 강사를 소개하기 전에 강사에게 소개할 사항에 대해 협의하는 것이 필요하다.
- 강사를 소개하는 동안 강사가 있어야 할 위치를 어디로 할 것인지를 결정한다.
- 해당 분야에 대한 강사의 전문성이 학습자에게 충분히 부각되도록 소개한다.
- 강사의 강점 또는 장점이 자연스럽게 소개되도록 한다.
  ※ 해당 분야의 경력, 주요 저서 및 강의 강력 등
- 특강 형식의 교육이 아닌 경우, 학습자 대표가 강사를 직접 소개하는 것이 좋다.

3) 강사소개의 멘트(사례)

출강한 강사와 이전에 서로 친분이 없는 경우, 강사소개는 결코 쉽지 않은 업무 중에 하나이다. 교육에 참여한 학습자에게 강사를 효과적으로 소개하기 위해서는 일정한 형식을 따를 필요가 있다.

[원외 강사소개 멘트(사례)]

- 주목해주십시오.
- 이번 시간(혹은 오늘)에 강의해 주실 강사님을 소개하도록 하겠습니다.
- 이번 시간(혹은 오늘), 우리에게 주어진 주제는 _________입니다.
- 이 주제로, 이번 시간(혹은 오늘) 우리에게 강의해 주실 분으로 _____ 박사님(호칭)을 모셨습니다.
- 박사님(다양한 호칭)은 (______ 대학에서 _____ 학 박사를 취득하시고) 오랫동안 본 주제와 관련하여 깊이 있는 연구와 많은 강의 경험이 있는 분이십니다.
- 현재 박사님은 ____ 대학교(기관) _____ 학과(연구팀) 교수(연구원)로 계십니다.
- 그동안 박사님은 _______ 과 _______ 에 탁월한 성과를 거두신 분입니다.
- 바쁘신 중에도 우리에게 유익한 강의를 해주시도록 오늘 특별히 모셨습니다.
- 큰 박수로 환영해 주시기 바랍니다.

[원내 강사소개 멘트(사례)]

- 주목해주십시오.
- 이번 시간(혹은 오늘)에 강의해 주실 강사님을 소개하도록 하겠습니다.
- 이번 시간(혹은 오늘), 우리에게 주어진 주제는 _________입니다.
- 이 주제로, 이번 시간(혹은 오늘) 우리에게 강의해 주실 분으로 _____ 과장님(호칭)을 모셨습니다.
- _____ 과장님(호칭)은 현재 ________에서 근무하시며 ______ 분에 많은 현장 경험과 탁월한 능력을 소유하셨습니다.
- 외부 강사가 전달할 수 없는 생생한 이야기를 들려주시리라 생각됩니다. 큰 박수로 환영해 주시기 바랍니다.
- 큰 박수로 환영해 주시기 바랍니다.

촉진사항

- 대기실에서 강사의 강의 준비시간을 방해하지 않도록 해야 한다.
- 학습자 대표가 강사를 소개하는 요령을 미리 알려준다.
- 강사를 소개할 때 전문분야나 경력은 부연하여 직접 소개하도록 한다.

11. 강의 및 교수전개

준비된 강의내용을 학습자의 특성과 수준을 고려하여 일정한 교수학습의 원리와 기법을 적용하여 가르치고 학습활동을 촉진하는 과정으로 교육담당자가 강사의 역할을 수행함에 있어 사전에 작성한 교수지도안에 따라 교수학습의 전개원리를 적용한다.

1) 강의 및 교수전개의 기본 원리

강의 및 교수전개의 원리란 학습자의 특성과 교수학습의 원리를 고려하여 교육내용과 학습활동을 강의가 전개되는 교육시간에 효과적으로 적용하는 것을 의미한다.

일반적으로 강의 및 교수의 기본원리는 (1) 내용중심의 교수원리, (2) 학습자중심의 교수원리, (3) 시간중심의 교수원리 등으로 요약될 수 있다.

(1) 내용중심의 교수원리

강의의 핵심은 교육내용, 즉 지식의 구조화이며, 다양한 지식을 학습자가 보다 쉽게 이해할 수 있도록 구조화시켜 학습자에게 전달하는 것을 강조한다. 이것은 강사가 전달하고자 하는 지식의 구조를 강조함으로써 객관주의 교육패러다임인 교수자중심의 교수원리라 해야 할 것이다.

※ 그러므로 강사는 학습자가 이해하기 쉽게 전달하고자 하는 지식을 체계적으로 재구조화시켜 제시할 수 있어야 할 것이다.

(2) 학습자중심의 교수원리

강의의 핵심은 학습자의 특성이며, 교육내용도 중요하지만 학습자가 교육내용에 의미를 부여하게 하고, 그들의 특성과 수준이 교수학습전개과정에 중요하게 반영된다. 이것은 교육내용에 대한 학습자의 특성과 의미구성이 강조됨으로 구성주의 교육패러다임인 학습자 중심의 교수원리라 해야 할 것이다.

※ 그러므로 강사는 성인학습자의 특성을 고려하여 적절한 교수기법을 적용하여 강의를 전개해야 할 것이다.

(3) 시간중심의 교수원리

강의의 핵심이 학습자의 성취도가 학습에 필요한 시간과 학습에 소비된 시간 간의 함수관계로 규정하고, 학습활동에 연계된 학습시간을 강조하는 원리를 말한다.

여기에서 학습시간은 학습기회와 학습지속을 포함한다. 즉, 강의 중에 학습할 기회가 많이 주어지거나 학습에 대한 인내심과 지속시간이 많을수록 학습성취도를 높일 수 있다는 원리이다.

※ 그러므로 강사는 학습자가 스스로 학습할 수 있는 과제나 활동을 부여하고, 그들이 학습에 몰입할 수 있도록 해야 할 것이다.

2) 강의 및 교수전개의 단계

(1) 강의에 들어가기 전 확인 사항

강사는 강의를 들어가기 전 다음 사항을 체크하는 것이 필요하다.

[강의에 들어가기 전 확인 사항]

- 강의 전에 교육장의 크기와 면적, 참가대상 인원수를 체크한다.
- 판서도구가 참가자에게 보기 좋은 것인지를 체크한다.
- 판서글씨의 크기는 어느 정도로 할 것인지를 체크한다.
- 교육장의 크기를 고려하여 마이크를 사용할지, 아니면 육성으로 충분한지 체크한다.

<도입단계>

도입단계의 시간은 주어진 시간 중 5분~15분 정도(전체 시간의 5~10%)를 할애하는 것이 바람직하다. 이 단계는 학습자와 친밀감을 조성하고, 학습에 대한 동기유발, 학습목표 제시, 선수학습의 재생, 자극사례 제시 등이 필요하다.

[도입단계의 주요 내용]

- **친밀감의 조성** : 계절이야기, 뉴스, 학습자에 대한 첫인상, 간단한 Spot 게임
- **학습동기 유발** : 주의집중, 변화의 원리, 다양성의 원리, 예상된 교육성과 공유
- **학습목표 제시** : 학습자가 도달해야할 수준이나 얻고자 하는 결과
- **선수학습 재생** : 과거에 학습했던 내용의 상호 공유
- **자극사례 제시** : 열심히 해야겠다는 의욕을 갖도록 구체적인 사례를 들어 설명

<전개단계>

전개단계는 강사가 준비된 교육내용 즉, 학습활동의 촉진을 위해 재구조화된 지식을 학습자에게 이해시키고 익힐 수 있도록 하는 실질적인 교수학습의 전개가 이루어지는 일련의 과정이다. 이 단계에서는 교육내용 개요, 교수기법, 강사의 개입전략 등을 알고 있어야 한다.

[전개단계의 주요 내용]

- **교육내용의 개요** : 학습하게 될 교육내용(지식)에 대한 논리적 · 개략적 설명
- **교수방법과 기법** : 교육내용의 전달과 학습활동 촉진을 위해 활용될 수 있는 적합한 교수방법과 기법 ① 설명법 ② 질문법 ③ 토의법 ④ 판서법 ⑤ 연시법 ⑥ 역할연기 ⑦ 아이디어 창출법 ⑧ 협동학습(직소기법) 등
- **교수자 개입전략** : 교육내용을 전달하는 과정에서 학습활동에 강사가 개입하는 방법 ① 주의집중기법 ② 초점유지기법 ③ 상호작용기법 ④ 참여촉진기법

① 주의집중기법 : 강사는 학습자의 말을 반복하거나 다른 말로 표현하는 것, 학습자의 감정에 공감하는 감정이입의 반응을 보이는 것, 학습자가 이야기할 때 눈을 맞추는 행동을 하면 된다.

② 초점유지기법 : 강사는 특정 내용에 대해 명확화, 특정 의사소통의 반복, 토론범위의 제한, 의사소통 내용의 요약과 세분화 등을 제시한다.

③ 상호작용기법 : 강사는 교육을 특정방향으로 인도하기 위해 활동에 방해가 되는 의사소통을 제한 또는 차단하며, 참여도가 낮고, 소외된 학습자의 의사소통을 격려하며, 한 학습자의 의사소통을 동료 학습자들과 연결시켜 준다.

④ 참여촉진기법 : 강사는 침묵하거나 소외된 학습자에게 참여할 것을 직접 요청할 수도 있고, 특정한 내용에 대한 의견을 물어볼 수도 있으며, 활동에 대한 개인적인 느낌이나 활동에 대한 앞으로의 기대를 질문을 통해 물어 볼 수 있다.

<정리단계>

정리단계는 5분~15분 정도(전체 시간의 5~10%)를 할애하여 진행하는 것이 바람직하다. 이 단계에서 강사는 수행유도, 피드백, 수행평가, 파지 및 전이, 종결감정 처리 등을 수행한다.

[정리단계의 주요 내용]

- **수행유도** : 강사는 전개과정에서 습득한 개념이나 원리, 새로운 경험 등을 실제로 적용해보도록 하거나 실행해 보도록 하여 학습한 것을 자신의 것으로 이해하고 내면화하도록 한다.
- **환류제공** : 강사는 학습자가 새롭게 획득한 행동의 정확성을 판단해 주고, 부정확한 (피드백) 것에 대해서는 그 원인을 분석하여 해결책을 유도한다.
- **수행평가** : 강사는 학습자에게 수행을 재요구하면서 수행의 정확성 여부를 평가하고 교정적인 피드백을 제공한다.
- **파지전이** : 강사는 학습자가 교육을 통해 학습하고 수행한 것을 오랫동안 기억하도록 반복연습이나 심상을 해 보도록 하고, 획득한 학습내용의 일반화 가능성을 증진시키기 위해 새로운 장면이나 상황에 적용해 보도록 한다.
- **감정처리** : 강사는 교육 종결 시 학습자의 부정적인 감정은 약화시키고, 긍정적인 감정을 강화할 수 있도록 해야 한다. 어떤 경우에는 양가감정(ambivalance)도 처리할 수 있도록 도와야 한다.

촉진사항

- 강사는 자신만의 수업전개 전략 및 개입 전략을 세워야 한다.
- 강사는 효과적인 교수기법과 성인학습자의 이론 및 원리를 알아야 한다.
- 강사는 학습자의 학습 멘토이자 촉진자임을 인식해야 한다.

12. 현장학습 운영 및 지도

학습장소를 학습 자료가 있는 현장으로 옮겨 학습의 목표를 효율적으로 달성하는 교육방식으로 교육담당자는 사전에 충분한 조사를 토대로 현장학습 계획을 수립하여 불미스런 사건발생 없이 학습자에게 유익하고 의미있는 시간이 되도록 지도해야 한다.

1) 현장학습의 이해와 중요성

현장학습은 교육이 실제로 현장에서 이루어지고 사건과 현상(사실)을 답사, 견학, 면접, 조사, 관찰, 연구하는 교육방식을 말한다. 현장학습은 단순한 외출이나 관광이 아니라 엄연한 학습으로 해당 교육프로그램이 달성하고자 하는 교육목적과 교육주제에 대한 현실성 있는 이해와 감각을 갖도록 하는데 의의가 있다.

2) 현장학습의 계획과 준비

현장학습의 계획은 사전에 철저한 준비와 조사를 통해 수립되어야 성공적인 성과를 기대할 수 있다. 현장학습을 계획할 때 몇 가지 중요한 사항이 고려되어야 한다.

[현장학습의 계획 시 고려사항]

- 학습자의 요구를 사전에 파악한다.
- 강사의 추천을 받는다.
- 검증된 곳을 우선 고려한다.
- 접근성과 주어진 일정과 시간을 고려한다.

현장학습의 대상은 교육기관에서 제공하는 여건과 학습자의 요구와 편의성을 고려하여 현장학습을 하는데 충분한 가치가 있는 곳이 적합하다. 예를 들어, 국가평생교육진흥원, 대학평생교육원, 주민자치센터, 기타 등이 포함된다.

〈표 11-4〉 현장학습의 계획과 준비

현장학습 계획	
1. 일시 및 장소	· 일시: 2012년 ○○월 ○○일 · 장소: ○○○○
2. 준비 및 지도	· 준비물: 학습교재, 디지털 카메라, 비상 약, 명찰 · 시간준수, 보조자 역할배분, 현장학습의도 파악
3. 차량 안전지도	· ○○○ 팀 → ○○ 번 버스
4. 주의사항	· 교육목적에 맞는 활동지도, 안전에 대해 지도

촉진사항

- 사전에 학습자들에게 현장학습의 목적과 효과적인 학습방법을 알려준다.
- 교육담당자는 현장학습을 효율적으로 지도하기 위해 보조강사를 섭외한다.

13. 교육프로그램 모니터링 및 기록

교육프로그램이 의도한 목적대로 정상적으로 전개되고 있는지를 진행과정 중에 점검하는 과정으로 교육담당자는 강사, 학습자, 강의, 교육운영 등을 대상으로 모니터링의 원리와 기준표에 따라 관찰·기록하고 교육프로그램의 개선방안을 발굴·제시한다.

1) 교육프로그램 모니터링의 중요성

교육프로그램 모니터링은 성과에 도달하는 중요한 과정이며, 통로이다. 그러므로 성공적인 교육운영을 위한 핵심적인 전략이 바로 교육프로그램 모니터링이다. 그 이유는 진행과정에 대한 정확한 모니터링과 이에 상응한 조치가 신속히 이루어질 때 비로소 계획했던 결과를 기대할 수 있기 때문이다.

[교육프로그램 모니터링의 중요성]

- 프로그램의 질적 제고와 운영의 효율성 강화에 대한 현실적인 대안을 제시할 수 있다.
- 프로그램 운영 과정에 대해 강사 및 학습자의 주체적 참여를 이끌어 낼 수 있다.
- 교육이 종료된 후 결과의 평가만을 확인하는 것으로는 그 성과를 해석하기 어렵다.
- 의도했던 방향과 일치하는지 여부를 점검하지 않으면 막대한 낭비가 발생한다.
- 좋은 결과가 나타났을 때 왜 그러한지에 대한 맥락적인 해석을 가능하게 한다.
- 진행 중에 좋은 것은 지속적으로 장려하여 더 큰 시너지 효과를 창출하게 한다.
- 진행 중에 발생된 장애요인과 문제점에 대한 신속한 조치와 해결을 가능하게 한다.

2) 교육프로그램 모니터링의 요령

교육담당자는 교육프로그램이 전개되는 진행과정 중에 모니터링을 실시하기 위해 사전에 계획된 모니터링 항목과 조사지를 확보하고, 기록요령을 사전에 익힌다.

[교육프로그램 모니터링의 요령]

- 강사의 강의 내용을 분석할 수 있도록 강의 내용을 경청하고 강의 내용과 교육 목표와의 부합여부, 강의기법, 교육생의 태도와 반응 등을 체크한다.
- 휴식시간에는 강사 및 교육생과의 접촉을 통해 모니터링 내용을 협의하고 의견을 청취하여 강사의 강의 내용에 반영될 수 있도록 한다.
- 강의 내용과 교육목표가 부합하지 않을 때는 교육생들의 반응을 직접 알려주거나 담당자가 판단한 내용을 강사에게 직접 요청한다.

3) 강의 모니터링 방법

강의 모니터링은 강의가 전개되고 있는 시간에 강의실에서 이루어지는 강의의 전반적인 사항을 점검하는 것을 말한다.

〈표 11-5〉 강의에 대한 모니터링 체크리스트

항 목	질 문 내 용	5	4	3	2	1	특이사항
내용의 구성	강의내용은 호기심을 유도하는가?						
	담당 분야의 전문가라는 신뢰가 생기는가?						
	강의내용의 난이도는 적절한가?						
	강의내용이 논리적이고 체계적인가?						
	강의내용의 핵심이 분명한가?						
	가장 중요한 내용이 부각되었는가?						
강의의 전개	강의할 내용에 대한 안내가 있었는가?						
	강의 속도가 적절한가?						
	수업이 소수에게만 집중되지 않는가?						
	강의내용에 맞는 적절한 강의 방식을 적용하는가?						
	강의에 열의가 느껴지는가?						
기자재 사용	기자재를 능숙하게 다루는가?						
	기자재 사용으로 내용의 악센트 효과가 있는가?						
	강의내용에 적절한 기자재를 선택하였는가?						
학습자와 관계	학습자들을 개개인으로 인식하는가?						
	학습자의 말과 의견을 존중해 주는가?						
	학습자의 참여기회가 주어지는가?						
	질의응답이 이루어지고 있는가?						
	학습자의 질문에 성의껏 대답하는가?						
	학습자가 잘하고, 못했을 때 알맞게 반응하는가?						
	학습자와 친밀감을 유지하고 있는가?						
제스처	모든 학습자에게 시선을 주고 있는가?						
	적절한 제스처로 교육의 성과를 높이는가?						
	자리를 옮기며 강의를 하는가?						
	습관적인 불필요한 언어나 제스처가 없는가?						
	주의집중을 위한 적절한 제스처를 사용하는가?						
목소리	목소리 크기가 적절한가?						
	말하는 속도가 적절한가?						
	발음이 똑똑한가?						
	목소리에 변화가 있는가?						
기타	강사의 최대 강점(장점)	강사의 최대 약점(단점)					

(5 : 매우만족, 4 : 만족, 3 : 보통, 2 : 불만족, 1 : 매우불만족)

〈표 11-6〉 강의에 대한 모니터링 양식

강의일시 : 년 월 일 ____ 교시		강의명 :	
평점기준 5 : 매우우수, 4 : 우수, 3 : 보통, 2: 미흡, 1 : 매우미흡			
항목		교수기법 및 강의내용	평점
강의진행	도입	1. 동기부여의 적합성	/5
		2. 강의 개요	/5
	자료의 명확성	3. 핵심적인 개념	/10
		4. 중요점 망라(중간 확인, 요약, 강조)	/10
		5. 강의 내용 전개의 논리성, 체계성	/10
		6. 교재의 준비상태	/5
항목		교수기법 및 강의내용	평점
	자료의 흥미	7. 적절한 실제사례 사용	/5
		8. 교보재의 적절성	/5
	종결	9. 적절한 요약	/5
		10. 효과적인 결언	/5
강의전달력	동작	11. 자세, 태도, 표정의 적절성	/5
		12. 제스처(동작)의 적절성	/5
		13. 시선 배분, 눈맞춤의 적절성	/5
	음성	14. 어휘, 표준어 사용	/5
		15. 발음의 명료성, 억양의 적절성	/5
		16. 말의 속도, 크기의 적절성	/5
		17. 성의, 열성, 박력(자신감)의 정도	/5
합계			/100

[장점]	[개선점]

4) 학습자에 대한 모니터링

학습자 모니터링은 교육의 성과가 학습자로부터 나온 결과라는 사실에 주목할 때, 교육운영 과정에서 학습자가 느끼고 생각하는 것을 수시로 파악하고 점검하는 것을 말한다.

〈표 11-7〉 학습자 모니터링 체크리스트

질 문 내 용	5	4	3	2	1
• 강의는 계획에 따라 체계적으로 진행되었습니까?					
• 학습내용의 양과 수준이 귀하에게 적절하였습니까?					
• 강사가 강좌의 내용을 잘 이끌어 나갔다고 생각하십니까?					
• 강사는 강의 시작 시간을 잘 지킵니까?					
• 학습자들은 강의실에 제 시간에 입장합니까?					
• 귀하가 수강한 강좌의 내용에 강의방법이 적절하였다고 생각하십니까?					
• 귀하가 수강한 강좌의 교육시설이 교육에 적합하였습니까?					
• 수강자 본인은 수업에 적극적으로 참여하고 있습니까?					
• 본 프로그램에 대해 전체적으로 만족하십니까?					
수강한 프로그램에 특별히 개선할 사항이 있으시다면 무엇입니까?					

(5 : 매우만족, 4 : 만족, 3 : 보통, 2 : 불만족, 1 : 매우불만족)

이름 (익명 가능)		연령대/성별	
비고			

촉진사항

· 교육프로그램의 질적 제고를 위해 모니터링이 필수적이라는 것을 인식해야 한다.
· 교육프로그램 모니터링을 통해 강사와 학습자의 의견을 적극 반영할 수 있다.
· 모니터링 보고서를 정확히 기록하여 다음에 도움이 될 수 있도록 한다.

14. 교재 및 교육 자료 배부

학습자가 교육 중에 배우고 익혀야할 교육내용(지식의 구조 및 학습활동)을 체계화시켜 묶어놓은 것으로 자료집을 나누어주는 과정으로 교육담당자는 교육 시작 이전에 모든 학습자에게 교재와 교육 자료를 배분하고, 부족한 경우 신속히 조치를 취한다.

1) 교재 및 교육 자료 배부의 중요성

교재는 강의원고를 바탕으로 사전에 교수설계 과정을 거쳐 나온 하나의 단일 책자이며, 교육 자료는 강의주제와 직·간접적으로 관련은 있으나, 책자로 제작되지 않은 상태를 말한다. 이상의 교재와 교육 자료는 강사와 학습자가 공통의 주제로 만나고, 상호작용하는 통로로 사용 할 수 있다. 또한 교육기관, 학습자, 강사가 만나는 접점이기도 하다.

[교재 및 교육 자료 배부의 중요성]

- 학습자에게 교육에 대한 몰입과 활동에 상당한 영향을 미친다.
- 교재 및 교육 자료가 없는 경우, 강의는 비효율적으로 전개된다.

2) 교재 및 교육 자료의 배부 지침

교재 및 교육 자료는 교육이 시작되기 전에 학습자에게 배부되어야 하며, 몇 가지 사항을 고려해야 한다.

[교재 및 교육 자료 배부의 지침]

- 교육담당자는 학습자의 인원 수 및 교육프로그램을 파악하여 교재를 준비한다.
- 교육 교재는 교육인원 수보다 많이 확보한다. (강사 및 보관용 고려)
- 강의 중에 공통으로 사용될 배부 자료도 확인한다.
- 교재를 받은 학습자가 교재 배부 명부에 확인 서명하도록 한다.

〈표 11-8〉 교재 및 교육 자료의 배부 명부

연번	이름	교육과정	배부상태	확인(서명)
1				

촉진사항

- 배부 후, 남은 교재와 교육 자료는 잘 보관하여 나중에 활용할 수 있도록 한다.
- 교재와 교육 자료를 받지 못한 학습자에 대해 신속히 조치한다.
- 배부 받은 교재와 교육 자료에 학습자의 이름과 핸드폰 번호를 기입하도록 한다.

15. 강사의 음료 및 학습자 간식 제공

강사가 원활한 강의를 지속할 수 있도록 하고, 쉬는 시간에 학습자가 간식을 통해 상호교류 및 학습에 새로운 의욕을 갖도록 함으로 교육담당자는 학습자의 특성을 고려하여 간식의 양과 종류를 적절한 횟수로 제공한다.

1) 강사음료 준비의 중요성

강의를 듣는 학습자에게 강사의 목소리는 정확한 의미전달을 위한 가장 중요한 요소이다. 교육담당자는 강사음료 준비를 통해 강사의 목소리 톤을 안정되게 보호하여 학습자들로 하여금 강의를 듣는데 지장이 없도록 한다.

[강사음료 준비 시 유의사항]

- 음료는 강사가 수시로 섭취할 수 있도록 교탁 근처에 두도록 한다.
- 자극적인 음료는 가능한 피한다.
- 음료는 물과 함께 준비하고 컵은 따로 준비해 둔다.

2) 학습자 간식 준비

강의를 듣는 것은 상당한 집중력을 요구함으로 휴식시간에 기분 전환 및 생리적 변화를 주기 위해 그리고 학습자의 긴장 완화와 활력제공을 위해 간식과 음료가 필요하다. 간식과 음료는 교육과정을 진행하는데 학습자들의 기관 및 교육에 대한 만족도에 영향을 미친다. 학습자 간식을 준비할 때 다음 사항을 고려하도록 한다.

[학습자 간식 준비 시 유의사항]

- 간식과 음료는 교육 장소 바깥에 배치하며, 따뜻한 물이 떨어지지 않도록 주의한다.
- 간식은 개인별로 먹을 수 있도록 간단하고 위생적으로 정리해 둔다.
- 간식을 넉넉하게 준비하여 간식이 떨어지면 채워 넣을 수 있도록 한다.
- 워크숍이나 이동이 많은 활동중심의 교육 시 간식을 강의실 안에 배치하는 것도 하나의 방법이다.

촉진사항

- 강사음료 준비를 통해 강사의 강의에 지장이 없도록 한다.
- 학습자 간식준비 유의사항을 숙지하도록 한다.
- 교육과정진행에 있어 다과제공은 학습자의 만족도를 향상시킬 수 있다.

16. 식사 및 숙박 안내

교육기간 중에 학습자의 정상적인 신체리듬과 생활패턴을 유지시켜 학습활동에 열중할 수 있도록 지원하는 과정으로 교육담당자는 학습자들에게 식사 및 숙박과 관련된 제반사항을 빠짐없이 안내하고 지원해야 할 것이다.

1) 식사 및 숙박의 중요성

학습자들이 교육활동에 참여함에 있어 식사와 숙박은 기본적인 요소로, 이는 학습자들이 학습에 몰입하도록 한다. 학습자는 기분 좋은 식사를 통해 새로운 활력과 에너지를 얻어 학습을 지속하게 되고, 편안한 휴식과 잠자리를 통해 연속되는 교육에 지치지 않는다.

2) 식사 및 숙박 계획 시 고려사항

식사 및 숙박 계획을 수립할 경우에는 교육받는 기관과 근접한 거리에 있는 급식장소 및 숙박시설을 선정한다. 학습자들이 선호하는 식단을 사전 조사하여 영양사와 협의를 통해 영양이 골고루 섭취되는 식단을 선택하도록 한다. 기관 내에서 동시에 교육과정이 운영될 경우 점심시간이 겹치지 않게 사전에 타 교육 담당자와 배식시간을 정하도록 한다.

교육신청 인원 및 당일 교육 참석 인원을 파악하여 식사 및 숙박을 준비한다. 학습자들이 숙식을 할 경우 사전에 시간을 공지하여 교육운영에 차질이 없도록 방장을 정하도록 한다. 식권 및 숙소의 열쇠를 잘 관리하도록 주의시킨다.

[교육훈련 등에 관한 규정]

- 학습효과 제고 및 협동심 배양 등을 위하여 일정기간 합숙교육을 실시할 수 있다.
- 학과시간 이후의 합숙생활은 생활지도교관의 지도아래 교육생 자치회에서 자율적으로 운영한다.
- 교육생은 생활관 내·외를 깨끗이 정리·정돈하는 등 환경관리에 철저를 기하여야 한다.

촉진사항

- 학습자의 학습 신체리듬과 음식과의 관계에 대해 인식해야 한다.
- 교육과정이 운영되기 전에 학습자의 요구를 토대로 영양사와 협의하는 시간을 가진다.
- 학습자들에게 생활수칙을 준수할 것을 지속적으로 주지시킨다.

17. 차량 안내 및 관리

강사와 학습자의 접근 편의와 현장학습 이동에 필요한 차량지원을 안내하고 관리하는 과정으로 교육담당자는 교육기관과 현장학습 장소 및 강사와 학습자의 접근경로를 고려하여 차량지원의 스케줄을 작성하여 차질 없이 이루어지도록 조치한다.

1) 귀가 차량 기본사항

교육장까지의 접근 용이성에 대한 문제를 대부분의 교육담당자들은 당연하게 여기나, 학습자들이 어떻게 교육장소를 올 것인지에 대한 배려가 있어야 한다.

대중교통 시설은 충분한지, 차를 가지고 오면 주차공간은 여유가 있는지 미리 고려해야 하며, 휠체어를 위한 램프시설 등 장애인을 위한 시설 등도 고려 대상에 포함해야 한다.

2) 차량 탑승 및 차량 인솔시 유의사항

차량 탑승과 학습자 인솔시 유의사항을 고려하여 교육담당자는 적절히 대처해야 할 것이다. 다음은 차량 탑승 및 차량 인솔시 참고할 몇 가지 지침이다.

(1) 차량 탑승 요령

예약된 차량이 대기 장소에 정확한 시간에 도착 완료하여 대기하고 있는지를 파악한 후 승차시킨다. 사전에 선발로 교육장에 먼저 내려가 있는 교육진행자로부터 누락된 교육준비물을 통보받아 준비 완료하여 차량에 적재한다.

(2) 차량 인솔 요령

교육생을 차량에 승차시키고 난 후 반드시 인원수를 파악, 교육생을 1명이라도 남겨 둔 채 출발하지 않도록 한다. 탑승이 완료되면 반드시 안전띠를 착용하게 한다.

이동 중 음악을 틀어주거나 교육관련 비디오나 기타 비디오를 보여 줌으로써 교육생이 지루하지 않도록 해준다(소리가 크지 않도록 유의한다).

촉진사항

- 교육담당자는 귀가차량 주의사항을 잘 준수할 수 있도록 사전교육을 시켜야 한다.
- 교육담당자는 버스운전기사님에게 탑승 예정인원 수를 반드시 알려준다.

18. 출석 및 결석 확인

긍정적인 교육 분위기의 형성과 유지에 중요하며, 학습자의 교육프로그램에 대한 관심과 열정을 확인하는 기본이 됨으로 교육담당자는 사전에 오리엔테이션에서 공지한 원칙대로 학습자의 출결 사항을 강의시간별로 확인하고 조치한다.

1) 학습자의 성실한 출석의 중요성

교육진행 중 모든 강좌에 대한 학습자의 성실한 출석과 참여는 성공적인 교육운영에 중요하다.

[학습자의 성실한 출석의 중요성]

- 해당 강좌에 학습자의 성실한 출석은 학습자의 교육에 대한 관심과 열정을 반영한다.
- 교육프로그램 진행 중 전체적인 분위기 형성에도 크게 영향을 미친다.
- 몇 몇 학습자의 불성실한 태도는 동료학습자의 학습에 부정적 영향을 미친다.
- 해당 교육프로그램에 대한 강사의 열정과 강의 진행을 원활하게 한다.

2) 평생교육센터 교육훈련 등에 관한 규정

교육기관은 교육프로그램이 제대로 운영될 수 있도록 학습자의 출결 상황을 정당하게 처리하기 위해 적절한 규정을 마련하고 있다.

[학습자 출결에 대한 규정]

출석 : 학과 시작 시간에 맞추어 교육장에 참석하는 것을 말한다.
결석 : 당일 학과시간 전부를 불참하는 경우를 말한다.
조퇴 : 학과시간 중 교육장을 벗어나 당일 학과시간 내에 귀교하지 않는 경우를 말한다.
지참 : 학과시간 중 지정된 시간을 지연하여 참석하는 경우를 말한다.

〈표 11-9〉 교육과정 출석・결석 체크 방법

연번	성 명	성별	3월1일	3월3일	3월 8일	3월 10일	비고
1	강OO	남	·	·	·	·	
2	고OO	남	·	·	/	·	지각1

출석(·), 지각(×), 결석(/)

촉진사항

- 교육담당자는 학습자들이 교육에 적극적으로 참여하도록 조장해야 한다.
- 학습자가 교육에 결석을 할 경우 교육담당자에게 미리 연락을 취하도록 한다.
- 학습자의 학습상황과 여건을 충분히 파악하여 상담할 수 있도록 준비한다.

19. 학습자 면담과 상담

교육 기간 중 개인 학습자 및 학습자 집단이 겪고 있는 애로사항을 해결 및 조치하며, 학습의욕이 없는 학습자를 격려하는 과정으로 교육담당자는 면담 및 상담의 기본 원칙에 따라 학습자들의 요구를 경청하고 그들의 어려움을 해결하고 지원한다.

1) 학습자 면담 및 상담의 중요성

교육 진행 중 학습자로부터 다양한 요구와 불만이 표출되는데, 많은 문제들을 해결하지 않고 방치하는 경우에 학습자들은 교육에 집중하지 않고 불만이 커지며, 교육에 부정적인 영향을 끼친다. 학습자가 개인적 혹은 집단적으로 해결 받고자 하는 것을 정확히 파악하고 개인적으로 학습자와 면담하고 상담을 전개해야 한다.

2) 학습자가 표출한 불만과 애로사항

교육프로그램이 전개되는 과정에서 학습자들은 교육환경 및 시설, 교육내용, 강사 등에 대해 다양한 불만과 애로사항들을 표출한다.

[학습자의 불만과 애로사항]

- 강사에 대한 불만
- 간식/식사에 대한 불만
- 숙박/편의시설에 대한 불만
- 진행시간에 대한 불만
- 교육운영 방식에 불만
- 교육내용에 대한 불만
- 직원에 대한 불만
- 교육매체에 대한 불만
- 동료학습자에 대한 불만
- 생활수칙에 대한 불만
- 교육 자료에 대한 불만
- 소음에 대한 불만

3) 학습자의 개인적 상담 및 자문 요청

보통 학습자들은 교육프로그램에 참여하여 평소에 자신이 처한 상황 속에서 궁금해 하거나 해결하지 못한 것을 해결받기 위해 개인적인 상담과 자문을 요청하는 경우가 종종 있다.

[학습자 개인적 상담 및 자문 요청]

- 품목별 애로기술 해결
- 유통 및 판로에 대한 자문
- 지역의 현안 자문
- 개인적인 고민 해결
- 교육성과의 활용 자문
- 개인의 학습장애 문제

촉진사항

- 교육담당자는 학습자들이 교육에 적극적으로 참여하도록 조장해야 한다.
- 학습자의 학습상황과 여건을 충분히 파악하여 상담할 수 있도록 준비한다.
- 교육담당자는 학습자들의 학습동기 및 참여를 높여줄 수 있는 방법을 생각해야 한다.

20. 강의 종료 후 강사 응대 및 모니터링 대화

교육기관에 대한 이미지와 학습자의 교육태도를 객관적으로 확인할 수 있는 기회임으로 교육담당자는 강사에게 감사의 뜻을 표하고 대기실로 안내하여 간단한 음료와 함께 교육분위기와 학습자에 대해 간단한 모니터링 담화를 나누고 편안하게 귀가할 수 있도록 안내한다.

1) 강의 종료 후 강사 응대의 중요성

교육 시작 전에 강사의 영접과 같은 맥락에서 강의 종료 후 강사 응대는 성공적인 교육마무리를 위해 매우 중요한 의미를 갖는다.

[강의 종료 후 강사 응대 및 모니터링의 중요성]

- 강의에 지친 강사에게 따뜻한 감사의 말과 간단한 음료는 교육기관에 대한 긍정적 이미지 형성에 크게 도움이 된다.
- 교육에 참여하고 있는 학습자의 교육프로그램에 대한 관심도와 열정을 객관적으로 확인할 수 있는 중요한 정보를 얻을 수 있다.
- 교육프로그램의 의도와 취지에 대한 긍정적인 공감대의 형성과 교육프로그램의 지속과 확산에 대한 객관적인 판단의 근거를 확보할 수 있다.

2) 강사와의 모니터링 대화의 유용성

강의 종료 후 강사와의 간단한 모니터링 대화는 강사가 강의를 진행하면서 느끼는 교육 분위기와 학습자에 대한 감각을 통해 교육프로그램에 대한 학습자의 관심도와 열정을 확인할 수 있는 중요한 정보로 활용되며, 향후 교육프로그램의 운영 방향과 개선을 위해서도 큰 도움이 된다.

[강사를 통한 모니터링의 유용성]

- 강사가 강의를 진행하면서 느끼는 전반적인 교육 분위기와 학습자에 대한 감각은 중요한 정보이다.
- 강사가 느끼는 교육프로그램에 대한 학습자의 관심도와 열정은 교육담당자와는 다른 관점과 견해를 반영할 수 있다.
- 교육운영과 관련하여 강사가 밝힌 정보는 향후 교육프로그램의 개선과 교육기관의 발전에 상당히 좋은 아이디어가 된다.
- 강사는 다른 교육기관에서 다양한 교육운영 방식을 접한 경험을 가지고 있어, 교육운영방식의 개선에도 좋은 모델을 제시할 수 있다.

3) 강사와의 모니터링 대화 내용

교육담당자는 강의를 마친 강사와 교육 분위기 및 학습자에 대해 간단한 모니터링 대화를 전개할 수 있어야 할 것이다.

〈표 11-10〉 강사와의 모니터링 대화 주요 내용

1. 교육담당자와의 의사소통은 원활합니까?
2. 교육시설, 교육기자재, 교육장비, 교육재료의 지원에 대해 만족하십니까?
3. 학습자 특성을 반영하여 교육운영이 잘 이루어지고 있다고 생각하십니까?
4. 본 강의에 문제점이 있다면 그 문제점 해결의 주체는 누구이며, 해결책은 있습니까?
5. 학습자의 학습태도는 어떠합니까?
6. 교육기관의 편의시설 및 휴식공간은 만족하십니까?
7. 기타 바라는 점이 있다면 무엇입니까? (학습자에게 & 교육담당자에게)

년 월 일

강사명 :____________

작성자 :____________

촉진사항

- 교육담당자는 강사와의 모니터링 대화가 중요한 임무임을 인식해야 한다.
- 강사와의 모니터링 대화에 포함시킬 사항은 미리 준비하여 자연스럽게 전개한다.
- 모니터링 대화를 마친 후에는 주어진 양식에 기록하고 정리한다.

21. 강사와 학습자간의 피드백 촉진

강사와 학습자간의 느낌과 반응을 체크하여 신속하게 공유할 수 있도록 하여 생산적인 교육이 이루어지도록 하는 과정으로 교육담당자는 휴식시간과 강의 종료 후에 강사와 학습자로부터 획득한 정보를 서로에게 공유하도록 하여 유대감을 형성시킨다.

1) 강사와 학습자간 환류 촉진의 중요성

강사와 학습자간 피드백 촉진은 강사의 강의 진행 방향과 초점을 학습자의 필요와 수준에 적합하게 맞추도록 하고, 학습자에게 강사에 대한 신뢰성을 갖게 하는데 중요한 기능을 발휘한다.

[강사와 학습자간 피드백 촉진의 중요성]

- 성공적인 교육의 성과창출은 강사의 의도와 학습자의 필요가 상호간에 긴밀하게 공유되어야 가능하다.
- 강사의 강의 진행 방향과 초점을 학습자에게 안내하고, 학습자의 필요와 수준을 강사에게 전달하여 상호간 이해와 신뢰를 형성하게 한다.
- 강사의 의도와 학습자의 필요 사이에서 발생할 수 있는 격차를 신속히 줄인다.

2) 강사와 학습자간 환류 촉진의 방법

교육담당자는 강사의 강의 스타일과 강의 방향을 학습자의 필요와 수준에 맞추어 효과적으로 강의가 전개될 수 있도록 교육기간 중에 의미 있는 노력을 기울여야 한다.

[강사와 학습자간 환류 촉진 방법]

- 휴식시간에 강사 및 학습자와의 접촉을 통해 상호간의 느낌과 필요를 경청한다.
- 긍정적·부정적인 반응을 구분하여 강의 중에 반영될 수 있도록 촉진한다.
- 강의의 교육목표와의 부합여부, 강의기법, 교육생의 태도와 반응 등을 체크한다.
- 강사에게 학습자의 긍정적·미온적 반응에 대해 알려준다.
- 오전·오후의 연속 강의는 점심 중에 강사와 학습자 간의 자연스런 대화를 유도한다.

촉진사항

- 강사의 강의에 대해 최소한 1시간 정도는 직접 참여하여 경청한다.
- 강사에게 학습자의 반응과 필요를 전달하는데 기분이 상하지 않도록 주의한다.
- 학습자에게 강사의 의도를 정확히 이해하고 강사의 스타일에 적응하도록 요청한다.

22. 일일 강의만족도 및 평가 설문조사

강의 내용의 질과 전달 방식에 대해 학습자가 객관적으로 평가하도록 실시하여 회수하는 과정으로 교육담당자는 사전에 준비된 설문지를 확인하고 학습자가 편안하고 자연스런 분위기에서 설문에 응답하도록 하고 빠짐없이 회수하여 보관한다.

1) 일일 강의만족도 설문조사의 중요성

일일 강의만족도 설문조사는 강의에 대해 학습자들이 느낀 바를 작성한 것으로 구체적이고 객관적인 평가를 통해 강의의 질을 향상시킬 뿐 아니라 설문조사의 결과를 토대로 학습자들의 교육과정에 대한 만족도를 통해 차후 교육과정을 보완하여 효과적인 학습을 가능하게 한다.

2) 일일 강의만족도 설문조사의 진행요령 및 유의사항

교육담당자는 진행요령과 유의사항을 숙지하여 일일 강의만족도를 조사한다.

(1) 진행 요령

교육담당자는 사전에 강사와 협의한 설문조사 실시 시간을 준수하며, 자치회 회장을 통해 강의가 끝나는 시간을 정확히 맞추어 설문지를 작성할 수 있는 시간을 확보한다. 교육과정 종료 직후 그날 강의에 대한 설문조사를 실시하되, 강의만족도 설문조사 진행 시 학습자의 의문점이나 문의사항에 대해 친절히 설명한다.

(2) 유의 사항

일일 강의만족도 설문조사를 실시할 때 학습자들이 강압적이지 않고 편안하게 설문을 실시할 수 있는 분위기를 조성해야 한다. 설문조사를 실시할 때 익명임을 확인시켜 솔직한 답변이 이루어지도록 한다. 참여자들이 작성한 설문조사의 목적과 결과의 활용방향에 대해 설명한다. 일일 강의만족도 설문조사의 시간을 엄수하여 다음 교육에 차질이 없도록 한다.

촉진사항

- 일일 강의만족도 설문조사의 목적과 취지를 분명히 알린다.
- 일일 강의만족도 조사를 사전에 공지하고, 설문 응답 후 귀가하도록 안내한다.
- 일일 강의만족도 설문조사에 대한 유의사항을 반드시 숙지하도록 한다.

23. e-HRD 프로그램 운영

e-HRD 프로그램 운영은 인터넷 상에서 운영되는 교육프로그램을 작동하고 학습자의 학습과정을 안내하고 관리하는 일련을 과정으로 교육담당자는 인터넷상에서 이루어지는 교육프로그램을 작동하고 학습자를 상담하는 역할을 한다.

1) 평생교육센터 홈페이지 회원가입 안내

인터넷상에서 주민등록번호를 사용하지 않고도 본인임을 확인할 수 있는 개인식별번호 아이핀을 통해 회원가입을 한다.

(1) 회원가입 안내

1단계	→	2단계	→	3단계
I-Pin 가입 공공I-Pin, 사이렌24 중 이용권장	→	평생교육센터 회원가입	→	센터 로그인 후 상세정보수정 (일반인, 운영자 선택)

[그림 11-1] 회원가입 안내의 단계

(2) 수강신청방법

- [사이버교육] – [정규과정안내 및 신청]에서 수강신청을 한다. 수강신청 후, 수강 및 청강 과목을 [나의강의실] – [수강현황]에서 확인할 수 있다.
- 수강신청은 전체 개설과목(8과목) 중 1과목에 한해서만 가능하며, 운영상의 어려움으로 청강은 2과목으로 제한한다.
- 교육수요조사에 의해 교육과정이 확정되고 있으므로 교육 전년도 10~11월 중 각 시군 평생교육센터를 통해 교육신청을 해야 한다.

(3) 강의 시청방법

학습자들이 상호작용할 수 있는 웹 공간을 제공한다.

- 메뉴 중 [강의실] – [나의 강의실]에 들어가서 수강신청한 과목명을 클릭하면 약 20여개의 강의 목차와 교재 파일 목록이 나오고 학습하기에 "300k / 150k / 48k"가 있다. 이 세 개 중에 각 컴퓨터의 전송환경에 맞는 것을 선택해서 클릭해서 학습할 수 있다.

촉진사항

- e-HRD시스템 운영에 대한 충분한 정보를 게시하여 공유한다.
- 교수자가 수시로 학습자에게 안부와 격려의 인사를 할 수 있다.
- 학습자들의 논의사항이나 질문사항에 대해 빠짐없이 신속하게 답변한다.

24. 위탁 교육운영 및 진행

교육기관에서 교육기획 공모를 통해 타 기관이 해당 교육프로그램을 직접 운영할 수 있도록 지원하고 관리하는 일련의 과정으로 교육담당자는 위탁 교육기관이 성공적으로 교육프로그램을 운영하는데 필요한 제반 사항을 지원하고 관리한다.

1) 위탁 교육운영의 중요성

위탁 교육운영은 해당 교육프로그램에 대해 전문성과 신뢰성을 갖춘 외부기관에 의뢰하여 진행하도록 하는 것을 말한다. 위탁 교육운영은 자칫 교육프로그램이 왜곡되거나 운영상에 예기치 못한 문제점들이 발생할 수 있음으로 위탁 교육운영에 대해서 교육담당자의 일정한 지원과 관리가 필요하다.

2) 위탁 교육운영의 지침

평생교육센터의 위탁 교육운영의 지침은 교육훈련에 관한 규정에 의해 전개된다.

- 당해 교육과정의 성격, 교육목표 등을 고려하여 강의, 토론(워크숍, 세미나, 분임토의 등), 사례연구 및 발표, 과제연구 및 보고서 작성, 실습, 현장견학 등으로 구분하여 실시하되, 교육효과를 높일 수 있도록 다양한 교육방법을 활용한다.
- 교육진행은 과정별 교육운영 계획에 의하며, 소장은 교과목의 성격 및 교육장소 등을 고려하여 직원 등 교육생 이외의 자에 대하여도 청강하게 할 수 있다.

3) 위탁 교육운영의 방법

평생교육 프로그램은 수요조사에 의해 교육과정이 확정되고 있으므로 교육 전년도 10~11월 중 각 시군 평생교육센터를 통해 교육신청을 해야 한다. 수요조사 시 교육신청 인원이 우선이므로 추가신청은 각 팀에 교육가능여부를 확인한 후 신청 가능하다.

촉진사항

- 위탁 교육기관의 담당자와의 긴밀한 업무협조와 지원이 필요하다.
- 위탁 교육운영이 이루어지고 있는 교육현장에 3회 정도는 직접 방문한다.
- 위탁 교육운영에 대한 효과적인 결과보고를 위해 상세한 지침을 마련·안내해야 한다.

제12장

평생교육 프로그램 평가 및 수료

08. 평생교육 프로그램 평가 및 수료	
1. 교육프로그램 종합평가회 진행	5. 교육훈련 종합평가서 작성
2. 교육프로그램 수료식 준비	6. 수료자 학습동아리 형성 및 지원
3. 교육프로그램 수료식 진행	7. 수료자 추수활동 오리엔테이션
4. 종합강의만족도 분석	8. 현장적용 지도 및 성과 확인

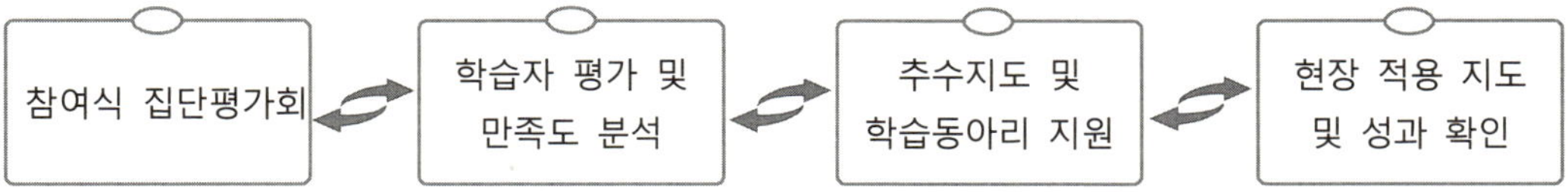

개요

모든 평생교육 프로그램은 성취하고자 하는 목적의 실현 정도를 확인해야 한다. 프로그램 실행 후에는 반드시 평가과정을 거쳐 프로그램의 가치와 효과를 판단하고 개선할 수 있는 객관적인 정보를 확보하는 것은 교육운영의 핵심적인 기능이다.

수행체제 및 과업

평생교육 프로그램 평가 및 수료는 교육프로그램의 성과와 운영에 대한 객관적인 평가와 추수계획에 대한 것을 말한다. 교육을 통해 학습자에게 일어난 성장과 변화를 객관적으로 확인·진단하고 교육프로그램 전개과정의 핵심요소인 강사, 교육내용, 교육프로그램 운영, 교육환경 및 시설 등에 대한 만족도를 분석하는 일련의 과정을 수행하는 것을 말한다.

교육프로그램 평가 및 수료 Tips

- 참여식 집단평가회는 서면평가 혹은 만족도 조사와 병행할만한 가치가 있다.
- 교육프로그램 전반에 대한 만족도를 분석한 후 결과문서를 공유한다.
- 수료식은 마무리 차원에서 반드시 필요하며, 수료 후 추후활동을 효과적으로 진행한다.

1. 교육프로그램 종합 평가회 진행

모든 강의가 마무리된 후 학습자와 함께 교육의 전 과정을 개인적·집단적으로 성찰하고 필요한 경우 예정된 시험을 치르는 과정으로 교육담당자는 모든 학습자가 함께하는 집단평가회를 효과적으로 진행하고, 시험이 공정하게 치러지도록 감독한다.

1) 교육프로그램 평가의 이해

교육프로그램의 마무리 단계에서 반드시 필요로 하는 것은 평가로, 그 형식과 종류는 성취도 평가, 평가 설문조사식 평가, 참여식 성찰 평가, 적용 성과 평가 등으로 다양하다.

성취도 평가	설문조사식 평가	참여식 성찰 평가	적용 성과 평가
지식·기술 습득 테스트	만족도 및 반응 조사	개인적·집단적 성찰화	적용 및 전이 평가

[그림 12-1] 교육 프로그램 평가의 유형

(1) 성취도 평가의 진행방법

성취도 평가는 학습자 개별적으로 해당 교육프로그램을 통해 학습했던 것을 어느 정도 이해하고 있는가를 객관적으로 확인하는 평가방식으로 다음과 같은 진행방법을 지침으로 한다.

[성취도 평가의 진행방법]

- 평가 시간을 준수한다. 종료 전 예령을 하고 시험시간에 칠판 등에 명확히 제시한다.
- 부정행위가 발생하지 않도록 주의해야 한다.
- 답안지를 먼저 배포하고 시험지를 나중에 배포한다.
- 평가 종료 시에는 시험지와 답안지 모두 제출하도록 한다.
- 평가 시험지에 대한 질문이 있을 때, 질문의 성격을 확인한 후 대답한다.
- 평가 시 기록을 남겨두고 추후 평가실행 때 참고하도록 한다.

(2) 설문조사식 평가의 진행방법

설문조사식 평가는 교육프로그램 전반에 걸쳐 학습자가 배우고 체험했던 것에 대한 느낌을 표현하는 정량적 평가형식으로, 다음과 같은 진행 요령을 따르면 효과적이다.

[설문조사식 평가의 진행 요령]

- 설문조사는 모든 교육이 종료된 후, 학습자에게 즉시 실시한다.
- 교육담당자는 설문을 배포하기 전에 과정 전체를 되돌아볼 수 있도록 모든 학습자에게 전체적인 요약 설명을 한다.
- 학습자에게 설문조사 작성에 필요한 충분한 시간을 준다. 작성시간을 사전에 미리 정해놓고 작성할 것을 안내한다.
- 종료 후 빨리 돌아가고 싶어 서두르지 않도록 한다. 차분한 분위기 속에서 설문이 작성되도록 한다.
- 설문지를 사전에 배포한다거나 편안한 시간에 아무 때나 작성하여 귀가 전까지만 제출하도록 하는 것은 좋은 방법이 아니다.

(3) 참여식 성찰 평가 진행방법

참여식 성찰 평가는 평가의 주체가 바로 학습자이며, 교육프로그램이 전개되는 동안 혹은 종료 후에 학습자가 각자의 학습행위와 의미 있는 경험과 체험의 결과에 대해 성찰하여 개인적·집단적으로 발표하고 공유하는 정성적 평가형식으로 다음과 같은 진행방법이 효과적이다.

[참여식 성찰 평가회의 진행 방법]

- 교육담당자는 참여식 평가회의 취지와 방법에 대해 설명한다.
- 교육프로그램의 진행과정에서 교육담당자가 느낀 점을 설명한다.
- 포스트잇을 나누어 주고, 각자의 느낌을 기록하게 한다.
- 기록한 포스트잇을 옆 동료 학습자와 교환하고 자신의 생각을 말하게 한다.
- 교육프로그램의 전개과정에서 주목받았던 몇몇 학습자의 경험과 성찰을 공유한다.
- 동료학습자 중 특성(지역, 연령, 성별, 품목 등)이 비슷한 몇 사람에게 발표기회를 준다.
- 교육프로그램에서 좋았던 점, 아쉬웠던 점, 개선 방향에 대해 자유롭게 이야기한다.
- 그동안 이야기했던 내용을 요약하여 적용이 가능하도록 정리하고 마무리한다.

(4) 적용 성과 평가의 방법

적용 성과의 평가는 교육프로그램에서 학습했던 것을 각자가 현장에 돌아가서 적용할 수 있는 가능성과 실제 적용을 통해 산출된 성과를 확인하는 평가방법을 말한다.

[적용 성과 평가의 내용]

- 학습결과의 현장 활용성
- 교육 내용의 현장 전이
- 교육결과의 유효성

2) 종합평가회 관련 총칙

- (평가방법)
  ① 평가는 학습평가와 교육운영평가로 구분한다.
  ② 학습평가는 평생교육 프로그램은 모든 과정을 대상으로 실시하되, 분야별 전문기술 교육과정을 평가하는 전문기술평가와 역량개발 교육과정을 평가하는 직무능력평가로 구분한다.
  ③ 교육운영평가는 모든 교육과정을 대상으로 실시하며, 교육생 설문조사에 의한다.
- (전문기술평가)
  ① 평생교육 프로그램 과정 중 직무능력평가를 실시하는 과정을 제외한 모든 교육과정은 전문교육을 통하여 분야별 전문기술의 향상 정도를 측정하기 위하여 전문기술평가를 실시한다.
  - 평가는 교육기간 중 교육실시 전·후 2회에 걸쳐 실시함
  - 과정별 시험문제는 해당 교과목 강사가 출제한 객관식 문제로 함
  - 평가 시기는 과정별 교육시간표에 의함
  - 평가를 담당하는 직원은 공정한 시험·평가에 최선을 다함

촉진사항

- 교육프로그램 종합평가회를 통해 학습자 스스로 자신의 결과를 확인할 수 있다.
- 평가방법은 교육프로그램의 성격에 따라 결정한다.
- 교육프로그램 종합평가 결과를 토대로 다음 교육계획에 활용하도록 한다.

2. 교육프로그램 수료식 준비

교육프로그램을 공식적인 행사로 마무리하기 위해 준비하는 과정으로 교육담당자는 수료식을 원활하게 진행하기 위해 예행연습을 통해 수료식을 준비하고 수료식 진행 과정의 전반적인 부분을 점검해야 한다.

1) 수료식 준비 세부사항

교육담당자는 수료식 3일전까지 일시, 장소, 참석자 결정(인원체크) 및 수료식 순서 등을 포함한 수료식 행사 계획을 수립한다. 교육담당자는 수료 1일전까지 성적 우수자, 공로상 대상자 결정 등 필요한 준비를 완료한다.

- 수료자 결정, 수료증 준비, 수상자에 대한 상품 등 준비
- 행사 안내표지판 제작 : 현수막, 입간판 및 모니터 등
- 행사 진행요원 선정 : 상장, 수료증, 상품전달자(2명)

교육담당자는 행사 전일 및 당일 행사 전에 원내 간부, 교수 등에게 수료식 행사의 참여를 메일 또는 유선으로 요청한다. 행사 당일 수료식 행사는 10~15분 전에 수상자, 수료자 등과 예행연습을 실시하고 참가자들에게 행사 순서를 안내한다.

2) 수료 기준 총칙

교육 수료기준은 교육훈련에 관한 규정에 근거하여야 한다.

① 각 과정별 수료자는 소정의 교육을 이수하여야 하고 직무능력평가를 실시하는 과정의 경우에는 개인별 종합 성적이 60점 이상 득점한 자로 한다.
② 제 1항에 따라 수료하는 교육생에 대하여 수료증을 교부한다. 다만, 일부 교육과정에 대하여는 수료증을 교부하지 않고 교육수료 사실을 수료자의 소속기관에 문서로 통보함으로써 수료증 교부에 갈음할 수 있다.
③ 소장은 수료 결과를 각 교육과정 수료 후 10일 이내에 교육 이수자의 소속기관의 장에게 통보하여야 한다.

촉진사항

- 수료자를 선정하고 수료증 및 수상 상품을 준비하도록 한다.
- 수료식 행사에 대해 각 기관과 부서 및 수료자에게 참여에 대한 연락을 취한다.
- 수료식 예행연습을 통해 수료식 진행에 차질이 없도록 한다.

3. 교육프로그램 수료식 진행

모든 학습자의 참여가 이루어져야 의미 있는 성과를 기대할 수 있음으로 교육담당자는 수료식이 사전에 계획한 순서와 시나리오에 따라 적극적으로 협조가 이루어지는 상황 속에서 원활하게 진행되도록 해야 한다.

1) 효과적인 수료식 진행의 방법

수료식 진행에 있어 교육프로그램의 책임자와 교육담당자는 사전에 정해진 순서와 내용에 따라 다음 〈표 12-1〉과 같이 진행하면 효과적이다.

〈표 12-1〉 효과적인 수료식 진행방법

[○○○ 교육과정 수료식]

<table>
<tr><td>일시</td><td colspan="3">○○○○년 ○○월 ○○일 ( ) ○○:○○</td></tr>
<tr><td>장소</td><td colspan="3">교육관 ○○호</td></tr>
<tr><td rowspan="8">식순</td><td>개회사</td><td rowspan="8">시나리오</td><td>지금부터 ○○과정 수료식을 시작하겠습니다.</td></tr>
<tr><td>국민의례</td><td>· 먼저 국민의례가 있겠습니다.
· 모두 정면의 국기를 향해 주시기 바랍니다.
· 국기에 대한 경례
· 바로! 모두 자리에 앉아주시기 바랍니다.</td></tr>
<tr><td>자격증 수여</td><td>· 다음은 수료증 수여가 있겠습니다.
· 수료증은 연수생을 대표해서 학생장에게 수여하도록 하겠습니다.
· 학생장은 앞으로 나와 주시기 바랍니다.
· (수료증 낭독)</td></tr>
<tr><td>공로상 수여</td><td>· 다음은 시상이 있겠습니다.</td></tr>
<tr><td>축사</td><td>· 오늘 축사해주시겠습니다.
· 감사합니다.</td></tr>
<tr><td>축하 만찬</td><td>축하 만찬을 위해 식당으로 이동해 주시기 바랍니다.</td></tr>
<tr><td>폐회사</td><td>이상으로 ○○과정 수료식을 모두 마치겠습니다.</td></tr>
<tr><td>기념촬영</td><td>마지막으로 기념촬영을 하도록 하겠습니다.</td></tr>
</table>

촉진사항

- 교육담당자는 진행이 계획대로 이루어지고 있는지를 수시로 확인한다.
- 수료식진행은 계획대로 진행하되 학습자들이 지루하지 않게 한다.
- 수료식 참여 인사는 수료식 시작 5분 전에 도착하여 착석하도록 한다.

4. 종합강의만족도 분석

교육프로그램을 실행한 후 교육의 성과와 가치를 판단하기 위해 반응평가를 실시한 결과를 분석하는 과정으로 교육담당자는 프로그램의 가치나 장점, 효과 및 영향, 목적달성 정도 등 설문조사를 실시하고 그 결과를 분석하여 정리한다.

1) 종합강의만족도 분석의 중요성

교육프로그램에 대한 종합적인 강의만족도를 확인하기 위해 설문조사를 실시하여 분석하는 것은 학습자의 관점에서 해당 교육프로그램과 관련하여 종합적으로 평가하는 의미를 갖는다.

2) 종합강의만족도 분석에 포함될 사항과 예시

교육프로그램에 대한 종합적인 강의만족도를 조사하기 위한 분석 항목은 다음 사항을 포함한다.

· 종합만족도 · 직무수행 도움 · 교육운영 · 교육시설 · 강사평가

[종합강의만족도 분석에 사례 (5점 만점)]

종합 만족도	직무수행 정도	교육운영			교육시설		
		진행	운영요원 친절도	일반직원 친절도	강의실 및 교육매체	기숙사 및 교육시설	식사 및 후생시설
4.24	4.38	4.27	4.47	4.45	4.40	4.01	4.14

[강사평가결과 만족도 (5점 만점)]

강의 자료의 우수성	학습내용의 체계성	강의태도	시간배분 적절성	교수방법의 적절성	평균
4.24	4.26	4.34	4.24	4.29	4.28

[그림 12-2] 종합강의만족도 분석 예시

촉진사항

- 강사에 대한 만족도 분석 결과는 개별적으로 이메일로 피드백 한다.
- 분석결과는 다음 교육프로그램 계획 시 적극적으로 반영한다.
- 기관 및 시설에 대한 만족도 분석을 통해 학습에 적절한 교육환경을 조성한다.

5. 교육훈련 종합평가서 작성

해당 년도에 운영된 모든 교육프로그램에 대한 성과를 종합·정리하여 한 권의 평가서로 제작하는 과정으로 교육담당자는 한 해 동안 운영책임을 맡았던 여러 개의 교육프로그램에 대한 성과를 주어진 형식에 맞추어 작성한다.

1) 교육훈련 종합평가서 작성의 이해

전문교육기관은 매년 운영된 모든 교육프로그램에 대한 종합평가서를 발간한다. 마찬가지로 평생교육센터도 직무교육, 실용교육, e-HRD 교육 등에 대한 교육훈련 종합평가서를 발간하고 있다.

2) 교육훈련 종합평가서의 주요내용

교육훈련 종합평가서에 포함된 주요내용은 평가의 개요, 교육훈련의 종합평가, 교육과정별 평가 등이며, 구체적으로 각 영역은 교육목표, 중점 추진사항, 종합평가, 분야별·과정별 세부 평가 등이 포함된다.

보고서 목차(전체)	교육영역별 평가	개별 프로그램 평가
· 평가개요	· 직무교육 평가	· 교육목표
· 교육훈련 종합평가	· 실용교육 평가	· 중점 추진사항
· 교육과정별 평가	· 인문교육 평가	· 종합평가
· 부록	· 기타 교육과정	· 세부분야별 평가

[그림 12-3] 교육훈련 종합평가서의 주요내용

3) 종합평가서의 효과

- 교육목표에 대한 결과 정보를 제공한다.
- 후속 프로그램에 대한 정보를 제공한다.
- 보충정보를 얻거나 알아낸 정보를 재확인한다.
- 교육프로그램에 대한 기록을 남긴다.

촉진사항

- 종합평가서는 더 나은 후속 교육프로그램 계획이 가능하도록 작성한다.
- 교육프로그램의 목적에 맞는 교육이었는지에 대한 결과를 가시적으로 제공한다.
- 차시 교육운영에 실제적인 도움이 되도록 작성한다.

6. 수료자 학습동아리 형성 및 지원

교육프로그램 수료 후에 교육 참여자가 소집단을 형성하여 학습활동을 전개하여 관련 지식을 함께 배우고 익히며, 새로운 지식을 생성하도록 지원하는 것으로 교육담당자는 학습동아리의 형성 원리를 이해하고 적절히 지원해야 한다.

1) 학습동아리 형성 및 전개과정

학습자가 교육프로그램을 수료한 후 학습동아리를 형성하는 전개과정과 활동내용에 대해 이해할 필요가 있다.

〈표 12-2〉 학습동아리 형성 및 전개과정의 구성내용

전개과정	활동내용	
평생학습동아리 준비와 형성	· 학습동아리 형성 관심 · 학습동아리 주제 선정	· 학습동아리 홍보 및 모집 · 학습동아리 결성 및 등록
평생학습동아리 비전과 계획수립	· 비전 및 목적 설정 · 학습동아리 운영학칙 마련 · 평생학습테마 선정	· 학습활동 일정 수립 · 학습환경 및 재료 확보 계획 · 외부와의 네트워킹 계획
평생학습동아리 학습활동과 실천	· 학습동아리 팀 빌딩 구축 · 학습리더십과 학습펠로우십 · 학습활동 실천 패러다임	· 학습자료 개발과 공유 · 학습활동 방법 및 기법 · 학습활동 기록 및 공유
평생학습동아리 성찰과 확산	· 학습동아리 활동 성찰 · 학습동아리 성과 발표	· 학습동아리 지역 회합 · 새로운 비전과 방향 구상

2) 학습동아리 지원방법

학습동아리가 지속되고 활성화될 수 있는 다양한 방법에 대해 구상한다.

[학습동아리 지원방법]

- 기관 차원의 학습동아리 육성 및 지원체제를 마련한다.
- 학습동아리의 운영을 지원하기 위해 인터넷 카페를 활성화시킨다.
- 타 기관의 동일 교육프로그램의 학습동아리와 네트워킹을 형성한다.

촉진사항

- 학습자에게 학습동아리의 필요성 및 성공적 학습활동에 대해 알린다.
- 학습동아리 지원체제의 확립을 통해 학습동아리 지원을 체계적으로 진행한다.
- 학습동아리 네트워킹을 통해 더욱 성장할 수 있도록 지원한다.

7. 수료자 추수활동 오리엔테이션

교육프로그램 수료자에게 현장으로 복귀하여 학습한 결과를 적용할 수 있는 지침을 제공하고 안내하는 과정으로 교육담당자는 교육수료자에게 추수활동이 필요한 사항을 정리하여 자료로 작성하고 관련 정보를 제공하고 설명한다.

1) 추수활동 오리엔테이션의 이해

추수활동 오리엔테이션은 교육수료자들로 하여금 교육프로그램의 종료 시점에서 완전히 끝나는 것이 아니라 현장에 복귀하여서도 비형식적인 차원에서 교육이 지속된다는 점을 이해시키기 위함이다.

[추수활동의 이해]

- 많은 학습자는 추수활동에 대한 이해가 부족하다.
- 추수활동에 관심을 가지고 추진하는 교육기관은 드물다.
- 추수활동에 대한 책무성에 대해 교육기관은 인식이 낮다.
- 앞으로 추수활동은 교육기관의 고유한 기능으로 간주될 것이다.

2) 추수활동 오리엔테이션의 진행방법

교육프로그램이 종료되는 시점에서 교육담당자는 교육수료자를 대상으로 추수활동을 소개하고 안내하는 오리엔테이션 시간을 갖고 다음의 진행방법으로 전개하면 효과적이다.

[추수활동의 오리엔테이션 진행방법]

- 목적과 지원방향에 대해 설명한다.
- 교육수료자가 실천해야할 사항을 알려준다.
- 진행과정의 모니터링 방법을 알려준다.
- 추수활동의 지역과 일정에 대해 안내한다.
- 멘토의 인적사항과 연락처를 알려준다.
- 성과에 대해 구체적인 사례를 제시한다.

촉진사항

- 교육수료자가 추수활동의 중요성을 충분히 설명할 수 있는 자료를 만든다.
- 추수활동을 위해 준비해야할 사항이 무엇인지를 상세하게 알려준다.
- 교육참가자의 근무지역 기관장에게 추수관리 운영지침을 제공한다.

8. 현장적용의 지도 및 성과 확인

교육프로그램 종료 후 일상생활에 복귀하여 주어진 직무를 수행하거나 업무활동 중에 학습한 내용을 스스로 적용・활용하는 과정을 지도하고 성과를 확인하도록 하는 과정으로 교육담당자는 학습고객이 질의한 현장적용의 문제를 상담하고 지도한다.

1) 현장적용 지도의 이해와 방법

교육프로그램을 이수한 학습고객은 각자가 탐구하고 학습했던 결과를 자신이 근무하고 있는 지역과 기관에 체계적으로 전이하고 적용할 수 있어야 실질적인 성과에 만족한다.

교육담당자는 학습결과의 현장 적용이 성공할 수 있도록 다음 몇 가지 사항을 고려하여 지도하면 효과적이다.

[현장적용 지도의 방법]

- 동일한 교육프로그램을 이수한 동료학습자와 네트워크를 형성한다.
- 동료 학습자의 적용사례를 공유할 수 있는 사이버시스템을 구축한다.
- 같은 교육프로그램을 이수한 자를 대상으로 학습동아리를 형성하여 지도한다.
- 학습결과를 적용할 수 있도록 운영기관과 학습 멘토가 추수지도에 참여한다.
- 관련 분야에 있는 동료학습자들을 참여시켜 세미나를 개최한다.

2) 현장적용 성과의 확인방법

[현장적용 성과의 확인방법]

- 동료 학습자들 간에 현장적용 사례를 사전에 미리 공유하고 그 결과를 비교한다.
- 기존의 방식과 새롭게 적용한 방식의 결과를 비교하여 성과를 확인한다.
- 새롭게 적용한 가시적인 결과에 대해 원인과 결과를 분석한다.
- 같은 지역 다른 사람의 결과와 비교하여 성과를 확인한다.
- 교육진행 중 제시된 결과 데이터와 비교하여 성과를 확인한다.
- 같은 지역의 시험연구소에 있는 결과와 비교하여 성과를 확인한다.

촉진사항

- 원격추수지도 및 추수관리 시스템을 체계적으로 개발하여 운영할 수 있도록 한다.
- 참가자의 현장적용을 위해 추수 관리를 위한 임시 원격시스템을 구축하여 운영한다.
- 참가자의 근무지역 기관장에 추수관리 운영지침을 제공하고 추수지도에 협조한다.

제13장

평생교육 프로그램 지원행정

09. 평생교육 프로그램 지원행정

1. 강사료 지급 서류 준비
2. 강사료 지급 품의서 작성
3. 수료증 제작 및 발급
4. 교육수료 및 이수 확인증 발급
5. 급식 인원 집계 및 통보
6. 수료자 DB 입력 및 이력관리
7. 교육프로그램 성과의 대내외 홍보
8. 기타 행정업무 사항 처리

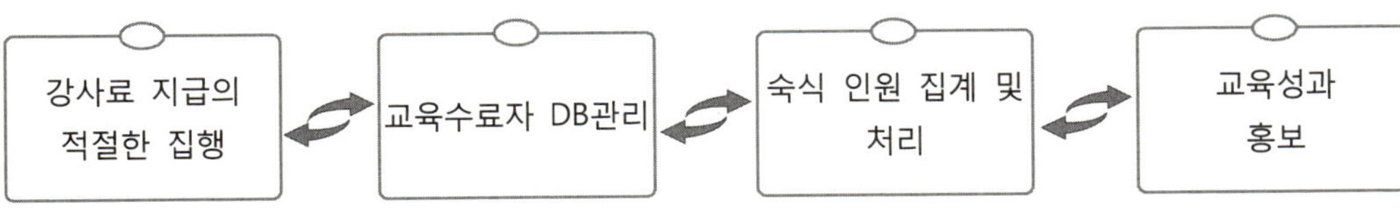

개요

평생교육 프로그램의 성공적인 운영은 지원행정의 도움이 있어야 가능하다. 교육프로그램 운영과 관리에 편성된 비용의 처리와 집행, 종료 후 학습자를 위한 DB관리 및 확인증 발급, 교육성과에 대한 대내외 홍보 등도 중요한 사항이다. 이러한 지원 행정이 효율적으로 이루어지느냐에 따라 해당 교육프로그램에 대한 긍정적인 평가와 평생교육기관에 대한 신뢰성과 이미지에 영향을 받는다.

수행체제 및 과업

평생교육 프로그램 지원행정은 교육프로그램의 효과적인 운영과 관리를 위해 편성된 비용을 처리하고 집행하는 업무에서부터 교육기관 중 혹은 종료 후에 학습자의 편의를 위해 제공되는 각종 지원과 서비스의 업무를 수행하는 것을 말한다.

평생교육 프로그램 지원행정 Tips

- 강사료의 지급과 관련하여 강사에게 지급 일정에 대한 명확한 공지가 필요하다.
- 교육수료에 대한 확인증 발급과 수료자 DB상의 이력관리가 연계되어야 한다.
- 교육성과에 대한 대내외의 적극적인 홍보는 기관의 이미지 제고에 효과적이다.

1. 강사료 지급 서류 준비

강의 종료 후, 강사료 지급을 위해 세무법률상 필요로 하는 강사의 인적사항과 관련 서류를 준비하는 과정으로 교육담당자는 강사료 지급에 필요한 사항을 강사에게 요청하여 확보하고, 강의 시수에 맞게 강사료 지급액을 확인하여 정리한다.

1) 강사료 지급 서류 준비의 의의

강사료 지급은 정부의 세무법률상 교육기관이 국세청에 신고해야 할 원천징수세액과 강사가 신고해야할 기타소득 등에 대한 원칙에 따라 집행한 근거서류를 확보해야 하므로 관련 서류에 대한 준비를 분명히 해야 한다.

2) 강사료 지급 서류 양식

정부의 세무법률상 필요로 하는 관련 정보와 서류에 맞게 해당 교육프로그램에 출강했던 강사로부터 인적사항과 관련 정보를 확보하여 강사료 지급에 착오가 없도록 한다. 강사료와 관련된 준비서류는 다음의 양식을 참고한다.

강사료 지급 인적사항

교 육 명	
일시장소	
강의주제	
강 사 료	
강 사	- 소속 및 직위 : - 주민등록번호 : - 주 소 : - 연 락 처 : - 입 금 계 좌 :

. . .

(강사명) (서명)

[그림 13-1] 강사료 지급 서류 양식

촉진사항

- 강사료 지급 서류는 한 강좌마다 작성할 수 있도록 준비한다.
- 강사료 지급 서류는 교육프로그램별 순서대로 보관하여 찾기 쉽도록 준비한다.
- 강사료 지급 관련 서류는 강사의 인적사항과 기본 정보를 필요로 한다.

2. 강사료 지급 품의서 작성

강의를 마친 강사에게 교육기관의 기준에 따라 강사료를 지급하기 위해 행정적으로 처리하는 과정으로 교육담당자는 강사의 교육시간을 정확히 확인하고 규정된 기준에 따라 강사료를 책정하고 지출품의서를 작성하고 보고하여야 한다.

1) 강사료 지급 품의서 작성의 원칙

강사료 지급 품의서 작성은 사전에 어떠한 품의서 양식을 따를 것인지를 결정하고, 교육기관의 강사료 지급 기준에 의해서 작성한다. 그리고 품의서 작성이 끝나면 신속한 결재를 통해 강사료가 정상적으로 지급되도록 한다.

2) 강사료 지급 지출결의서 양식

수신자 내부결재
(경유)

제 목 OO교육프로그램 1~3회차 강사비 지급 건

평생교육센터에서는 OO교육프로그램과 관련하여 아래와 같이 강사비를 지급하고자 합니다.

— 아 래 —

○ 금 액 :
○ 내 용 :
○ 지급 내역

강사비 지급 내용						여비	
회차	일 자	강의시수	강 사	강의 내용	강사비	여비 내용	여비
1							
2							
합계						합계	
총계							

○ 지급방법 : ○ 예산과목 :

평생교육센터장 [직인]

[그림 13-2] 강사료 지급 지출결의서 양식

촉진사항

- 결재된 품의서는 관련 부서의 담당자가 공유할 수 있도록 신속히 조치한다.
- 품의서 결재를 위한 보고와 설명은 결재권자 입장에서 이해하기 쉽게 한다.
- 결재권자의 수정 및 재 지시 사항을 신속히 처리한다.

3. 수료증 제작 및 발급

학습자가 일정한 교육과정을 수료했다는 것을 증명해 주는 증서로 학습자에게 발급하는 것으로 교육담당자는 교육기관의 양식에 따라 수료증을 제작하고 개별학습자에게 발급한다.

1) 수료증 제작의 중요성

수료증은 교육프로그램 이수에 대한 공식적인 인증 자료로 교육기관은 수료증을 부여할 대상자에 대해 일정한 기준과 원칙에 따라 결정하는 것이 일반적이다.

[수료증 제작의 절차 및 방법]

- 수료 사정회를 통해 수료 대상자를 결정한다.
- 수료증 발급 대장을 작성하며, 수료증 발급대장은 차후에 수료증 재발급 요청 시 활용한다.
- 수료증에 포함될 내용은 성명, 주민번호, 교육과정명, 교육기간, 발급호수, 수료증명내용, 날짜(수료식 날짜), 발급교육기관명과 직인 등이 포함된다.
- 수료증의 형식과 형태는 교육기관의 관례에 따른다.

※ 수료증 용지, 수료증 케이스, 수료증 디자인, 수료증 글씨 등

2) 수료증의 제작 예시

제 ○○○○ 호

수 료 증

성 명 : 홍 길 동

주 민 번 호 :

교육과정 명 :

교 육 기 간 :

위 사람은 평생교육센터에서 OO교육과정을 수료하였으므로 이 증서를 수여합니다.

년 월 일

평생교육센터장 (직인)

[그림 13-3] 수료증 제작의 예시

3) 수료증 제작 의뢰의 요령

수료증 제작을 의뢰하는 경우에는 몇 가지 사항을 고려하여 다음과 같이 진행할 필요가 있다.

[수료증 제작의 의뢰]

- 수료증을 제작할 업체를 선정하고, 수료증 양식을 제공하여 샘플을 받는다.
- 요구한 형식에 맞는지, 주민번호나 성명이 틀린 부분이 없는지 확인한다.
- 수료식 날짜를 고려하여 수료증 제작완료일을 업체와 협의한다.
- 수료증 납품에 대한 최종 검수를 확인하고 마무리 한다.

4) 수료증 발급 서류 작성 예시

수료증 발급 대장

NO	교육과정 명	성명	주민번호	수료기간	발급일자	발급호수
1						
2						
3						
4						

년 월 일

평생교육센터 (직인)

[그림 13-4] 수료증 발급 서류 작성 예시

촉진사항

- 종이나 케이스는 질이 좋은 것으로 하고 기관의 로고를 포함하여 수료증을 제작한다.
- 수료증 제작 시 종이가 구겨지거나 훼손되는 일이 없도록 한다.
- 교육담당자는 수료증을 발급할 시 개별 학습자에게 직접 연락을 취한다.

4. 교육수료 및 이수 확인증 발급

교육프로그램을 이수한 학습자가 교육기관에 확인증을 요청하는 경우 발급하는 과정으로 교육담당자는 확인증 발급을 요청하는 학습자의 인적사항과 수료자 명부를 대조하여 교육기관의 형식에 맞게 확인증을 발급한다.

1) 교육수료 및 이수 확인증 발급의 원칙

교육수료 및 이수 확인증은 학습자가 교육프로그램을 이수 및 수료했다는 사실을 공식적으로 인증하는 문서를 말한다.

[교육수료 확인증 발급의 원칙]

- 교육이수 확인증 발급의 대상자는 해당 교육프로그램을 수료한 자에 한한다.
- 확인증 발급을 요청할 경우에만 해당 학습자에게 확인증을 발급한다.
- 확인증 양식은 교육기관의 정해진 형식을 따른다.
- 확인증은 담당자의 확인서명과 교육기관장의 직인이 반드시 필요하다.
- 발급의 공신력은 교육기관이 전적으로 책임을 진다.

제 호

교육이수 확인서(예시)

성 명 :
생년월일 :
과 정 명 :
교육기간 :

위 와 같 이 틀 림 없 음 을 증 명 합 니 다.

년 월 일

평 생 교 육 센 터 장 [직인]

확인자	(인)	용 도	

[그림 13-5] 교육이수 확인서 예시

촉진사항

- 교육이수 및 수료 확인서에 대한 학습자의 요청이 있을 때 신속히 처리한다.
- 교육이수 및 수료자의 명단과 요청한 학습자의 인적사항의 일치여부를 확인한다.
- 교육이수 및 수료 확인증 발급 시 활용할 용도를 정확하게 기록하도록 한다.

5. 급식 인원 집계 및 통보

교육기간 중에 모든 학습자에게 급식이 가능하도록 공식적으로 요청하는 행정조치로 교육담당자는 교육프로그램에 참가하여 급식을 희망하는 학습자의 정확한 인원 수와 급식횟수를 파악하여 내부 협조문서로 기안하여 관련자에게 통보한다.

1) 급식 인원 집계 및 통보의 중요성

교육프로그램이 진행되는 동안 학습자가 정상적인 급식을 제공받도록 조치를 취하는 것은 중요하다.

[급식 제공을 위한 조치]

- 지출해야할 정확한 급식 예산 편성을 가능하게 한다.
- 가용한 예산 범위 내에서 식재료의 분량을 판단하도록 한다.
- 식당 이용 시간대의 원활한 편성을 가능하게 한다.

2) 급식 인원 집계 및 통보 절차

- 교육과정별 학습자 명단을 확인한다.
- 교육과정별 학습자 급식 참여 여부를 확인하는 서류를 작성한다.
- 작성된 서류를 각 교육과정별로 교육과정이 시작되기 전에 급식 참여 여부를 확인받도록 한다.
- 학습자들의 급식 참여 여부 확인 서류를 토대로 급식 인원을 집계한다.
- 학습자의 급식을 준비하는 부서에 집계된 급식인원을 통보한다.

3) 급식 인원 집계표(예시)

〈표 13-1〉 급식 인원 집계표

교육과정명	급식 인원 집계 현황			총계
	아침	점심	저녁	
○○ 교육과정	25명×4일	25명×3일	25명×3일	250명
○○ 교육과정	25명×4일	25명×4일	25명×4일	300명
○○ 교육과정	25명×4일	25명×4일	25명×4일	300명
총계	300명	275명	275명	850명

촉진사항

- 급식 인원을 정확하게 파악하여 사전에 정한 예산편성에 맞도록 한다.
- 교육프로그램별로 급식 인원을 집계하여 영양사에게 전달한다.
- 급식 인원 수를 고려하여 가능한 식당 이용 시간을 협의한다.

6. 수료자 DB 입력 및 이력관리

교육프로그램을 이수한 학습자의 명단과 인적사항을 이력관리 시스템에 입력하고 공식적으로 관리하는 것으로 교육담당자는 수료자 이력관리 시스템의 입력 항목에 맞추어 학습자의 인적사항과 교육수료 관련 정보를 입력하고 관리한다.

1) 수료자 DB 입력 및 이력관리의 중요성

수료자 DB 입력은 학습자가 수강한 교육과정에 대해 해당 교육과정을 수료하였다는 결과 자료를 공식적으로 기록 및 입력하여 학습자의 기초정보를 관리하는 것이다.

학습자의 학습수료 DB는 학습자 개개인의 교육 이력을 관리할 수 있는 중요한 자료로 활용한다.

2) 수료자 교육 이력관리 총칙

수료자 교육 이력관리의 지침은 다음과 같다.

[수료자 교육 이력관리 지침]

- 교육생의 인적사항 등을 수료대장에 기록 · 관리한다. 다만, 수료대장에 등재하는 내용은 교육과정에 따라 달리할 수 있다.
- 수료대장은 당해과정 교육담당자가 기록 · 관리한다.
- 수료대장은 센터에서 보존 관리하는 것을 원칙으로 하며, 교육생 이력관리의 기초 자료로 활용하고 필요시 재 증명을 발급 · 교부할 수 있다.

사진		성명		부문	
		주민번호		직장/부서	
		학력		직무/직위	
		연락처		이메일	
		주소			

NO	교육과정영역	교육과정명	입학일자	수료일자	발급일자	발급호수
1						
2						

[그림 13-6] 수료자 교육 이력관리 시스템(예시)

촉진사항

- 수료자의 기초정보와 함께 사진을 첨부하여 수료자 확인을 용이하게 한다.
- 수료자의 개인적인 정보가 유출되지 않도록 주의하여 관리한다.
- 이력관리를 통해 학습자에게 프로그램 정보 및 상담을 제공할 수 있도록 한다.

7. 교육프로그램 성과의 대내외 홍보

교육프로그램 성과의 대내외 홍보는 내적으로는 교육기관의 교육프로그램에 대한 성과를 보고하고 외적으로는 학습자 및 타 기관에 소개를 통해 교육프로그램이나 기관을 홍보하는 과정으로 교육담당자는 교육의 성과를 홍보문서로 작성하여 관련매체를 통해 홍보한다.

1) 교육성과 홍보의 중요성

교육성과의 홍보는 직원들과 강사에게 자부심을 갖게 하고, 학습고객에게는 교육기관에 대한 긍정적인 이미지와 신뢰를 갖게 한다.

2) 교육성과 홍보의 사례

교육담당자는 교육프로그램의 성과 홍보 예시를 참고하여 홍보대상, 홍보방법을 선정하도록 한다.

우리 센터『교육훈련 기관평가 우수기관 상』수상

11월 27일 정부청사 별관3층에서 정부 HRD 역량강화 워크숍 및 시상식'이 개최되었습니다. 행안부 주관으로 열린 이 행사에서 우리 센터는 교육훈련기관 종합평가 우수기관으로 선정되어「행정안전부장관 표창」을 받았습니다. 중앙부처 소속 30개 교육훈련기관 중에서 병설기관의 한계에도 불구하고 수상의 영예를 얻게 된 것은 큰 성과입니다.

한편, 이날 행사에서는 정부 HRD 역량강화 워크숍을 병행하여 우수교육기관 사례발표 및 기상청과 우리기관을 대상으로 실시한 컨설팅 결과 보고, 교육훈련방향 소개 등 교육훈련 정보를 공유하는 기회가 되었습니다.

앞으로 우리 센터는 녹색기술 전문교육을 강화하고 현업적용도 평가 도입 등 교육 품질 향상을 위한 노력을 지속해 나가겠습니다.

촉진사항

- 교육완료 후 교육프로그램 성과를 홍보하여 프로그램을 간접적으로 소개한다.
- 기관 내 성과 홍보를 통해 다음 차시 교육을 개설할 수 있다.
- 기관 외 홍보를 통해 학습자에게 기관의 프로그램을 안내할 수 있다.

8. 기타 행정업무 사항 처리

교육프로그램을 운영하는 과정에서 주요 행정업무 외에도 특수한 상황에서 처리해야 할 다양한 조치들을 있음으로 교육담당자는 기타 행정업무 사항을 처리해야 할 경우 융통성 있고 신속하게 행정업무 사항을 처리한다.

1) 기타 행정업무 처리의 이해

기타 행정업무는 특수한 상황과 여건 속에서 신속하게 처리해야할 일련의 과업을 말하며, 교육담당자는 기타 행정업무를 처리하는 과정에서 해당 업무의 협조부서와 담당자를 신속하게 파악해야 한다.

2) 기타 행정업무 처리의 예시

평생교육센터에서는 처리해야할 기타 행정업무는 다음의 체크리스트를 참조하면 도움이 된다.

〈표 13-2〉 기타 행정업무 처리 사항

NO	기타 행정업무	협조부서	협조자	처리날짜
1	임대사업 조례집 제작 배부			
2	참여업체 통보			
3	교육 우수사례 통보			
4	교육 상반기 추진실적 집계			
5	시상의뢰			
6	교육훈련사업 분야 장관			
7	표창 유공자 표창			
8	성과등록 협의자료 작성			
9	성과관리 마무리 성과물 등록			
10	교육훈련 성과물 등록			
11	관리기계 관리			

촉진사항

- 수시로 점검해야 할 것과 신속히 점검해야 할 것을 우선적으로 처리한다.
- 기타 행정업무는 협조부서, 협조자, 처리날짜를 구분하여 처리한다.
- 각각의 기타 행정업무가 어느 단계에서 이루어져야 하는지를 검토한다.

제3부

평생교육 자료개발 매뉴얼

제14장

평생교육 자료개발의 이해

사례

평생교육의 현장에서 평생교육을 운영하고 있는 김○○ 선생님은 지난 2년 동안 적어도 한 달에 한번은 교육 자료를 제작하는 일을 해왔다. 그런데 요즘 김○○ 선생님은 교육 자료의 상태에 따라 교육의 성과가 다르게 나타나고 있다는 사실을 발견하고, 평생교육의 현장에서 교육 자료가 중요하다는 인식과 함께 앞으로 교육 자료를 보다 더 잘 만들기 위해 어떻게 하는 것이 좋을지 궁리 중에 있다.

질문

1. 여러분도 김○○ 선생님의 경우처럼 교육 자료를 보다 잘 만들어야 한다는 생각을 갖고 계십니까?
2. 평생교육의 현장에서 보다 양질의 교육 자료를 개발하기 위해 어떻게 하면 될까요?

1. 평생교육 자료의 개념

평생교육의 실천 현장에서 교육 자료는 다양한 형태들이 있다. 평생교육자료는 학교교육의 현장에서 활용되는 것과는 그 중요성이 각별하다. 평생교육자료의 개념은 사전에 개발되어 표준화된 정규 교과서가 이미 존재하고 있는 학교교육에서 주로 활용되고 있는 교육 자료라는 용어와는 다르게 해석할 필요가 있다.

흔히 학교교육에서 교육 자료란 주교재인 교과서를 지칭하기 보다는 교과서의 내용을 보완하고 설명하기 위한 다양한 보조적 구안물로 지칭된다. 반면, 평생교육에서 교육 자료란 아직까지 체계적으로 개발된 바 없는 주제를 포함하고 있으며, 표준화된 정규 교과서가 존재하지 않은 상태에서 교육운영 담당자가 직접 구성하고 제작한 교재가 바로 교육 자료이다.

다시 말해, 학습자와 직접적으로 대면하고 있는 교육운영 담당자가 구성하고 개발한다. 이렇게 개발된 교육 자료는 평생교육의 실천 현장에서 교수자와 학습자가 만나는 통로이며 공통 주제이다. 또한 평생교육기관과 학습자가 만나는 접점이다. 평생교육에서 교육 자료의 중요성이 여기에 있다.

〈표 14-1〉 교육 자료의 의미(1)

구 분	학교교육	평생교육
기 능	보조적 수단	교수학습과정의 필수
성 격	주교재의 부가적 구안물	핵심적 교육 자료
사 례	해설집	강의원고/활동지

구체적으로 평생교육 자료가 무엇을 의미하는지 살펴보면 평생교육 자료란 교육내용과 교육매체가 통합된 교육적 실체를 의미한다.

교육내용이란 학습자와 교수자가 교수학습과정에서 상호작용하는 체계화된 지식과 정보를 의미한다. 교육매체란 체계화된 교육내용을 매체의 특성에 맞게 문서화, 시각화, 청각화, 영상화시킬 수 있는 물리적 실체를 말한다.

먼저, 교육내용이란 학습자에게 교육적 가치가 있는 지식, 정보, 기술 등을 의미한다. 이러한 교육내용은 다음과 같은 세 가지의 형태로 표현된다. 첫째로 학습자에게 유익하고 유용한 지식·정보·기술이 체계화된 교재(텍스트), 둘째로 교수행위와 학습행위의 기본 지침이 되며, 지식·정보·기술의 핵심적인 요소만으로 선별하여 체계화시켜 놓은 교수학습요목, 셋째로 특정 교육내용을 구체화시켜 놓은 교육 모듈(module) 및 단원(lesson) 등이다.

다음으로 교육매체란 교육내용이 매체의 성격에 맞게 표현된 물리적 상태를 말한다. 교육내용이 담겨있지 않은 교육매체는 의미가 없고, 매체의 특성에 맞게 구체화되지 않은 교육내용은 그 활용이 불가능하다. 교육내용은 일정한 형식의 매체로 표현되어야 그 가치를 인정받을 수 있다. 이처럼 교육매체와 교육내용은 분리할 수 없는 불가분의 관계를 가지고 있다. 교육매체는 인쇄매체, 영상매체, 컴퓨터 및 웹 등이 있다.

그러므로 평생교육 자료란 [그림 14-1]에서 보는 바와 같이 교육내용과 교육매체를 분리해서는 결코 생각할 수 없고 양자를 통합시켜 그 개념을 이해해야 한다.

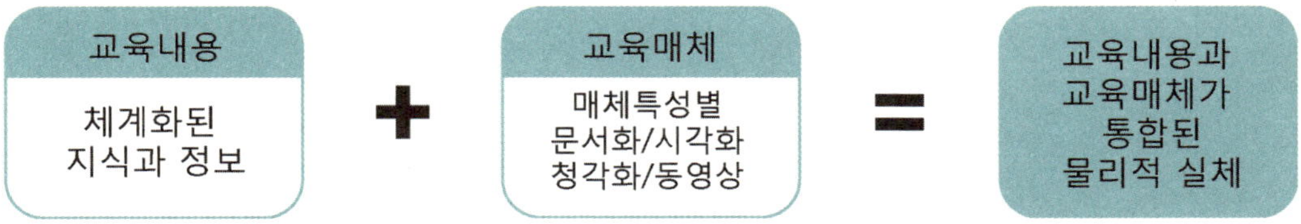

[그림 14-1] 교육 자료의 의미(2)

2. 평생교육 자료의 유형

교육담당자라면 누구나 평생교육의 실천 현장에서 다양한 교육 자료를 쉽게 발견할 수 있고, 실제로 접할 수 있다. 평생교육 자료의 유형에는 인쇄자료, 청각자료, 시각화자료, 동영상자료, 컴퓨터 및 인터넷 자료 등이 있다.

〈표 14-2〉 평생교육 자료의 유형

매 체	유 형
인쇄 자료	교수학습요목, 강의 자료집, 행사자료집, 교육워크북, 워크숍자료집, 교육매뉴얼, 차트, 교육마스터플랜
청각 자료	해설 및 설명 나레이션과 강사의 음성이 수록된 CD
시각화자료	필름, 사진, 모형물, OHP TP용지, 파워포인트 자료
동영상자료	비디오 테이프, 캠코더 테이프, 원격동영상
컴퓨터/인터넷	CAI, 파워포인트, 워드, 전자서적, 웹서적, 웹자료 등

이상의 교육 자료들은 교육내용으로써 체계화된 지식과 정보가 매체의 특성에 맞게 제작되고 개발된 상태로 존재한다.

3. 평생교육 자료개발의 개념

평생교육 자료개발이란 한마디로 교수학습과정의 전개가 가능하도록 하는 교육적 실체를 만드는 것이라 할 수 있다. 구체적으로 평생교육의 현장에서 교수자와 학습자간의 교수학습과정이 원활하게 전개될 수 있도록 하기 위해 특정 주제에 대해 체계화된 지식과 정보를 교육방법과 매체의 특성을 고려하여 설계하고 제작하는 것을 말한다. 그러므로 평생교육 자료개발은 교육내용의 선정 및 조직과 교육매체 제작이라는 두 개의 영역을 통합하여 전개되는 것이 보통이다.

1) 교육내용의 선정 및 조직

교육요구 및 필요분석을 통해 학습자에게 교육적 가치가 있다고 판단된 주제에 대한 구체적인 교육내용을 선정하고, 학습자의 학습특성과 교육방법을 고려하여 교육내용을 체계화시키는 과정을 의미한다.

2) 교육매체 제작

교수자와 학습자가 보다 효과적으로 교수학습에 참여할 수 있도록 교육내용의 선정 및 조직을 통한 최종결과물(체계화된 지식과 정보 혹은 교육내용)을 매체가 지니고 있는 속성에 맞게 재구성하고 매체로 제작하는 것이다. 다시 말해, 인쇄매체, 시청각매체, 컴퓨터 및 인터넷 등 교육매체의 성질에 맞게 교육내용을 재구성하고 매체로 제작하는 것이다.

4. 평생교육 자료개발의 유용성

평생교육의 현장에서 잘 개발된 교육 자료는 교수학습과정의 표준화, 효과성, 효율성, 매력성 차원에서 유용성을 가지고 있다.

1) 교수학습과정의 표준화

평생교육의 현장에서 양질의 교육 자료를 사용하면 모든 학습자가 같은 교육 자료와 매체를 통하여 동일한 메시지를 전달받게 된다. 즉, 체계화된 교육내용에 의해 표준화된 교수학습과정이 전개될 수 있다. 교수자의 개인적인 특성에 의해 생길 수 있는 교수학습활동의 차이를 최소화 할 수 있다.

2) 교수 - 학습의 효과성 향상

교육 자료를 제작할 때 학습내용을 의미 있게 잘 조직하고, 학습자의 참여를 유도할 수 있고, 다양한 사례, 피드백, 강화를 제공하여 교육 자료와 학습자간의 상호작용이 일어날 수 있도록 하여 학습효과를 높일 수 있다.

3) 교수 - 학습의 효율성 증대

교육 자료는 교수자 중심의 강의나 설명에 비해 다양한 감각기관을 자극할 수 있으며, 보다 구체적이고 다양한 형태의 정보를 빠른 시간에 제시할 수 있다.

4) 교수 - 학습의 매력성 확보

다양한 형태의 교육 자료를 활용한 교육은 학습자의 동기를 부여하고, 주의를 집중시키는 데 긍정적인 효과가 있다.

제15장

교육 자료개발의 매체선택과 원리

사례

K지역 평생교육센터에 종사하는 김○○ 선생님은 내년에 실시될 교육 자료를 개발하기 위해 준비 중이다. 센터에서 개발해야 할 교육 자료는 10여개나 된다. 그동안 천편일률적으로 문서화된 인쇄자료만을 개발해왔는데 학습자의 특성과 교육주제에 따라 교육 자료의 매체를 다르게 하는 것이 효과적이라 생각하고, 매체선택을 어떻게 할 것인지 고민 중이다.

질문

1. 여러분은 김○○ 선생님께 평생교육의 현장에서 활용되고 있는 매체의 종류에 대한 정보를 줄 수 있습니까?
2. 여러분은 교육내용과 학습자의 특성에 맞는 매체를 선택하는 방법에 대해 어느 정도 알고계십니까?
3. 교육 자료를 개발하는데 기초가 되는 3대원리에 대해 들어보신 적이 있습니까?

1. 자료개발 매체의 유형

평생교육사가 평생교육 현장에서 활용하는 교육 자료를 개발하기 위해서는 매체의 유형에 대해 이해하고 있어야 한다. 최근 교육매체는 기술의 발달로 그 유형이 상당히 많아졌다. 인쇄매체에서부터 복잡한 하이퍼텍스트 컴퓨터 프로그램에 이르기까지 너무나 다양하다.

플립차트	상영용 필름
칠판	오디오 테이프
펠트천으로 덮힌 게시판	게임모델
전자칠판	시뮬레이터
OHP	교육솔루션
슬라이드	CBT
컴퓨터 프로젝션	WBI
비디오	인쇄자료

[그림 15-1] 자료개발 매체의 종류들

이러한 종류 중에서 평생교육 현장에서 활용되고 있는 매체는 인쇄매체, OHP, 컴퓨터 프로젝션, 비디오(캠코더), 교육솔루션, WBI 등으로 요약할 수 있다.

1) 인쇄매체

인쇄매체는 평생교육 현장에서 가장 많이 쉽게 활용되고 있는 매체로 제작이 용이하고 별도의 장치나 작동이 필요하지 않다. 여기에는 주로 차트, 워크북, 매뉴얼, 자료집, 지침서 등이 포함된다.

2) OHP

OHP는 투시물 환등기인 OHP(over head project)에 TP 용지를 투사시켜 학습자에게 제시하는 매체이다. 이것은 TP용지에 교육내용을 요약·정리하여 간략히 제시하는 방법으로 현재 활용 빈도는 낮다.

3) 컴퓨터 프로젝션

하드웨어인 컴퓨터와 소프트웨어인 파워포인트, 그리고 빔 프로젝트를 통합시켜 교육 자료를 개발하는 방법으로 실제 평생교육 현장에서 자주 활용되고 있다.

4) 비디오

교육장면을 실시간 촬영하여 동영상자료로 개발된 교육 자료를 말하며, 최근 디지털 캠코더와 같은 새로운 매체가 일반화되면서 평생교육의 현장에서 과거와는 다르게 훨씬 손쉽게 활용되고 있는 매체이다.

5) 교육솔루션

교육을 위한 전문소프트웨어와 이를 작동하는데 필요한 기구와 장치를 통해 전개되는 교육 상황을 시각적, 청각적, 공간적으로 통합시켜 동시에 촬영시켜 교육 자료로 개발하는 것을 말한다. 최근 소프트웨어의 기술개발로 급속히 확산되고 있다.

6) WBI

하이퍼텍스트의 발달과 인터넷의 급속한 확산으로 사이버상에서 교수학습의 상황을 전개하기 위해 적용되는 교육자료 개발의 유형으로 최근 사이버교육 혹은 e-learning으로 각광을 받고 있다.

2. 자료개발 매체의 선택

교육자들은 상당히 오랫동안 교육현장에서 교육내용을 전달할 적절한 매체를 선택하는 문제에 직면해 왔다. 실제로 교육현장에서 교육내용은 반드시 매체를 활용하여 개발되고 있으며, 이를 위해 교육자들은 많은 시간과 노력을 기울이고 있다. 이 과정에서 매체를 선정하기 위해 고려해야 할 요소들이 학자들에 의해 제시되어 왔다. 여기에서는 라이서(Reiser)와 가네(Gagnē)가 제시한 요소들을 소개함으로써 매체선택에 도움을 주고자 한다. 매체를 선택할 때 고려해야할 요소는 교육적 요소, 물리적 요소, 실용적 요소 등이다.

1) 교육적 요소

교수학습이 전개되는 과정과 관련된 ① 학습자, ② 학습목표, ③ 학습상황, ④ 교육장면 등을 말한다.

① 학습자 : 매체는 학습자 유형에 따라서 효과에 차이가 있을 수 있으므로 그 학습자의 특성에 적합한 매체를 확인해야만 한다.

② 학습목표 : 흔히 학습목표는 언어적 정보, 지적기능, 인지전략, 태도, 운동기능 등으로 분류하여 설정되는데 이처럼 학습의 유형을 고려하여 매체를 선택하는 것이 바람직하다.

③ 학습상황 : 학습상황은 학습자에게 정보 알리기, 자료 제시하기, 성취행동 유발하기, 피드백 부여하기, 성취행동 평가하기로 요약된다. 각각의 상황에 맞게 매체를 선택하는 지혜가 필요하다.

④ 교육장면 : 이것은 교수학습이 전개되는 장소, 인원을 고려하여 매체를 선택하는 것을 말한다. 실제 평생교육 현장에서 매체의 선택은 교육장소 혹은 교육인원에 의해 많은 영향을 받는다.

2) 물리적 요소

이것은 매체가 지니고 있는 물리적 속성을 의미한다. 어느 매체는 청각적인 요소가 강조될 수 있고, 또 다른 매체는 시청각적인 요소가 강조될 수 있다. 매체마다 특성이 있어 교육내용과 학습상황에 적절하게 매체의 물리적 속성을 고려하여 매체를 선택하는 것이 필요하다.

3) 실용적 요소

이것은 매체를 구입하거나 제작하는데 소요되는 비용과 기자재의 활용과 같은 실용적인 요인을 매체 선정과정에 고려해야 한다는 것이다. 그러나 이러한 실용적인 요인이 매체 선정과정을 지배한다면 이로 인해 여러 형태의 교육은 인쇄매체 혹은 청각적 녹음물과 같은 가장 값싸고 작동하기 편한 것만으로 전개될 소지가 많아 문제가 될 수도 있다.

3. 교육 자료개발의 원리

교육 자료를 개발하는데 필요한 기본 원리는 내용, 표현, 설계 3가지의 구성요소를 고려하는 것이다.

1) 교육내용

이것은 교육 자료로써의 가치를 판단하는 출발점이다. 내용으로써 가치가 없는 것을 아무리 좋은 매체로 담아낸다 하더라도 교육 자료로서의 효용성이 떨어진다. 내용과 관련된 원리에는 적절성, 정확성, 완전성이 요구된다.

2) 교육내용의 표현

교육내용이 결정되고 체계화된 상태에서 그 다음 단계로 중요한 것은 학습자에게 보다 잘 전달하기 위해 어떻게 언어적 혹은 시각적으로 표현할 것인가를 고려하는 것이다. 어떤 어휘를 사용할 것이며, 어떻게 배열할 것인가를 결정하는 것은 중요하다. 표현과 관련된 원리에는 단순한 표현, 적극적 표현, 일관된 표현이 요구된다.

3) 교육설계

이것은 교육내용과 표현양식을 학습자에게 전달하기 위해 사용하는 수단을 말한다. 설계와 관련된 원리는 다음 10가지를 고려하는 것이 좋다.

① 매체를 혼잡스럽게 만들지 말라
② 일관된 형식, 레이아웃, 규정을 사용하라
③ 적합한 활자체와 크기를 사용하라
④ 강조하는 부분은 굵은체와 이탤릭체를 사용하되, 지나치게 사용하지는 말라
⑤ 내용을 명확히 하고 가이드하기 위해 제목, 표제, 소표제를 사용하라
⑥ 순서에 따라 진행하기 위해 숫자를 사용하라
⑦ 기호와 아이콘을 사용하여 확인 표시를 하라
⑧ 아이디어를 강화시키기 위해 그래픽과 삽화를 사용하라
⑨ 감각을 자극하기 위해 색체, 오디오, 음악을 사용하되, 지나치게 사용하지는 말라
⑩ 뛰어난 기술-양질의 인쇄, 음질이 좋은 오디오, 깨끗한 복사 등을 사용하여 교육 자료를 제작하라

제16장

평생교육 자료개발의 과정

사례

오늘도 김○○ 선생님은 평생교육센터에서 교육 자료를 제작하기 위해 지난번 만들어진 교육 자료집을 검토하고, 이번에는 보다 잘 만들어보려고 궁리 중에 있다. 사실 그동안 김○ ○ 선생님은 교육 자료를 개발하는데 특별한 고민 없이 강사로부터 원고를 받아 목차와 체제를 맞추어 편집하는 것이 전부라는 생각을 했을 뿐이었다. 그러나 다른 평생교육센터의 교육 자료를 살펴보면서 교육 자료개발의 중요성을 깨닫고, 어떻게 하면 교육 자료를 체계적으로 제작할 수 있는가에 대해 고민하고 있다.

질문

1. 여러분들은 평생교육의 현장에서 교육 자료를 제작할 때 어떤 절차를 따라 개발하고 있습니까?
2. 평생교육 현장에서 쉽게 적용할 수 있는 교육 자료개발의 전개과정을 체계화시켜 놓은 모델에 대하여 알고 있습니까?

1. 평생교육 자료개발 모형

평생교육의 현장에서 교육 자료를 개발하기 위해서는 철저한 계획이 필요하다. 더욱이 교육매체의 특성에 맞게 교육내용을 교육 자료화하는 것은 더욱 어려운 과제이다. 교육내용과 교육매체를 통합시켜 교육 자료로 개발하는데 적용할 수 있는 모델은 일반적으로 ASSURE 모델이다.

이 모델은 하인니히(Heinich, 1996) 등이 고안한 것으로 학습자 분석, 목표 설정과 진술, 방법, 매체 및 자료의 선정, 매체와 자료의 활용, 학습자 참여, 평가와 수정 등으로 전개되는 단계의 첫 글자를 따서 ASSURE 모델이라 한 것이다. 이것은 효과적인 교수학습과정을 보증(assure)한다는 의미도 내포되어 있다.

2. 평생교육 자료개발의 전개과정

1) 학습자 분석

첫 번째 단계는 학습자를 분석하는 것이다. 교육 자료에 포함될 교육내용을 구성하고 교육매체를 선택하기 위해서는 먼저 학습자에 대한 이해와 분석이 필요하다. 여기에는 학습자의 일반적 특성, 선수지식 및 경험의 정도, 학습양식 등을 파악해야 한다.

(1) 학습자의 일반적 특성

학습자의 신체적 조건, 연령, 학력, 직업, 지위, 문화적 혹은 사회경제적 요인과 같은 것을 폭넓게 확인하는 것을 포함한다. 심지어 학습자에 대한 대략적인 분석조차도 교육 자료를 개발하는 과정에서 교육방법과 매체를 선택하는데 상당한 도움이 된다. 학습자가 노인인 경우 학습자의 시력과 청각 능력을 고려하여 교육 자료를 개발하는 것은 너무나 당연한 일이다.

(2) 선수지식 및 경험의 정도

교육은 지극히 목표 지향적이다. 교육을 계획할 때 이미 학습자가 특정 주제 및 내용과 관련된 부족한 지식과 정보, 그리고 기능을 교육을 통해 보다 높은 수준으로 변화시키려는 전제가 깔려 있다. 그러므로 해당 주제와 내용에 대한 학습자의 현재 수준과 상태를 정확히 파악하는 것은 교육 자료개발의 플랫폼이다. 이와 관련하여 학습자의 출발점검사와 선수요건의 파악은 중요하다. 학습자들이 이미 알고 있는 수준과 상태를 분석하는 것은 적합한 교육내용과 교육방법 및 매체를 선택하는데 중요하기 때문이다.

(3) 학습양식

학습자 개개인이 학습환경을 지각하고 상호작용하는 과정에서 정서적으로 반응하는 방식을 결정하는 심리적 특성을 말한다. 대체로 학습양식과 관련된 변인들은 ① 지각적 선호와 강점, ② 정보처리 습관, ③ 동기적 요소, ④ 생리적 요소로 범주화된다.

① 지각적 선호와 강점 : 학습자들은 자신들이 사용하기 좋아하고 잘 적응된 다양한 감각적 통로를 가지고 있다. 주요한 통로는 청각, 시각, 촉각, 근육운동 지각을 포함한다. 대체로 학습자들은 청각적 수용을 선호하지 않으며, 학습속도가 느린 학습자는 촉각 혹은 운동 지각적 경험을 선호하는 경향이 있다.

② 정보처리 습관 : 이것은 개인이 정보의 인지적 처리에 접근하는 방법과 관련된다. 대체로 구체적 계열적 학습자, 구체적 무선적 학습자, 추상적 계열적 학습자, 추상적 무선적 학습자로 분류된다.

- 구체적 계열적 학습자 : 논리적 순서로 제시된 직접적 체험적 경험을 선호한다. 이들은 워크북, 프로그램수업, 시연, 구조화된 실험실습 등의 방법에서 가장 잘 학습한다.
- 구체적 무선적 학습자 : 시행착오적 접근, 탐구적 경험으로부터 바르게 결론을 내리는 경향이 있다. 이들은 게임, 시뮬레이션, 독립적인 프로젝트 학습, 그리고 발견학습과 같은 방법을 선호한다.
- 추상적 계열적 학습자 : 특히 교육내용이 논리적 계열로 제시되는 언어적 상징적 메시지를 잘 이해하고 해독한다. 이들은 읽거나 발표를 듣는 것을 선호한다.
- 추상적 무선적 학습자 : 특정 주제나 내용에 대해 교수자 혹은 사람들이 직접 음성으로 설명하는 것만으로 그 의미가 무엇인지 잘 이해한다. 이들은 교육내용 혹은 메시지뿐만 아니라 말하는 사람의 음성의 음조(tone)나 스타일에 반응한다. 그리고 이들은 집단토의, 질의 응답식 강의, 비디오테이프, 그리고 TV시청 등의 방법에서 잘 학습한다.

③ 동기적 요소 : 학습자가 무엇에 주의를 기울이고, 얼마나 오래 주의를 지속하는지, 학습에 얼마나 많은 노력을 기울이는지 그리고 어떤 느낌이 학습을 가능하게 하는지에 관한 다양한 정서적 요소가 있다. 대체로 교수학습과정에 중요

한 것으로 간주되는 정서적 요소에는 불안, 내외적 통제, 구조화 정도, 성취동기, 사회적 동기, 신중성, 경쟁성 등이다.

④ 생리적 요소 : 학습자의 성차, 건강, 환경조건과 관련된 요인은 학습효과성에 큰 영향을 끼치는 요인 중에 하나이다. 남자는 여자보다 더 경쟁적이고 공격적인 경향이 있어서 경쟁적인 게임에서 보다 좋게 반응한다. 가난과 질병은 분명히 학습에 방해가 된다. 온도, 소음, 조명, 낮 시간은 주의를 집중하고 지속하는 학습자의 능력에 영향을 미친다.

2) 목표 설정과 진술

두 번째 단계는 학습목표를 설정하고 진술하는 것이다. 교수자가 무엇을 가르치느냐에 관한 것이 아니라 교육 후 학습자가 무엇을 할 수 있는 지에 관한 것을 진술해야 한다. 다시 말해, 목표는 학습자가 교육에서 행할 계획에 대한 진술이 아니라 학습자가 교육에서 성취해야 할 것에 대한 진술인 것이다. 학습자가 획득하게 될 학습경험과 지식을 위주로 명시해야 한다. 우리들이 학습목표를 진술하는 과정은 목표진술 방식의 선정, 학습주체의 명시, 학습내용의 선정, 동작동사의 선정, 도달점 행동이 나타나는 조건, 성취 수용 수준의 결정으로 요약된다.

① 가장 적당한 진술방식을 결정한다.
② 진술문(학습목표)의 주어는 학습자가 되도록 진술한다.
③ 도달점 행동으로 진술한다.
④ 도달점 행동의 수행수준을 명시한다.

3) 교육방법, 매체 및 자료의 선택

세 번째 단계는 교육방법, 매체, 자료를 선정하는 것이다. 학습자가 현재 상태에서 학습을 통해 획득하게 될 결과에 도달할 수 있도록 적합한 방법과 매체, 그리고 자료를 선정하는 단계이다. 이 단계는 대체로 다음과 같은 내용이 포함된다.

(1) 교육방법 선택하기

이것은 주어진 학습자의 특성과 학습과제에 적합한 교육방법을 결정하는 것이다.

천편일률적으로 가장 좋은 교육방법은 없다. 학습자의 특성과 교육내용에 따라 교육방법은 달라질 수밖에 없다.

(2) 매체유형 선택하기

이것은 교육방법의 효과적인 수행을 위해 적당한 매체유형을 선택하는 것을 말한다. 매체의 유형을 선택함에 있어 교육상황(대집단, 소집단, 개인지도), 학습자 특성(읽기, 수준, 시청각선호), 목표의 성질(인지적, 정의적, 운동기능적, 대인적)에 따라 각 매체유형의 제시능력을 고려해야 한다. 또한 각 유형이 학습자에게 피드백을 줄 수 있는 기능이 있는지도 고려해야 한다.

(3) 이용 가능한 자료 선택하기

평생교육의 현장에서 사용되는 교육 자료의 대부분은 이미 활용해 온 것들이다. 즉, 이미 만들어져 있거나 이용 가능한 것이기 때문에 학교, 지역사회, 관련기관으로부터 쉽게 얻을 수 있다.

(4) 기존 자료 수정하기

기존 매체에서 적당한 교육 자료를 찾을 수 없다면, 기존 매체를 수정해서 사용할 수 있다. 이것은 필요한 수정의 유형과 범위에 따라 차이가 있겠지만 자료를 새로 설계하는 것보다 효율적일 수 있다.

(5) 새 자료 설계하기

도움을 받을 만한 자료가 전혀 없을 때, 새 자료를 설계하는 것이 필요하다. 새 자료를 설계할 때는 다음과 같은 요소들을 고려해야 한다.

① 목표 : 학습자들이 무엇을 학습하기를 원하는가?
② 대상 : 학습자의 특성은 무엇인가?
③ 비용 : 자료를 준비하는 데 필요한 재료를 구입하는 비용이 예산 범위 내에서 충분히 이용가능한가?
④ 기술적 전문성 : 활용하고 싶은 자료의 종류를 만들기 위해 필요한 전문성이 있는가? 전문성이 없다면, 필요한 기술적 도움을 받을 수 있는가?

⑤ 기자재 : 설계하려는 자료를 만들거나 사용하기 위해 필요한 기자재가 있는가?

⑥ 시설 : 설계가 그 자료를 준비하거나 사용하기 위한 특별한 시설을 필요로 한다면, 그러한 시설이 이용가능한가?

⑦ 시간 : 구상하고 있는 자료의 종류를 설계하고 만드는데 필요한 시간을 확보할 수 있는가?

4) 매체와 자료의 활용

네 번째 단계는 매체와 자료를 활용하는 것이다. 교육방법을 전개하기 위해 선택된 매체와 자료를 어떻게 사용할 것인지 계획을 세우는 단계이다. 선택(제작)된 자료는 면밀히 검토하고 적어도 한번 이상 연습하여 친숙해져야 한다. 또한 자료 제시에 필요한 강의실 환경을 미리 준비해야 한다. 효과적으로 자료를 활용하기 위해서는 다음의 과정이 필요하다.

(1) 자료에 대한 사전검토

교육 자료에 대한 전체적인 이해를 통해서만이 해당 매체와 자료의 잠재력을 극대화할 수 있다. 그러므로 평생교육사는 자료가 학습자의 특성과 목표에 적당한지에 대한 검토가 필요하다.

(2) 자료 준비하기

교수자와 학습자가 필요로 하는 모든 자료와 기자재를 모으는 것으로 어떤 순서로 그 자료나 매체를 사용할지 결정한다. 그리고 자료가 제시되는 과정에서 교수자, 운영자, 학습자가 무엇을 할 것인가를 함께 검토하는 것이 필요하다.

(3) 환경준비하기

교수학습과정이 전개되는 곳은 어디든지 학습자들이 매체와 자료를 사용하기에 알맞은 시설이 준비되어야 한다. 매체의 특성에 맞는 환경과 시설을 준비하는 것이 필요하다. 또한 모든 학습자들이 잘 볼 수 있도록 시설을 배열하거나 교육방법에 맞게 자리를 배열하는 것도 중요하다.

(4) 학습자 준비시키기

교육이 소기의 성과를 거두기 위해서는 학습자가 그 교육에 대해 어느 정도 준비되었는지가 중요하다. 학습자를 준비시키기 위해서는 학습수준을 진단하고, 선행학습 경험을 확인하며, 해당 강의 주제와의 연계성을 설명할 수 있다.

(5) 학습경험 제공하기

교수자 중심 교육장면과 학습자 중심 교육장면에 따라 적절한 방법과 자료를 통해 학습경험을 제공한다. 교수자 중심으로 전개되는 교육장면인 경우에는 교수자가 전문가처럼 자료를 제시함으로써 학습자의 주의를 끌 수 있어야 한다. 학습자 중심으로 전개되는 교육장면인 경우에는 학습자에게 자료를 제시하고 안내자 혹은 촉진자의 역할을 발휘해야 한다.

5) 학습자 참여 촉진

다섯 번째 단계는 효과적인 교육이 전개되도록 학습자의 참여를 유도하고 촉진하는 것이다. 학습자가 적극적인 반응을 보이도록 유도하고, 학습자의 반응에 대해서는 긍정적이고 즉각적인 피드백을 제공하여 반응이 강화될 수 있도록 배려한다.

6) 평가와 수정

여섯 번째 단계는 교육 종료 후 학습자의 목표달성여부, 매체와 교수방법, 교수-학습과정에 대한 평가를 실시한다. 평가는 교육자료 및 교수매체의 효과적인 활용의 마지막단계가 아니라 다음 활용을 위한 출발점이다.

〈표 16-1〉 평생교육 자료개발 모형

A	학습자 분석(Analyze Learners) 첫 번째 단계는 학습자를 분석하는 것이다. 교육 자료에 포함될 교육내용을 구성하고 교육매체를 선택하기 위해서는 먼저 학습자에 대한 이해와 분석이 필요하다. 여기에는 학습자의 일반적 특성, 선수지식의 정도, 학습양식 등을 파악해야 한다.
S	목표 설정과 진술(State Objectives) 두 번째 단계는 학습목표를 설정하고 진술하는 것이다. 교수자가 무엇을 가르치느냐에 관한 것이 아니라 교육 후 학습자가 무엇을 할 수 있는 지에 관한 것을 진술해야 한다. 학습자가 획득하게 될 학습경험과 지식을 위주로 명시해야 한다.
S	교육방법, 매체 및 자료의 선택(Select Methods, Media and Materials) 세 번째 단계는 교육방법, 매체, 자료를 선정하는 것이다. 학습자가 현재 상태에서 학습을 통해 획득하게 될 결과에 도달할 수 있도록 적합한 방법과 매체, 그리고 자료를 선정하는 단계이다.
U	매체와 자료의 활용(Utilize Media and Materials) 네 번째 단계는 매체와 자료를 활용하는 것이다. 교육방법을 전개하기 위해 선택된 매체와 자료를 어떻게 사용할 것인지 계획을 세우는 단계이다. 선택(제작)된 자료는 면밀히 검토하고 적어도 한번 이상 연습하여 친숙해져야 한다. 또한 자료 제시에 필요한 강의실 환경을 미리 준비해야 한다.
R	학습자 참여 촉진(Require Learner Participation) 다섯 번째 단계는 효과적인 교육이 전개되도록 학습자의 참여를 유도하고 촉진하는 것이다. 학습자가 적극적인 반응을 보이도록 유도하고, 학습자의 반응에 대해서는 긍정적이고 즉각적인 피드백을 제공하여 반응이 강화될 수 있도록 배려한다.
E	평가와 수정(Evaluation and Revise) 여섯 번째 단계는 교육 종료 후 학습자의 목표달성여부, 매체와 교수방법, 교수-학습과정에 대한 평가를 실시한다. 평가는 교육자료 및 교수매체의 효과적인 활용의 마지막단계가 아니라 다음 활용을 위한 출발점이다.

제17장
인쇄 자료개발의 원리와 활용

사례

K지역 평생교육진흥원에 종사하는 박○○ 선생님은 2개월 후에 있을 지역 내 평생교육종사자들을 대상으로 한 워크숍을 준비 중이다. 성공적인 워크숍이 되도록 하기 위해 많은 고민을 하던 차에 박○○ 선생님은 우선 워크숍에 활용될 교재를 제대로 만들어야겠다고 생각했다. 이제까지 관행적으로 제작해왔던 교재개발과는 다르게 보다 체계적으로 교재를 개발하는 방법과 원리가 없을까 하고 다양한 정보를 탐색하고 있다.

질문

1. 여러분은 평생교육 관계자를 대상으로 한 워크숍이 성공적으로 전개되기 위해 워크숍 자료가 어느 정도의 비중을 차지한다고 생각하십니까?

중요도	100%	80%	60%	40%	20%	0%
응 답						

2. 박○○ 선생의 경우처럼 이제까지의 기존 교재와는 다르게 한 단계가 업그레이드 된 교재개발이 어느 정도 필요하다고 생각하십니까?

중요도	매우필요	약간필요	그저그렇다	필요치 않음	전혀 필요치 않음
응 답					

1. 교재개발의 중요성

평생교육의 현장에서 문서화된 인쇄자료는 보통 교재 혹은 자료집이라 하며, 여기에는 교육워크북, 교육매뉴얼, 차트, 강의 자료집, 교수학습요목 등이 있다. 교재란 인쇄매체를 통해 학습자와 교수자가 상호 의사소통할 수 있는 교육내용을 단원별로 체계화시켜 구체적으로 서술해 놓은 것이라 할 수 있다. 이러한 맥락에서 볼 때, 교재는 평생교육의 현장에서 다음 몇 가지 차원에서 매우 중요한 의미가 있다.

첫째, 교수학습과정 측면에서 보통 교재란 관련된 지식과 정보가 체계화되어 있어 교수자와 학습자가 교수학습과정에서 해당 주제를 가지고 의미 있는 교육적 만남이 보다 쉽게 이루어질 수 있도록 한다.

둘째, 학습자의 입장에서 볼 때, 교재란 논리적으로 체계화된 해당 주제를 짧은 시간에 살펴볼 수 있도록 함으로써 주제에 대해 관심을 유발시킬 수 있다. 또한 해당 주제와 내용에 대한 이해력을 향상시킬 수 있고, 학습자가 교재에 필요한 내용을 직접 기록하거나 메모할 수 있도록 하는 학습노트의 기능을 발휘함으로써 학습자의 주의력을 집중할 수 있게 한다.

셋째, 교수자의 입장에서 볼 때, 교재는 학습자에게 전달할 교육내용을 충분히 제시할 수 있을 뿐만 아니라 해당 내용을 모두 기억해야 한다는 부담을 감소시킬 수 있다. 또한 교수자가 전개하는 교수과정에 학습자의 참여를 유도하고 촉진하는 촉매자료로 활용할 수도 있다.

넷째, 운영자의 입장에서 볼 때, 교재는 보다 안정적이고 체계적인 평생교육이 전개될 수 있도록 평생교육 운영자에게 사전 준비과정을 밟아 나가도록 한다. 또한 해당 교육의 의도와 취지를 학습자에게 충분히 알리도록 기능을 발휘하여 나중에 교육 성과물로 제시할 수도 있고, 기관홍보를 위해서도 훌륭한 자료로 기능할 수 있다.

2. 인쇄 자료의 장·단점

인쇄 자료는 매체의 특성을 고려할 때 유용성, 적응성, 간편성, 친숙성, 경제성이라는 장점을 가지고 있는 반면 독해수준, 사전지식, 암기자료, 어휘, 일방적 제시, 폐쇄적 전달, 성급한 제작 차원의 단점을 가지고 있다.

1) 인쇄매체의 장점

① 유용성 : 인쇄 자료는 여러 형태의 내용을 쉽게 다룰 수 있다.
② 적응성 : 인쇄 자료는 어떤 환경에서도 쉽게 사용할 수 있다.
③ 간편성 : 인쇄 자료는 쉽게 옮길 수 있고 전기장치도 필요없다.
④ 친숙성 : 인쇄 자료는 대부분 사람들에게 익숙하고 사용하기 쉽다.
⑤ 경제성 : 인쇄 자료는 비교적 비용이 저렴하고 재활용이 가능하다.

2) 인쇄매체의 단점

① 독해수준 : 인쇄 자료는 어느 정도의 독해능력이 있어야 읽을 수 있다.
② 사전지식 : 인쇄 자료는 내용이 학습자의 독해수준을 충분히 고려하였다고 하더라도 사전지식이 없는 학습자는 내용을 이해하기 어렵다.
③ 암기자료 : 교수자들은 학습자들이 사실을 암기할 것을 강요하는 경우가 많다. 이런 경우 인쇄 자료는 단지 암기자료로 전락한다.
④ 어휘 : 인쇄 자료는 한정된 공간에 너무 많은 내용을 제시한다. 이런 경우 학습자들에게 인지적으로나 정서적으로 부담을 준다.
⑤ 일방적 제시 : 대부분의 인쇄 자료는 수동적으로 사용되는 경우가 많다.
⑥ 폐쇄적인 전달 : 교재에 수록된 내용만이 제한적이고 폐쇄적으로 전달되는 경우가 많다.
⑦ 성급한 제작 : 일반적으로 만들어지는 교육 자료라는 생각에서 성급하게 제작될 소지가 많다.

3. 교재개발의 절차

인쇄 자료개발의 대표적인 유형은 교재개발이다. 교재개발은 매우 체계적인 과정을 거쳐 이루어지는데 핀치(Finch)와 크룬킬튼(Crunkilton, 1990)은 교재개발의 과정을 다음과 같이 18단계로 구분하였다.

① 교재개발 계획에 대한 사전 준비 : 이 단계는 교재 개발에 관한 종합적인 계획을 예비적으로 수립하는 과정이다. 이 계획단계에서는 어떤 교육내용을 중심으

로 교재를 개발할 것인가를 계획하고, 제2단계에서 제7단계까지 어떤 사람이 포함되어야 하며, 각 단계별 예상 소요시간은 어느 정도인가를 잠정적으로 구상하여야 한다.

② 교재에 포함시킬 교육내용의 결정 : 교재를 개발할 때에는 어떤 한 교과의 전체 내용을 개발할 수도 있고 특정 단원만 개발하는 경우도 있다. 그렇기 때문에 교재를 개발할 때에는 교재의 내용이 정확히 결정되어야 한다.

③ 도착점 행동(최종목표)과 실행 목표의 결정 : 교육내용은 교육목적과 목표를 근간으로 하여 선정된다. 따라서 교육목표와 교육내용은 일관성이 있어야 한다. 그렇기 때문에 교육내용을 담는 교재는 교육목적 및 목표가 무엇인지를 명확히 결정 할 수 있어야 한다.

④ 특수한 교재의 필요성 파악 : 교과목 중에는 이미 교재가 개발된 것도 있고 그렇지 못한 경우도 있다. 따라서 교재가 개발되어 있지 않고 교재의 개발 보급이 절실히 요청되는 것을 찾아야 한다.

⑤ 이용 가능한 자료의 결정을 위한 문헌 고찰 : 이 과정에서는 이제까지 개발된 교재 중 이용 가능한 것은 어떤 것이 있는지 종합적으로 고찰한다. 그렇게 함으로써 교재를 이중으로 개발하는 것을 막을 수 있다.

⑥ 교과내용 중 교재가 빠진 부분 확인 : 교과내용 중 교재 개발이 되어 있지 않은 부분을 찾아낸다.

⑦ 필요한 교재의 우선순위 결정 : 때로는 여러 개의 교재가 동시에 개발되어야 할 필요가 있다. 이때에는 어떤 교재를 먼저 개발할 것인가에 대해 우선순위가 결정되어야 한다.

⑧ 교재 개발 계획의 최종 확정 : 앞의 1단계에서 7단계에 걸쳐 이루어진 사실을 토대로 교재를 개발할 것인지 여부를 최종 결정짓는 단계이다. 만일 교재를 개발하기로 결정하였으면 그 교재 개발은 누가 책임을 질 것인가를 결정하고, 각 단계별 추진 일정의 확정, 예상되는 비용, 교재의 형태 등이 결정되어야 한다. 교재의 형태를 결정할 때에는 분량, 목차, 교재의 활용 방침, 교재 편집의 과정, 참고문헌 등이 논의되어야 한다.

⑨ 본격적인 문헌 고찰 실시 : 교재를 창의적인 아이디어만으로 집필하기는 어렵다. 그리고 집필하려는 교과와 관련된 교재는 어떤 것들이 개발되어 있는지 고찰하고 난 다음에 교재를 집필하여야 한다.

⑩ 관련 인사와 재원 확보 : 교재를 집필하는 과정에는 많은 사람들이 관련되고

또한 반드시 필요한 비용이 소요되기 마련이다. 따라서 관련 인사와 재원을 확보하는 과정이 중요하다.

⑪ 교재의 초안 준비 : 교재의 초안 준비과정은 시간이 가장 많이 소요되는 단계이다.

⑫ 교재 초안의 편집 : 첫 번째 초안은 3가지 관점에서 편집이 고려되어야 한다. 그 하나는 기술적 정확성(technical accuracy)이고 다른 하나는 구성이고, 또 다른 하나는 적용성에 관한 편집이다. 기술적 정확성이란 준비된 자료의 정확성을 결정하기 위한 편집을 뜻한다. 구성에 관한 편집이란 교재가 의도하는 학습대상자의 의사소통 가능, 어휘의 적절성, 애매모호하거나 불필요한 말의 사용 억제, 설명의 간단 명료성, 교재의 문법적 정확성 등을 다루는 것을 의미한다. 적용성에 관한 편집은 학습상황에서 교재의 적합성을 뜻한다.

⑬ 2차 초안 준비 : 1차 초안을 앞의 단계를 거쳐 수정 보완하여 2차 초안을 작성한다.

⑭ 2차 초안의 현장 검토 : 2차 초안이 작성되면 이를 교육 현장의 교수자와 학습자를 대상으로 현장 검토를 실시한다.

⑮ 3차 초안의 준비 : 현장 검사를 통해 제안된 내용을 반영하여 3차 초안을 준비한다.

⑯ 3차 초안의 현장 검토 : 3차 초안을 현장 검토한다.

⑰ 최종안 확정 : 3차 초안을 가지고 현장 검사한 결과를 토대로 최종안을 작성한다.

⑱ 교재 인쇄 : 교재개발의 최종 단계는 교재를 인쇄하고 출판하는 과정이다.

4. 인쇄 자료개발의 지침

평생교육사가 좋은 인쇄 자료를 개발하기 위해 자료 모으기, 글꼴 및 글자 크기 정하기, 배경과 중심패턴 정하기, 정렬하기, 확인·수정하기 단계에서 고려해야 할 지침은 인쇄 자료개발에 도움이 된다.

1) 자료 모으기

자료를 개발하기 위해서 제일 먼저 해야 할 것은 특정 주제에 맞는 의미 있는 자료를 모으는 일이다. 기존자료를 이용하거나 새롭게 자료를 만드는 과정이 모두 포함된다. 흔히, 평생교육의 현장에서 자료 모으기는 강사나 워크숍 진행자로부터 원고를 요청하여 수집하는 것만으로 이해할 수 있는데, 수집된 원고를 교육의도에 맞게 조절하는 것도 포함된다.

2) 글꼴 및 크기 정하기

같은 내용이라 할지라도 어떤 글꼴로 하는지에 따라 자료의 가치와 효용성이 달라진다. 그러므로 이 부분에도 세심한 주의가 필요하다. 오늘날은 워드프로세서나 프린터의 발달로 선택할 수 있는 글꼴이 너무 많아 오히려 혼란스러울 수도 있다. 일반적으로 그래픽 디자인 전문가는 한 교재를 개발하려고 할 때, 특별한 경우를 제외하고는 문서에 전체적으로 한 가지지 글꼴을 선택할 것을 제안한다. 다음은 인쇄자료를 개발하는데 도움 되는 몇 가지 지침들이다.

① 제목 글꼴은 본문의 내용과 구별되는 간단한 글꼴(고딕)을 사용한다.
② 부제목의 글꼴은 제목과 같은 글꼴의 작은 크기를 사용한다.
③ 문자를 강조하기 위하여 '기울임'이나 '진하게' 중 한가지만을 사용한다.
④ 본문 글자는 10~12정도 크기의 글자체로 사용한다. 아동이나 노인들을 위해서는 14~18정도 크기의 글자를 사용한다.

3) 배경과 중심 패턴 정하기

인쇄 자료의 배경은 자료의 품격을 높일 수 있고, 깔끔하게 적용된 일관된 패턴은 교수자와 학습자 모두에게 친밀감과 이해력을 높여준다. 여기에 제시된 몇 가지 지침은 인쇄 자료의 배경과 중심 패턴을 정하는데 도움이 될 것이다.

① 페이지 여백을 충분히 준다. 페이지 여백이 적고 문자가 꽉 차면 읽기 어렵다.
② 만약 페이지 양면 모두에 프린트를 할 계획이면 먼저 한 장을 프린트해 보아 양면 모두 글자들이 선명하게 보이는지 확인한다.
③ 컬러 종이를 사용하려면 작은 글씨라도 잘 보일 수 있는 무난한 컬러 종이를 사용한다.
④ 복사를 해야 할 경우라면 붉은색 계통의 컬러 종이를 사용한다.

4) 정렬하기

인쇄 자료의 배경과 중심 패턴이 결정된 후, 글자를 일정한 패턴으로 정렬시키는 것도 매우 중요하다. 여기에 제시된 정렬방식을 참조하면 큰 도움이 될 것이다.

① 정렬방식은 양쪽여백에 맞추어 정렬하는 것이 좋다. 필요한 경우 왼쪽정렬 방식이 오른쪽이나 중앙정렬보다 바람직하다.
② 본문의 줄 사이, 제목과 부제목 사이, 부제목과 본문 사이 등의 줄 간격을 적절하게 정한다.
③ 제목은 왼쪽이나 중앙정렬을 한다. 특히 중앙정렬을 할 경우 문서 중앙에 정확히 정렬되도록 한다.
④ 본문의 하위제목들은 서로 모두 같은 정렬방식으로 한다.
⑤ 본문 중 특정 목록이나 직접인용을 나타내는 단락은 다른 방법으로 정렬할 수 있다.
⑥ 진하게, 기울임, 밑줄 등의 글자속성을 바꾸기 전에 글자 간격을 조정한다. 읽는 사람은 글자 속성보다 글자 간격의 변화가 빨리 눈에 보인다.
⑦ 강조부분은 글자 속성을 이용하여 구분한다. 예를 들면, 제목이나 하위제목은 본문과 다르게 모두 진하게 만들 수 있다.

5) 확인 및 수정

인쇄 자료가 하나의 문서화된 자료로 완성되었다 할지라도 또 다시 확인하고 수정하는 절차를 거쳐 자료의 신뢰성을 높이는 것이 필요하다. 최소한 여기에 제시된 지침들만이라도 반드시 확인할 것을 요청한다.

① 여러 페이지 문서일 경우 문장의 한 줄이나 몇 단어만 떨어져서 다른 페이지에 넘어가지 않도록 줄 간격이나 글자 간격을 조정한다.
② 단락 전체가 한 페이지에 있거나 또는 반 정도로 양쪽 페이지에 나누어지도록 정렬한다.
③ 컴퓨터의 맞춤법 검사를 이용하더라도 단어는 맞지만 단어를 잘못 사용한 경우를 대비해 직접 확인해야 한다.
④ 주제목과 하위제목을 반드시 확인한다.

5. 인쇄 자료 활용

인쇄 자료를 사용할 때 교수자가 지켜야 할 중요한 원칙 중 하나는 학습자들이 그 자료를 적극적으로 활용하도록 지도해야 한다는 것이다. 이러한 방법의 하나로 학습자들이 “SQ3R” 하도록 해야 한다.

① 개괄 파악하기(Survey) : 학습자들이 인쇄 자료를 개략적으로 살펴보고 요약하도록 한다.

② 질문하기(Question) : 학습자들이 인쇄 자료를 읽으며 생기는 의문을 적어보게 한다.

③ 읽기(Read) : 학습자들이 중심 내용을 찾고 자료에 밑줄을 치며 질문단계에서 생긴 질문에 대해 스스로 답을 찾게 한다.

④ 낭독하기(Recite) : 학습자들이 자신의 언어로 읽은 내용을 말해보고 기억하도록 한다.

⑤ 복습하기(Review) : 학습자들이 인쇄 자료를 다시 한번 살펴보도록 한다. 어느 정도의 시간을 두고 복습할 수 있도록 지도한다.

제18장

파워포인트 자료개발의 원리와 활용

사례

올해 초 상반기에 K지역 평생학습센터에 종사하는 전○○ 평생교육사는 국가평생교육진흥원의 사업설명회에 참여하여 발표자가 설명 자료를 매력적인 파워포인트로 제작하여 사실적이고 효과적으로 전개하는 설명회를 들을 수 있었다. 전○○ 평생교육사는 본인이 추진해야 할 평생학습계좌제사업과 관련하여 지역의 평생교육실무자를 대상으로 실시할 설명회를 위해 매력적인 프레젠테이션 자료를 파워포인트로 제작하려고 고민 중에 있다.

질문

1. 여러분은 프레젠테이션의 목적에 따라 관련내용을 효과적인 파워포인트 자료로 개발하기 위한 원리에 대해 어느 정도 알고 있습니까?
2. 여러분은 평생교육의 현장에서 파워포인트를 제작할 때 어떤 절차를 따라 개발하고 있습니까?
3. 여러분은 대외적으로 활용할 수 있는 자신만의 평생교육 파워포인트 자료를 가지고 계십니까?

1. 파워포인트의 개념과 원리

1) 파워포인트의 개념

이제 파워포인트란 단순히 컴퓨터 프로그램의 명칭이 아니라 고유한 명사가 되었다. 원래, 파워포인트란 마이크로소프트사가 개발한 프레젠테이션 전문 작성 프로그램으로 기업체, 대학, 연구소 등에서 청중을 대상으로 강의내용, 사업계획, 상품소개 등의 발표 작업이나 업무보고 등을 효과적으로 할 수 있도록 도와주는 소프트웨어를 말한다. 파워포인트 프레젠테이션을 구성하는 각각의 페이지들을 슬라이드라 하며 각 슬라이드는 문자열, 동화상, 소리, 그래프, 그림 등이 포함된다.

2) 파워포인트의 활용

파워포인트의 자료는 단순히 기법과 매체 구상의 노력으로 산출된 결과물이 아니라 자료의 목적이 지향하는 바에 따라 다양하게 활용될 수 있다. 즉, 파워포인트 자료는 전달하고자 하는 목적을 전제로 관련 내용을 논리적으로 구상하고 가시적인 자료로 구상한 기획안의 일종이다. 이러한 목적 하에 파워포인트는 다음과 같이 다양한 용도로 활용된다.

① 화면 프레젠테이션 : 문자열, 도표, 그림, 도형, 클립아트, 동화상 등 활용
② 투시물자료 : OHP필름
③ 35mm 슬라이드
④ 노트, 유인물
⑤ 웹문서 : 인터넷의 HTML 문서 제작
⑥ 인화지

3) 파워포인트의 특징

파워포인트의 자료는 다음 몇 가지 특징을 미리 알고 있으면 자료를 논리적이고 가시적으로 구상하는데 도움을 받을 수 있다.

① 문서작성이 편리함
② 슬라이드 순서의 재배치가 용이함
③ 윈도우의 다른 응용 프로그램을 포함시킬 수 있음
④ 그래프 및 개체의 삽입이 자유로움
⑤ 하이퍼링크 기능을 제공함
⑥ 메모 및 메일 전송 기능이 있음
⑦ 웹 문서 작성 기능을 제공함

4) 파워포인트의 논리적 내용 구상과 프레젠테이션

(1) 논리적 내용 구상 원리

파워포인트의 자료는 일정한 목적에 따라 내용을 논리적으로 어떻게 구상하느냐를 생각하지 않고서는 좋은 결과물을 기대하기 어렵다. 그러므로 파워포인트의 논리적 내용의 구상과 관련된 기본 원리를 알고 있어야 한다.

① 페이지를 넘기고 싶은 기분이 드는 매력적인 도입부를 구상한다.
② 서두에 결론적인 주장을 포함하여 본문 내용의 이해를 돕는다.
③ 논리적 흐름을 만들고 자연스럽게 전개되도록 페이지의 연결을 구상한다.
④ 특정 영역의 내용이 부족하거나 과다하지 않도록 구성의 밸런스를 맞춘다.
⑤ 내용 구성이 시각적으로 읽기 쉽고 세련된 레이아웃으로 드러나도록 한다.
⑥ 내용의 표기가 확실하고 알기 쉽도록 한다.
⑦ 데이터와 이미지의 강약점을 고려하여 효과적으로 사용한다.
⑧ 내용의 분량과 규모를 상황에 맞게 적절히 구상한다.
⑨ 내용의 구상은 전달자의 마음대로 하기보다는 독자의 입장과 사정을 고려한다.
⑩ 포함될 내용은 독자와 고객이 궁금해 할 수 있는 내용을 위주로 작성한다.

(2) 프레젠테이션의 원리의 적용

파워포인트의 자료는 일정한 목적성을 고려하여 활용가능성을 높여야 함으로 프레젠테이션의 원리를 이해하고 적용하는 것이 효과적이다.

① 목적에 충실해야 한다.
② 목적을 염두에 두고 전략을 구상해야 한다.
③ 전달함에 있어 적절한 시간배분을 고려한다.
④ 전달능력을 강화하기 위해 다양한 기법을 활용해야 한다.
⑤ 전달과정에서 이성과 감정을 조화롭게 활용해야 한다.
⑥ 전달내용을 함축하되 핵심을 부각시켜야 한다.
⑦ 논리적, 감성적 시각효과를 극대화하여야 한다.
⑧ 멀티미디어를 활용하는 것도 효과적일 수 있다.

⑨ 청중과의 교감이 최고의 프레젠테이션이다.
⑩ 무대를 압도할 수 있어야 한다.

5) 파워포인트 제작과정

(1) 화면 디자인

① 단순, 간결한 문장으로 표현한다.
② 문단의 오른쪽 정렬은 독해력을 감소시키므로 사용을 자제한다. 또한 낱말이 문장의 오른쪽 끝에서 나누어지지 않도록 노력한다.
③ 본문에 다른 글꼴을 사용할 경우 인지도가 높아진다. 그러나 너무 많은 글꼴을 사용하면 역효과를 낼 수 있다는 점에 주의한다.
④ 줄 간격의 미세한 변화로도 본문의 인지도가 높아진다. 학습내용을 블록 단위로 구별할 때 사용하면 좋다.

(2) 개체의 배치

① 일관성 있는 화면 구조를 유지한다.
② 제시되는 요소 중 비슷한 것끼리 작은 단위로 제시한다. 여백, 윤곽선, 글 상자 등을 이용한다.
③ 개체의 배치는 균형감을 잃지 않도록 하며 여백은 일관성을 유지한다.
④ 개체의 배치는 아래와 같은 스토리보드의 형식을 참조한다.
⑤ 개체의 배치는 아래와 같이 다양한 도표의 형식을 활용하면 효과적이다.

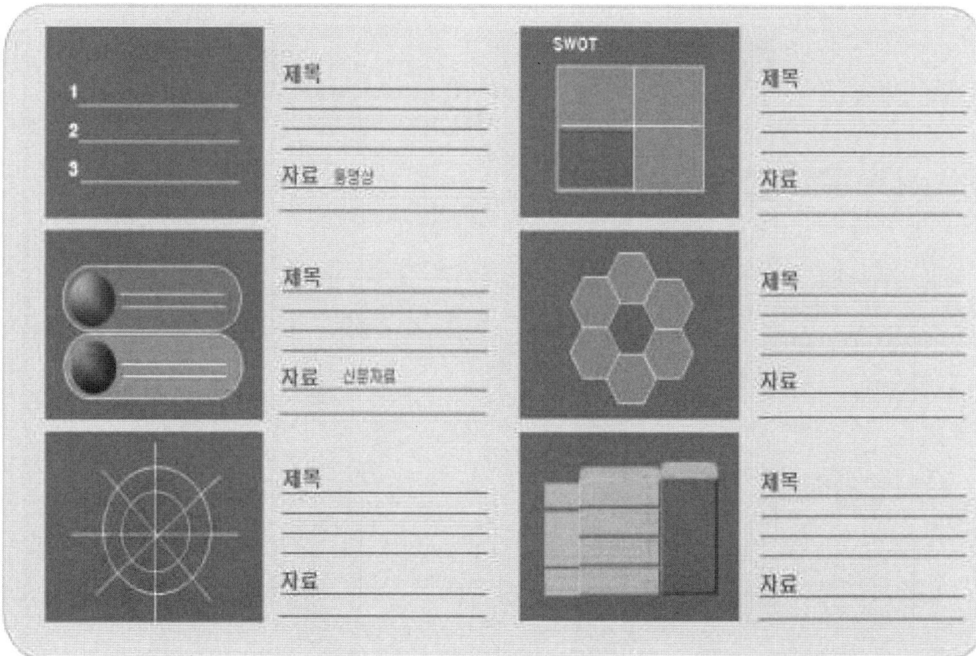

[그림 18-1] 스토리보드 형식의 사례

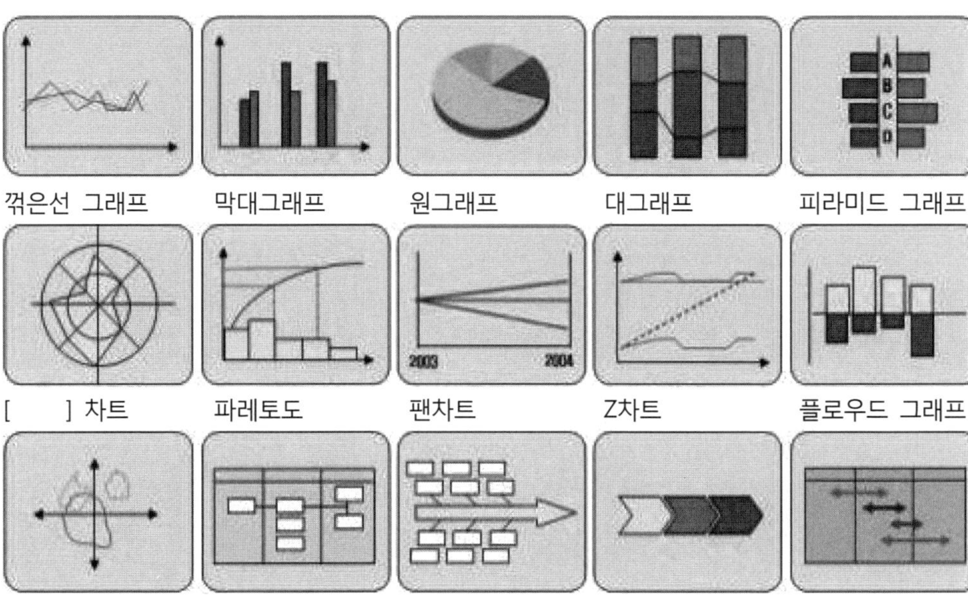

[그림 18-2] 도표의 다양한 형식

(3) 색깔의 사용

색깔의 사용은 전체 프레젠테이션의 느낌을 좌우할 정도로 중요하므로 잘 표현되어야 하며, 너무 많은 색깔이 한 화면에 사용되지 않도록 한다. 여러 가지의 색깔을 사용하려면 명도에 변화를 주어 표현한다.

(4) 음성, 음향의 사용

상징성 있는 음향, 사용자에게 안정감을 주는 음향을 적절히 사용한다. 음향과 음성을 사용하는 경우에는 스피커의 상태를 미리 점검할 필요가 있다.

(5) 애니메이션 사용

전달하고자 하는 내용의 성격과 대상자를 고려하여 적절한 애니메이션을 설정하여 전개하면 효과적이다.

2. 파워포인트 자료개발의 스타일

파워포인트의 자료개발은 개발자의 취향과 고객의 성향을 고려하여 적절한 스타일을 적용하여 개발할 필요가 있다. 여기에서는 하나의 특정 스타일을 소개함으로써 실질적인 도움을 주고자 한다(자료출처 : http://bloggertip.com/3091).

1) 어두운 배경을 사용한다.

어두운 배경이 진지함을 주고, 요지를 잘 전달하지만 하얗고 밝은 바탕은 텍스트가 부각되기 어렵다. 또한 45분 동안 현란하게 하얀 바탕의 프레젠테이션을 바라보는 것은 눈을 피로하게 한다.

☞ 저는 흰색 바탕을 사용했습니다. 역시 시작한지 얼마 안 되어 지루함을 이기지 못한 탓인지 졸고 있는 분들이 보이기 시작했습니다. 한 시간의 발표 시간동안 흰색 바탕의 화면을 보게 되어 본문에 집중하지 못한 분들께 죄송한 마음이 듭니다. 검은 배경 혹은 어두운 배경을 사용하면 효과적이라는 말에 전적으로 동감합니다.

2) 마스터 페이지에 당신의 로고를 넣는다.

모든 프레젠테이션은 당신 조직의 브랜드 인지도를 높일 수 있는 좋은 기회이니 마스터 슬라이드 페이지에 당신 기관의 로고를 넣도록 한다. 이런 과정 속에서 당신 기관의 로고는 모든 슬라이드에 나타나게 될 것이다.

☞ 이건 '그때그때 달라요' 라고 할 수 있는 문제라고 생각됩니다. 저의 경우엔 마지막 페이지에 회사의 주소를 크게 입력해서 소개했습니다. 고로 모든 슬라이드에 기업의 로고가 나타날 필요는 없다고 생각합니다. 특정 브랜드나 기업의 홍보용 자료인 경우에는 유용할 듯 하지만 강의용 자료 혹은 개인적인 발표물의 경우엔 모든 슬라이드에 로고를 노출시킬 필요는 없다는 생각입니다. 화려한 로고로 뜻하지 않게 주의를 분산시킬 염려도 있고요.

3) 일반적인 글자체를 사용한다.

언젠가 당신의 프레젠테이션이 당신의 컴퓨터와 다른 글자체를 갖고 있는 컴퓨터에서 사용될 수 있다는 점을 기억하여야 한다. 일반적인 글자체를 사용하게 되면 그러한 위험이 사라질 것이다.

☞ 이 부분은 공감하기 힘듭니다. 저번 강의에서는 프레젠테이션 자료와 함께 프레젠테이션을 만들 때 사용했던 폰트도 함께 보냈습니다. 또한 USB에다 발표할 자료와 폰트는 꼭 담아두고 가기 때문에 미연의 사태에 방지할 수 있습니다. 즉 자신이 원하는 폰트를 얼마든지 사용할 수 있다는 것입니다. 제가 추천하는 방법은 자신이 원하는 폰트를 사용하되 첫째, USB기기에 자료와 폰트를 담아두고 둘째, 자신의 메일함에 자료와 폰트를 저장한 후 발표 장소로 향하는 것입니다.

4) 애니메이션을 적절히 사용한다.

많은 경우에 프레젠테이션을 다채롭게 하기 위해 슬라이드 사이에 애니메이션 효과와 변화 효과를 사용한다. 그런데 화려한 애니메이션 효과를 잘못 사용하면 혼란스럽다. 중요한 것은 파워포인트가 아닌 제스처를 이용해 감정과 정서, 열정을 전달하는 것도 효과적일 수 있다.

☞ 프레젠테이션을 할 때 애니메이션으로 화려하게 장식하는 경우가 종종 있는데 보는 이의 입장에서 '오 독특한데' 라는 생각만 들 뿐 더 이상의 감흥은 없었습니다. 저 역시 강의용 파워포인트 자료에 아무런 애니메이션도 삽입하지 않았습니다. 또한 가이가와사키가 언급한 부분 중에서 '파워포인트가 아닌 제스처를 이용해 감정과 정서, 열정을 전달하라.' 라는 부분은 기억해 둘 필요가 있다고 생각됩니다.

5) 도형과 그래프를 넣어라.

당신의 의도가 어떻게 이뤄지는지 도형을 이용하여 설명한다. 트렌드와 수치로 이루어진 결과물을 설명하기 위해 그래프를 사용하는 것도 하나의 방법이다.

☞ 파워포인트 작성 시 도형과 그래프를 사용하는 이유는 블로그 포스트에 이미지를 삽입해야 하는 이유와 맥을 같이 합니다. 시각적인 효과를 주어 청중의 주목을 얻게 되고 지루하지 않은 프레젠테이션을 진행할 수 있다고 생각됩니다. 저의 경우엔 문자외에 아무런 도형이나 그래프를 삽입하지 않았는데 다음부터는 적극적으로 이용할 생각입니다. 실제 프레젠테이션 발표에 도움이 되었으면 합니다.

제19장

시청각 교육 자료개발의 원리와 활용

사례

K지역 평생학습센터에 종사하고 박○○ 선생님은 지난 1년 동안 학습동아리에 대해 특별한 관심을 기울여 왔다. 내년에도 보다 많은 평생학습동아리가 적극적으로 활동하길 기대하면서, 학습동아리의 활동과정과 성과를 영상자료를 제작하여 신규 학습동아리에 실질적인 도움이 될 수 있도록 시청각교육자료의 개발을 필요성을 절감하고 있다.

질문

1. 박○○ 선생님의 생각이 현실적으로 가능하다고 생각합니까?
2. 여러분은 학습동아리의 활동과정과 성과물을 촬영하기 위해 계획을 세워본 적이 있습니까?

1. 시청각매체의 교육적 특성

시청각매체는 단순히 시각매체에 청각이 첨가되어 있는 그 이상의 의미가 있다. 영상비디오 등의 시청각매체는 청각적 기능 이외에도 사진이나 슬라이드 등의 시각매체에 비해 상대적으로 높은 수준의 기술을 바탕으로 하고 있다는 점에 기인할 수 있다. 다음은 시청각매체의 교육적 특성을 제시하고 있다.

① 녹화와 시청의 즉시성 : 시청각매체를 사용할 수 있는 준비만 되어 있으면 언제라도 제작할 수 있으며, 제작된 내용을 바로 사용할 수 있다는 특성이 있다.
② 내용 표현방식의 다양성 : 처리할 수 있는 정보의 폭이 사진, 동영상, 소리, 만화 등 인간이 평상시에 활용할 수 있는 정보의 전달방법이나 다양한 형태의 정보를 처리할 수 있다.

③ 반복사용 : 비디오, 테이프 등에 녹화된 자료를 적절히 보관하고 운용한다면 거의 반영구적으로 사용될 수 있어서 필요한 경우에는 언제나 반복해서 활용할 수 있다.
④ 사실성 : 시청각매체에 의해 녹화된 자료는 시각자료에 비해 사실성이 높다.
⑤ 교수-학습내용의 표준화 : 시청각자료는 정보를 아주 구체적으로 제시할 수 있기 때문에 교수자에 따른 개인차를 줄일 수 있는 특징이 있다.
⑥ 개별적 학습을 위한 활용 : 교수학습내용의 표준화와 더불어 구체적으로 제작되는 시청각매체는 교수자 없이 실시되는 개별적 학습을 위해서도 사용될 수 있다.

2. 시청각매체의 장 · 단점

1) 시청각매체의 장점

① 연속동작의 구체적 제시를 통한 운동기능 학습 : 연속적인 시각적 제시가 교육에 있어서 중요한 경우에 적절하게 활용할 수 있다.
② 과정의 제시 : 계열성이 중요시되는 과정의 제시가 필요한 경우에 적절하게 사용할 수 있다. 이것은 다른 어떤 매체보다도 현상의 진행과정이나 변화과정을 잘 보여 줄 수 있다.
③ 극적 재 연출 : 역사적 흐름이나 개인의 변화 또는 생태계의 변화 등 오랜 시간이 소요되는 내용을 극적인 요소를 섞어가며 적절하게 주어진 시간에 맞는 길이로 재 연출하여 제시할 수 있다.
④ 문제해결 학습 : 생생한 현장의 모습을 그대로 보여 줌으로써 학습자의 문제해결 학습을 전개할 수 있다.
⑤ 학습자의 동질성 확보 : 서로 다른 경험을 가진 사람들이라도 일정시간 동안 같은 영화나 비디오를 보게 되면 함께 공유할 수 있는 경험이 생겨 동질성을 가질 수 있게 되며, 이러한 경험의 동질성은 주제에 대한 토론을 보다 효율적으로 이끄는데 기여하는 장점이 있다.

2) 시청각 매체의 단점

① 고정된 순서 : 시청각매체는 제시하는 순서를 쉽게 바꿀 수가 없어서 한번 편집이 끝나고 나면 그대로 보여 줄 수밖에 없다.
② 오개념 형성가능성 : 어떤 현상을 보여 주면서 그 근본적인 원리를 잘 설명하여 이해시키지 않으면 학습자들은 이미 자기가 가지고 있는 다른 상황에 대한 이해나 화면에서 주어진 다른 상황적 변인에 의해 이해하여 오개념이 형성될 수 있다.
③ 제한된 개발 : 비싼 소요 비용과 제작의 어려움으로 평생교육 현장에서 교육 자료개발에 어려움이 여타 매체 제작에 비해 상대적으로 많다.

3. 시청각 자료개발의 절차 및 원리

어떤 교육 자료개발도 그리 쉽지는 않지만 특히 시청각교육 자료개발은 의외로 많은 노력과 경비, 시간이 소요된다.

1) 개발의 필요성 재확인

개발에 착수하기 전에 정말 직접 개발해야 할 필요성이 있는지는 다시 한번 확인하는 과정이 필요하다.

① 시청각 교육 자료를 개발해야 한다는 필요성이 교수설계나 학습지도안을 바탕으로 한 것인지 아니면 학습지도안을 작성하고 교육 중에 어떻게 활용할 것인지를 결정한다.
② 시청각 교육 자료의 학습목표가 명확하게 파악되어 있는지 검토한다.
③ 시청각 교육 자료를 개발하는데 필요한 최소한의 시간과 경비, 장비, 그리고 도와줄 사람을 확보한다.

2) 사항의 구체화

학습지도안이나 교수설계 내용을 바탕으로 다음 사항을 구체화한다.

① 프로그램에 들어가야 할 교육내용을 선정한다.
② 프로그램의 유형과 형식을 결정한다.
③ 선정된 내용들을 독서카드나 큰 포스트잇에 써서 칠판에 붙여가며 대강의 순서를 결정한다.
④ 전체 줄거리와 선정된 학습목표와 프로그램의 유형 및 형식에 맞는지 확인한다.
⑤ 내용이 정리된 독서카드 중에서 꼭 직접 찍어야 할 부분은 어느 것이고 다른 영상자료나 사진, 그림 등에서 따오거나 복사할 수 있는 부분은 어느 것인지 확인한다.

3) 스토리보드 작성

시청각 자료로 개발할 대상과 내용에 대한 해석과 설명을 위한 나레이션을 작성한다. 스토리보드는 계열화된 내용을 바탕으로 하며, 구체적으로 내용의 순서, 각 화면과 음성 및 음향을 나타내는 청사진이다. 스토리보드를 작성할 때는 다음과 같은 사항을 유의한다.

① 가능하면 언어적 표현은 줄이고 시각적 표현이 우선되도록 한다.
② 동원 가능한 대상, 인물, 세트, 장비, 기간, 계절 등을 고려하면서 작성한다.
③ 중요한 것은 교육적 효과이지 화려한 화면이 아니다.
④ 연속성을 고려하면서 스토리보드를 만든다. 이때, 연속성이란 화면의 논리적 연속성을 말하는 것으로, 학습자의 입장에서 내용의 전개를 이해할 수 있도록 화면의 전환이나 전개가 이루어지는 것을 말한다.

4) 촬영준비

촬영을 하기 위해서는 준비할 것이 많다. 그 중에서 비디오테이프 트랙킹, 배터리의 준비, 카메라의 조작법은 가장 기본이다.

① 비디오테이프는 트랙킹한 상태가 좋다. 트랙킹이 안된 것은 편집과정에서 연결부위가 매끄럽지 않아 중간 중간이 끊어지거나 튀는 문제가 발생한다.
② 촬영시간을 고려하여 배터리 여러 개를 충분히 충전한다.
③ 매뉴얼을 참조하여 촬영방법을 충분히 숙지하고 직접 작동시켜 본다.

5) 촬영과 녹화

촬영과 녹화는 혼자서는 하기 어려운 경우가 많다. 스토리보드를 확인해야 하고, 촬영과 녹화에 필요한 각종 준비물을 세팅하는 일이 많기 때문이다. 최근에는 디지털캠코더와 같은 장비만으로도 좋은 결과를 얻을 수 있기 때문에 작동원리에 맞게 촬영하면 된다.

6) 편집

촬영과 녹화된 자료는 편집과정과 더빙과정을 통해 교육 자료로서의 가치를 높일 수 있다. 촬영에 대한 보충설명과 해석을 첨가시키는 더빙이 필요하고, 매끄럽지 않은 부분을 삭제하거나 아니면 새로운 시청각자료를 중간에 삽입하는 과정이 필요할 수 있다.

4. 시청각 자료개발의 지침

자료개발자들이 제작비용 때문에 꺼리면서도 어쩔 수 없이 사용하게 되는 매체가 비디오이다. 하지만 다양한 장소에서 많은 사람들에게 일관된 메시지를 전달하고 싶다면 비디오는 매우 가치 있는 매체이다.

또한 비디오는 학습자들을 동기부여 시키는 강력한 도구가 될 수 있다. 비디오의 가장 큰 장점은 바람직한 행동을 단지 설명하는데 그치지 않고 직접 보여줄 수 있다는 것이다. 따라서 비디오는 비용을 무릅쓰고서라도 제작할 가치가 있다.

1) 보는 사람의 눈을 유혹하라

- 어두운 영상보다는 밝은 영상을 사용한다.
- 파스텔 색조나 흑백보다는 천연색 영상이 더욱 효과적이다.
- 의례적이기 보다는 역동적으로, 패턴보다는 사람의 얼굴을, 불규칙한 소리보다는 일정한 양식을, 어지럽게 배열되기 보다는 순조롭게 진행되도록 연출하는 것이 중요하다.

2) 보는 사람의 귀를 유혹하라

- 부드러운 소리보다는 큰소리로, 음악과 함께, 음향과 그림이 조화되게, 정지화상 보다는 동화상을 위주로 연출한다.

3) 오래 기억되도록 설계하라

- 비디오로부터 학습하게 될 내용을 학습자에게 알려준다.
- 스토리 라인이 학습자들에게 가르치고자 하는 내용을 뒷받침하고 정확하게 묘사하도록 한다.
- 다음 단계로 넘어가기 전에 시청자의 주의를 돌리고 잘 회상되도록 하는 단서를 사용한다.
- 학습자들이 보고 들을 것이 일치되도록 한다.
- 단순하게 표현한다.
- 질문을 포함한다.
- 중요한 요소에 대해 토의가 이루어질 수 있도록 프로그램 중간에 비디오를 정지하는 시간을 가진다.

4) 시청자의 시선을 바로잡고 메시지를 전달하라

- 연기자는 메시지를 전달해야 하며, 시청자에게 믿음을 주어야 한다.
- 조명을 통해 정보, 형태, 질감, 공간지향, 중요도, 시간, 분위기 등을 제공한다.
- 음향 및 음악은 무드, 분위기, 현실감을 창조하여 메시지를 전달하고, 장면을 강조하고, 장면전환을 도와주며, 공간, 기산, 상황에 대한 감각을 제공해준다.
- 스크린 위치는 항상 주제를 강조하고, 내용과 흐름을 통제하고, 동작을 통제하며, 메시지 구성을 강화시켜야 한다.

〈표 19-1〉 시각자료 평가표

평가자료명		평가자	

평가영역		평 가					비 고
		매우 우수함	우수함	보통	불량함	매우 불량함	
전반적 패턴	정렬						
	모양						
	균형						
	스타일						
	색체						
	색호소력						
배열	근접성						
	방향제시물						
	그림 - 배경대비						
	일관성						
언어적 요소	글자체						
	글씨크기						
	여백주기						
	글자장평						
매력성	경이감						
	질감						
	상호작용						

제20장

웹기반 교육 자료개발의 원리와 활용

사례

K지역 평생교육센터에 종사하고 있는 최○○ 선생님은 지역에서 성공적으로 운영되는 최고의 평생교육 프로그램을 보다 많은 지역사회 주민들이 가정에서도 쉽게 학습할 수 있도록 하는 방법이 없을까 고민 중이다. 실질적인 도움을 얻기 위해 평생교육센터에서 운영되고 있는 사이버연수를 분석한 후, 우리 지역의 특성에 맞는 웹기반 교육 자료를 개발할 결심을 하고, 품의서를 준비 중이다.

질문

1. 여러분 지역에서도 웹기반 교육 자료개발이 필요하다고 생각하신 적이 있습니까?
2. 웹기반 교육 자료를 개발하려고 할 때 기본적인 원리와 방법에 대해 알고 있습니까?

1. 웹기반 교육 자료개발의 이해

WBI(web based instruction)는 인터넷과 하이퍼텍스트를 통해 교육 자료를 개발하여 학습자가 학습할 수 있도록 하는 학습체제를 말한다. 웹을 활용한 교육은 거의 모든 교육현장에서 급속히 확산되고 있다. 평생교육에서도 정부의 평생교육센터를 중심으로 활용되기 시작하고 있으나, 아직까지 지역단위에서는 활용되지 않고 있다. 앞으로도 지역단위 평생교육의 현장에서는 소요비용과 개발을 위한 많은 시간과 전문인력의 확보에 어려움이 있어 일반화되기에는 상당한 시간이 필요할 것이다. 그러나 웹기반 교육 자료는 이제까지의 여타 매체보다 훨씬 효과적인 쌍방적 교육을 가능하게 한다는 점과 교육 자료개발 측면에 있어서 매우 큰 의의가 있다.

예시적으로 웹기반 교육 자료는 [그림20-1]에서 보여주는 바와 같이 하이퍼텍스트로 제작된 교육 자료를 인터넷을 통해 학습하는 교육체제를 말한다. 이 방식은 학습자가 자신의 학습속도를 조절할 수 있고, 교육내용을 반복적으로 학습할 수 있어 교육효과도 매우 높다.

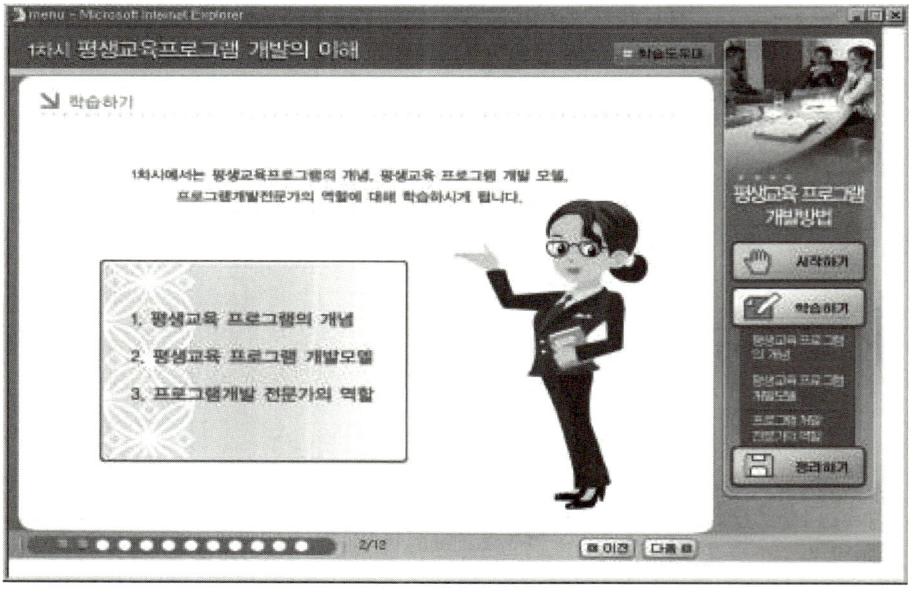

[그림 20-1] 웹기반 교육 자료의 예시

2. 교육매체로서의 웹의 특징

웹기반 교육은 인터넷망과 하이퍼텍스트를 통해 교육내용을 재구조화시키고 학습자가 자기주도적으로 학습을 전개하도록 하는데 유용한 방법이다. 이것이 가능한 것은 웹이 교육매체로서 가지고 있는 몇 가지 특성 때문이다.

① Web은 학습내용을 전달하는 강력한 전달매개체의 기능을 발휘할 수 있다.
② Web은 정보제공의 기능이 뛰어나 새로운 지식과 정보의 세계로 학습자를 쉽게 이끌 수 있다.
③ Web은 교육내용이 인간의 정보구성과 유사한 하이퍼텍스트 형태로 조직되어 있어 독립된 특정 주제에 따라 체계적으로 구성할 수 있다.
④ 웹은 교육내용이나 교육 자료를 매우 다양한 형태로 제공할 수 있다.

⑤ 웹은 실제와 매우 유사한 가상적인 학습 환경을 제공하므로 학습자의 현실에 가까운 경험을 제공할 수 있다.
⑥ 웹은 동기적인 형태 및 비동기적인 형태를 통해 시간과 공간을 넘어서 많은 학습자는 물론 교수자와 상호 작용할 수 있는 환경을 제공할 수 있다.
⑦ 웹은 학습 자료에 대한 접근 기록, 다른 사람들과의 상호작용에 대한 기록이 가능하기 때문에 지식을 습득해 가는 추론 과정이 그대로 유지될 수 있다.
⑧ 웹은 디지털화된 자료이므로 학습 자료를 쉽게 수정 및 보완할 수 있다.
⑨ 웹은 초기비용은 많이 들지만 일단 구축 후에는 교육 자료를 유지하고 보급하는데 드는 비용이 저렴하다.

3. 웹기반 교육 자료개발의 원리

웹기반 교육 자료개발의 원리란 흔히 웹 인터페이스 설계란 용어로 사용한다. 웹기반 교육 자료를 개발함에 있어 다음에 제시된 원리는 좋은 자료를 만드는데 중요한 지침이 된다.

① 조화 및 단순화 : 학습자가 웹페이지를 보고 즉각적으로 사고하고 학습활동을 할 수 있도록 무의미한 그림이나 복잡한 링크, 강조 등을 자제한다.
② 일관성 : 내용 및 구조면에서 일관된 형태를 유지해야 한다.
③ 접근시간 최소화 : 다양한 설계도구와 학습 구조도를 제공한다.
④ 계획적이고 조직적인 화면 배치 : 학습하는 경로가 명확해야 하며 웹기반 학습의 구조와 범위가 명확하게 전달되어야 한다.
⑤ 융통성 : 학습자가 스스로 학습의 진도나 학습내용의 선정을 통제할 수 있는 여지를 제공한다.
⑥ 화면 스크롤 최소화 : 중요한 내용 일수록 홈페이지에서 최단 연결 구조를 갖도록 설계하고 길어질 것 같은 내용은 분기한다.
⑦ 비 연결 문서 지양 : 구성된 모든 문서들은 연결되어 있어야 하며 이들은 전체가 개념적으로 하나의 원을 구성하도록 한다.
⑧ 풍부한 상호작용 : 학습자의 입력이나 반응에 대하여 시청각적 변화를 줄 수 있어야 하고 적절한 오류 메시지를 제공한다.

⑨ 웹기반 학습의 목적에 부합하는 설계 : 목적이 교육, 교수, 훈련, 안내 중 어디에 있느냐에 따라 선형, 비선형, 복잡, 단순 및 시간 정도를 달리하여 설계하여야 한다.

4. 웹기반 교육 자료개발의 방법

웹기반 교육 자료개발의 절차는 원시안 작성－가상적 화면구성 및 스토리보드 작성－검토 및 수정－하이퍼텍스트화－검토수정－업로드－시현의 과정을 밟는다.

1) 원시안 작성

웹기반 교육 자료개발에서 원시안 작성이 중요한 이유는 특정 주제에 대한 내용 전문가가 직접 하이퍼텍스트를 이용하여 교육 자료를 직접 만들 수 없기 때문에 웹마스터가 이해할 수 있도록 간략하고 명료한 문장으로 체계적으로 다듬어진 원시안 작성이 요청된다.

〈표 20-1〉 원시안의 예시

제3강 요구분석의 의미와 관점
학습안내
우리는 지난번 제2강에서 교육요구의 발현주체에 대해 탐색하였습니다. 평생교육과 평생학습의 시대가 도래 하면서 일상세계와 직업세계에서 다양한 요구들이 발현되고 있음을 확인하였을 것입니다. 여러분이 오늘 학습하게 될 제3강의 주제는 “요구분석의 의미와 유형”에 관한 내용입니다. 요구분석의 의미가 무엇인지를 확인하고 요구분석에는 어떠한 유형이 있는지를 확인하는 시간이 될 것입니다.
학습목표
1 요구분석의 확산배경과 주요 기능에 대해 설명할 수 있다. 2 요구분석의 개념에 대해 설명할 수 있다. 3 요구분석의 유형에 대해 설명할 수 있다.

2) 가상적 화면구성 및 스토리보드 작성

원시안 작성이 완료되면, 학습설계전문가와 웹마스터가 웹기반 교육 자료의 가상적 화면을 구성하고 각 화면에 적합한 스토리보드를 작성한다. 예시적으로 가상적 화면구성과 스토리보드 작성을 위한 양식을 살펴보면 [그림 20-2]와 같다.

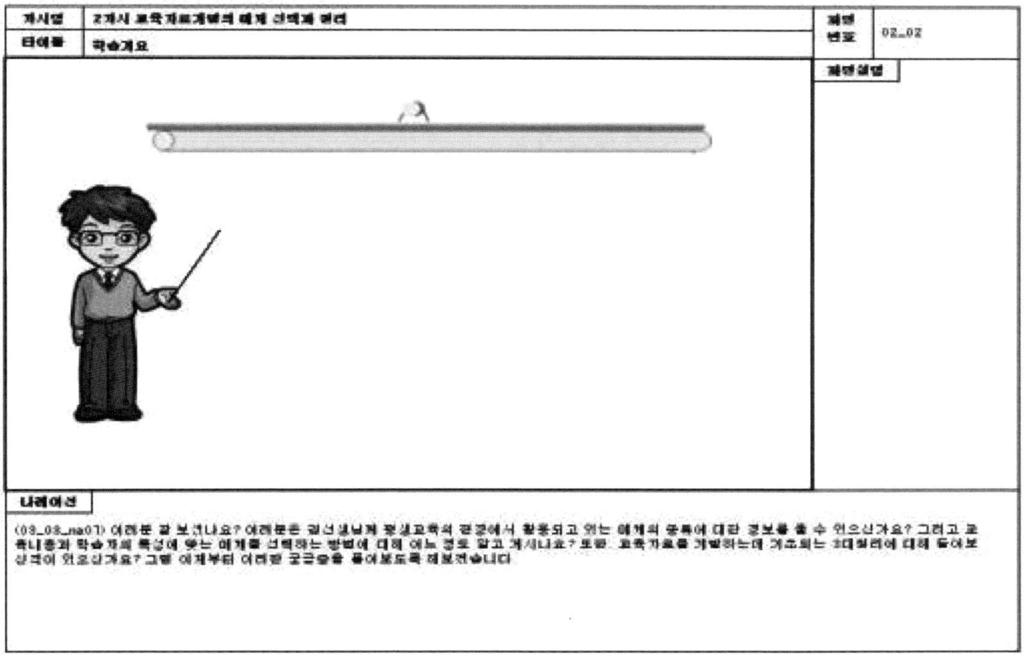

[그림 20-2] 스토리보드 작성 양식

3) 검토 및 수정

학습설계전문가가 아무리 유능하다 할지라도 학습주제에 대한 내용전문가(SME)의 관점과 의도를 정확하게 읽어낼 수 없기 때문에 구성된 가상적 화면과 스토리보드에 대한 검토와 수정이 반드시 필요하다.

4) 하이퍼텍스트화

검토와 수정을 거친 자료는 앞에서 언급한 바 있는 웹 인터페이스 설계의 원리에 충실하게 모든 자료를 하이퍼텍스트화 시킨다.

5) 검토 및 수정

하이퍼텍스트화 시킨 자료는 서버에 업로드 한 상태가 아닐 뿐 곧바로 이용할 수 있는 상태이기 때문에 다시 한 번 자료를 검토하고 수정하는 과정이 필요하다.

6) 업로드

검토과정을 거친 하이퍼텍스트화된 자료는 학습자가 언제 어디서나 자신이 원하는 시간에 인터넷을 이용하여 학습할 수 있도록 하기 위해 미리 준비된 서버에 업로드 한다.

7) 시현

업로드된 웹기반 교육 자료는 일정기간 동안 시범적으로 운영해보고, 문제점이 있거나 개선할 사항에 대해서는 수정하여 최종 웹 교육 자료를 완성한다. 예시적으로 웹기반 교육 자료를 살펴보면 [그림 20-3]과 같다.

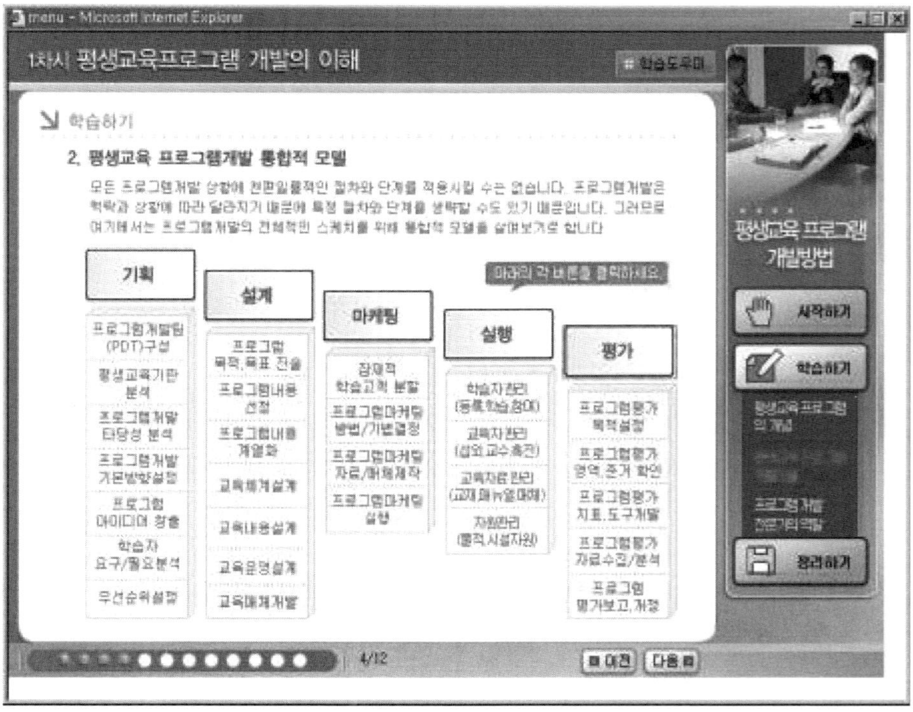

[그림 20-3] 웹기반 교육 자료의 예시

5. 웹기반 교육 자료의 효과적인 활용

웹기반 교육 자료를 효과적으로 활용하기 위해서는 다음과 같은 활용 방안들을 통해 더욱 더 효과적인 활용을 가능하게 한다.

① 학습자가 웹기반 수업의 특성에 대해 정확하게 인지하도록 준비시킨다.
② 학습자가 웹기반 수업 환경에 빠르게 적응할 수 있도록 다양한 형태의 도움을 제공한다.
③ 학습자가 학습전략을 자극하고 도와주는 수업 운영을 한다.
④ 융통성 있고 가변적인 수업운영을 한다.
⑤ 학습과정을 다양한 형태로 하며, 그 과정을 지속적으로 모니터링 한다.
⑥ 웹의 '열린' 학습 환경의 장점을 최대한 활용하기 위해서는 동등한 학습 참여를 촉진한다.
⑦ 웹기반 수업에 요구되는 전문성을 지닌 교수자가 수업을 담당하도록 한다.
⑧ 교수자는 적극적으로 중재자의 역할을 수행해야 한다.
⑨ 제공되는 피드백에 대해 학습자가 신뢰감을 가질 수 있는 환경을 유지한다.
⑩ 정확한 의사교환의 가능성을 높이기 위해서 다양한 서비스를 활용한다.
⑪ 학습자의 공동체 의식 조성을 극대화할 수 있는 전략을 활용한다.
⑫ 학습자의 의무가 명확히 요구되고 학습자의 권리는 확실하게 보장되도록 한다.
⑬ 학습자의 시스템 접근성을 극대화하기 위한 물리적, 인적 지원 및 관리가 요구된다.

제21장

강의형 솔루션의 교육 자료개발의 원리와 활용

사례

K지역에서 평생교육 강사로 활동하고 있는 고○○ 선생님은 자신이 3년 동안 강의해온 특정 주제 중에서 기본 개념과 원리에 대한 반복적인 설명식 강의내용을 자료화시켜 집에서도 학습자들이 반복적으로 학습할 수 있는 교육자료 개발의 필요성을 절감하고 궁리 중에 있다.

질문

1. 여러분은 이런 고민을 하고 있는 고○○ 선생님께 어떤 도움을 드리겠습니까?
2. 교수자가 직접 수월하게 개발하여 디지털화시킨 교육 자료에는 어떤 것이 있는지 알고 계십니까?
3. 강의형 솔루션 교육 자료개발이 무엇인지 알고 계십니까?

1. 강의형 솔루션의 교육 자료개발의 이해

강의형 교육솔루션을 이용한 교육은 강의내용을 실시간 혹은 비실시간으로 학습자에게 전달하는 방법으로 주로 교수자 주도의 교육을 의미한다. 실시간 강의는 주로 인터넷방송, PC를 활용한 화상회의(desktop video conference), 라이브 솔루션으로 알려진 GVA, Smart Note, Netmeeting, Dream Netu, 알키온(Alkion) 등을 활용하며, 비실시간 강의는 강의를 직접 녹화한 VOD(Video－on demand), 인캠을 이용한 ICT, 라이브 솔루션을 사용하여 강의를 녹화한 VOD 형태, 플래시나 디렉터 등의 프로그램을 활용하여 만들어진 온라인 프로그램, 파워포인트를 활용한 온라인 프레젠테이션 등을 사용한다.

평생교육의 현장에서 활용되고 있는 강의형 교육솔루션도 다양하다. 기업교육에서도 많은 강의형 교육솔루션이 활용되고 있다. 평생교육센터에서 활용되고 있는 것은 [그림 21-1]에서 보는 바와 같이 알키온(Alkion)이 활용되고 있다. 오른쪽 창은 교육자료가 보여지고, 왼쪽 상위 창은 교수자의 동영상 모습이 나타나며, 왼쪽 아래 창은 교육컨텐츠 및 기타 자료들이 나타난다. 이러한 구조는 여타 다른 강의 솔루션에서도 거의 유사하다.

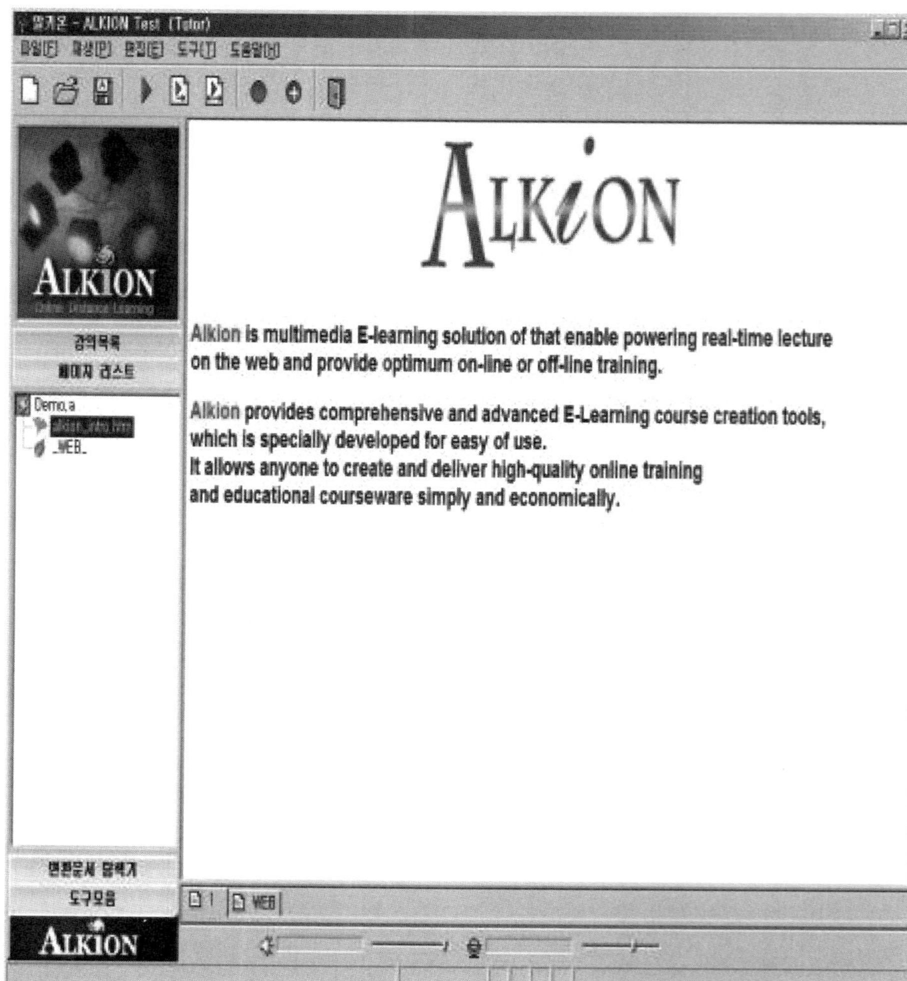

[그림 21-1] 강의형 교육솔루션 Alkion 화면

2. 강의형 솔루션의 특징

강의형 솔루션이 가지고 있는 특징은 교수자 중심의 교수개발 도구, 자료의 통합적 활용 가능, 교수자의 프로그램 작동 능력 필요, 외부 문서 활용의 용이성, 전자칠판의 기능 가능여부, 활용이 용이한 멀티미디어 등이다. 이들에 대한 구체적인 설명을 살펴보면 다음과 같다.

1) 교수자 중심의 교수개발 도구

강의형 솔루션의 가장 큰 특징은 교수자와 자료개발자가 분리되지 않고, 강의를 하는 교수자가 설계된 교육내용을 가지고 솔루션을 작동하면서 직접 교육 자료를 개발할 수 있다는 특징을 가지고 있다.

2) 자료의 통합적 활용 가능

교육이 전개되는 과정에서 많은 자료들을 활용하는 것은 학습자의 이해를 돕는데 매우 효과적이다. 그러나 현실적으로 필요한 모든 자료를 학습자에게 제시하기란 쉽지 않다. 그런데 거의 모든 교육솔루션은 디지털 형식의 시각자료, 청각자료, 영상자료, 인터넷 자료 등 다양한 자료를 동시에 통합적으로 활용할 수 있다.

3) 교수자의 프로그램 작동 능력

교수자가 직접 프로그램을 작동하면서 자료개발을 전개해야 하는 능력이 요청되지만 프로그램 작동 능력과 관련하여 약간의 기능만 익히면 된다.

4) 외부문서 활용의 용이성

사전에 설계된 파워포인트나 워드파일 등 외부문서를 프로그램이 쉽게 읽어 들일 수 있어 기존 자료를 그대로 활용할 수 있다는 장점이 있다.

5) 전자칠판 기능 가능

타블렛과 펜마우스를 활용하면 준비된 내용에 직접 글을 쓰면서 강의할 수 있어 학습자의 주의를 집중할 수 있다.

6) 활용이 용이한 멀티미디어

교수자가 직접 자신의 연구실에서도 소형 마이크와 PC 카메라만 있으면 자료개발이 가능하다는 특징이 있다.

3. 강의형 솔루션의 교육 자료개발 방법

강의형 솔루션 교육 자료개발의 절차는 강의 원시안 작성, 편집 및 체제의 재설정, 프로그램의 작동연습, 교육 자료의 변환 및 통합화, 프로그램 작동 및 시작, 저장 및 파일변환의 과정을 거치면 된다.

1) 강의 원시안 작성

교수설계 차원에서 학습자가 체계적으로 이해하고 학습할 수 있도록 파워포인트를 활용한 프레젠테이션 형식의 문서나 흔글 혹은 MS 워드 프로그램을 활용해 강의 원시안을 작성한다. 원시안 작성은 간략하면서 명료하게 작성하는 것이 좋다.

2) 편집 및 체제의 재설정

작성된 원시안은 강의형 솔루션에서 보다 쉽게 활용할 수 있도록 문서의 체제와 형식을 재설정하거나 도식화시키는 과정이 필요하다.

3) 프로그램의 작동 연습

강의형 솔루션 교육 자료개발은 교수자가 직접 프로그램을 작동하면서 녹음하고, 촬영하고, 기능을 조작해야 하기 때문에 프로그램을 작동하는 연습과정이 반드시 필요하다. 이 과정에서 필요한 사항은 [그림 21-2]와 [그림 21-3]과 같이 작성된 원시안의 변환방법, 강의자료 띄우기, 동영상 촬영방법, 음성녹음 방법, 전자칠판 활용방법, 보조자료 띄우는 방법, 카메라 및 마이크 작동 등이 포함된다.

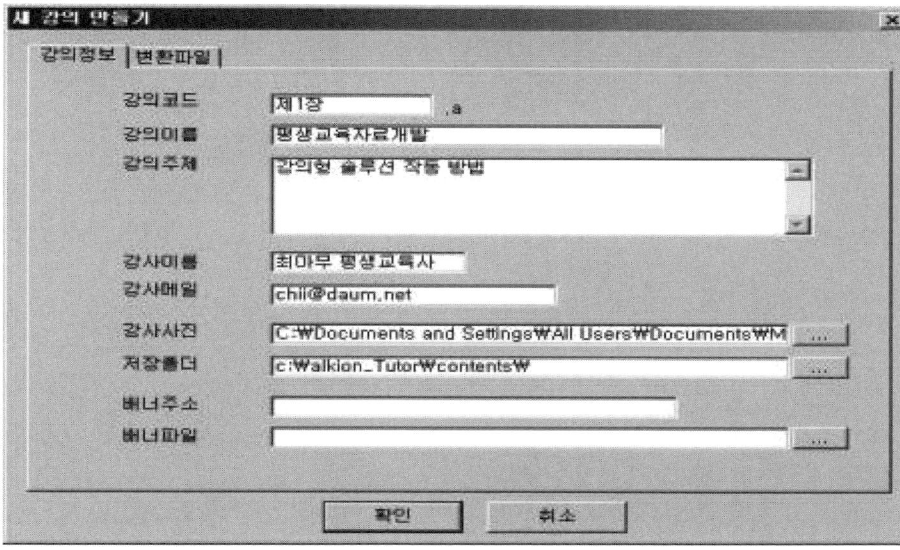

[그림 21-2] 프로그램 작동 연습

[그림 21-3] 강의형 솔루션 작동 예 : 강의자료 띄우기

4) 필요한 교육자료의 변환 및 통합화

교수자는 강의에 활용될 여러 가지 교육자료(음성파일, 음악파일, 사진, 동영상 등)를 솔루션 프로그램으로 변환시켜 하나의 통합된 자료로 만드는 과정을 밟는다.

5) 프로그램 작동 및 강의시작

강의에 활용될 모든 자료를 통합시켜 교육 자료로 변환이 완료되면, 교수자는 프로그램을 작동시키고 강의를 시작하면 된다. 이 과정의 시작은 왼쪽 상단 창에 나타나는 자신의 위치가 중앙에 있는지 반드시 확인한 후, 오른쪽에 나타난 강의 자료를 구체적으로 설명하며 진행시키면 된다. 아래에 제시된 그림은 강의의 시작과 함께 강의가 전개되는 화면을 보여주고 있다.

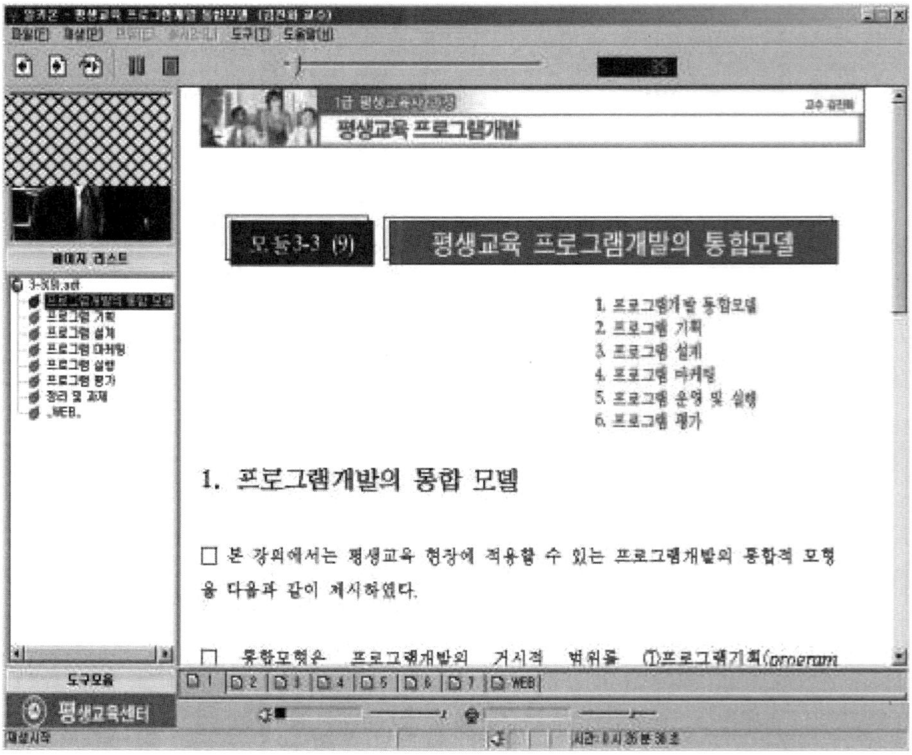

[그림 21-4] 강의형 솔루션 작동 사례

6) 저장 및 파일 변환

강의가 종료된 후에는 반드시 파일로 저장하고, 각 솔루션의 형식에 맞게 파일로 변환하면 하나의 교육 자료가 완성된다. 이 교육 자료는 강사의 음성, 동영상, 교육의 전개과정 등이 통합적인 디지털 자료로 완성된 것이어서 쉽게 활용할 수 있다.

부록

부록 1 평생교육 프로그램 운영의 가중치 부여 평가 지침

많은 교육기관에서 운영되는 프로그램은 평가를 통해 그 가치를 객관적으로 확인하고 개선 방안을 모색하고 새롭게 재구성된다. 이러한 과정에서 교육프로그램 운영에 대한 평가는 필수적이며, 교육프로그램 운영에 대한 평가방법 개선의 필요성이 지속적으로 제기되고 있다. 여기에 소개된 가중치 부여 평가 지침은 기존의 평가방식을 보안한 방식임으로 현장에 적용하면 효과적이다.

부록 2 평생교육기관의 유형과 법률적 근거

최근 많은 기관들이 교육프로그램을 운영하는 것은 보편화되고 있으며, 이러한 기관들은 그 유형이 매우 광범위하고 적용되는 법률적 근거도 다양하다. 평생교육법, 도서관법, 박물관 및 미술관 진흥법, 문화예술교육지원법, 지방문화진흥법, 사회복지법, 아동복지법, 청소년기본법, 근로자직업능력개발법, 산업교육진흥법, 공무원교육훈련법, 여성발전기본법, 다문화가족지원법, 농촌진흥법, 비영리민간단체지원법 등이다.

부록 1 : 평생교육 프로그램 운영의 가중치 부여 평가 지침

1. 개요

평생교육학 영역에서 학습자 만족도를 평가하는 연구는 몇 편의 학술적 논문들이 발표되었으나(고운미・정지웅, 2004; 권해수・박석희・김용훈, 2006; 윤기찬・박혜영, 2006; 임광명・고운미, 2001), 가중치 부여 평가방식을 적용하지는 아니하였다. 그러나 평생교육에서 가중치 부여 평가방식의 적용과 관련된 논의는 몇 몇 문헌에서 확인되고 있다. 전주성・오혁진(2003)은 프로그램 품질에 대한 평가 준거 속에 학습자 및 학습주의를 지향하여 학습자에 의해 발현된 의견이 평가방식에 반영되어야 함을 주장한 바 있다. 그 사례로는 평생교육 프로그램개발의 과정 중 학습자의 요구를 평가하고 프로그램의 우선순위(program priorities)를 설정하기 위한 효과적인 방법으로 가중치 부여 방식을 적용한 사례이었다(Sork, 1998: 273; 김진화, 2001: 275).

그런데 다른 학문 분야에서 발표된 몇 몇 성과평가 및 평가 관련 연구논문에서 주관적 가중치 부여 방식과 수리적 가중치 부여방식이 적용된 연구들이 발표되었다(김태일, 1999; 최용부, 2004). 즉, 가중치 평가방식은 주관적 판단방식과 수리적 방식으로 대별될 수 있다(김태일, 1999: 246-253). 전자는 평가 관련자들이 각 항목 또는 지표의 중요도를 판단하여 임의로 부과하는 방식을 말한다. 이것은 전문가, 고객, 이해당사자 등 평가관련자들의 의견을 반영하여 판단을 끌어내는 방법으로 분석적 계층화 과정법(analytical hierarchical process: AHP)과 델파이(Delphi)기법 등으로 세분할 수 있으나 어떤 방식이든지 본질은 평가관련자들의 주관적인 판단에 따라 가중치 값이 결정된다는 점에서는 동일하다. 후자는 평가항목 또는 지표의 중요도를 임의적으로 판단하지 않고 회귀분석을 이용한 방법, 요인분석을 이용한 방법, 교차분석을 이용한 방법 등과 같은 통계기법을 이용하여 수리적으로 도출하는 방식이다.

그런데 최근에 주관적 방식에 의하여 가중치를 부여할 때 '주관'이 개입되기 때문에 문제가 있다면서 수리적 방식에 의한 가중치 부여를 강조하는 경향이 있다. 이러한 경향은 최근 평생학습사업이 급속히 확대되고 많은 평가연구가 전개되고 있는 상황 속에서 평생교육 실천현장을 이론적으로 지원하고 있는 평생교육의 학문적 과제로 학습고객의 만족도를 객관적이고 정교하게 평가할 수 있는 평가방법의 개발과 확산이 필요함을 시사한다.

이상의 두 가지 방법은 평생학습사업에 대한 학습자의 만족도를 평가하는데 있어서 가중치 부여의 근거데이터가 학습자의 의견이 반영되어야 한다는 평생교육학의 학습자 중심의 철학적 기본원리에 전제하여 학습자 만족도 측정에서 가중치 미부여 보다는 가중치를 부여하는 것이 타당하다는 이론적 논거와 수리적 방식에 의한 가중치 부여 평가방식의 적용을 가능하게 하는 근거를 제공한다.

2. 가중치 부여 평가방법의 지침 및 설문지

평생학습센터사업에 대한 학습자 만족도의 가중치 부여 평가방식의 유효성을 탐색하기 위해 7개 지역별로 각각 30명씩 할당하여 총 210명이었으며, 최종적으로 유효한 조사대상자 수는 208명이었다.

학습자 만족도에 대한 가중치 부여 평가를 위한 조사도구는 〈표 부록 1-1〉과 같이 ① 시설 및 환경 영역, ② 프로그램 내용과 질, ③ 센터의 운영 및 관리, ④ 직원 및 강사 영역, ⑤ 포괄적 만족도 등 5개 영역으로 구성하였으며, 각 영역별로 각각 5개의 평가지표로 총 20개의 평가지표와 포괄적 만족도를 측정하는 1개의 평가지표 등 총 21개 문항으로 구성하였다. 또한 각 영역별로 학습자의 가중치 비율을 산출하기 위한 5개 문항을 포함시켰다.

이러한 조사도구로 측정된 학습자 만족도 점수는 다음과 같이 산출되었다. 첫째, 평생학습센터사업에 대한 학습자 만족도 점수는 100점을 기준으로 하였다. 둘째, 학습자 만족도 점수의 산출에 포함될 측정값은 조사도구에 명시된 5개의 만족도 평가영역에 포함된 21개 평가지표로 측정된 가중치 미부여 학습자의 만족도 점수와 5개의 평가영역(시설 및 환경 영역, 프로그램 내용과 질 영역, 센터의 운영 및 관리 영역, 직원 및 강사 영역, 포괄적 만족도 영역)에 포함된 각각의 평가요소에 대한 중요도에 학습자가 선택한 계수데이터의 비율값을 적용하여 산출된 가중치 부여 학습자 만족도 점수를 포함하였다.

〈표 부록 1-1〉 프로그램 운영에 대한 학습자 만족도 측정 및 가중치 측정 문항 (1)

평가영역	만족도 측정 및 가중치 측정 문항	비고
(1) 시설 및 환경	① 접근의 용이성 정도	만족도 측정
	② 충분한 편의시설 확보 정도	
	③ 센터의 관리 및 청결 상태 정도	
	④ 충분한 강의실 확보 정도	
	⑤ 교육 기자재 확보 정도	
	·시설 및 환경의 평가요소에 대한 우선 선호도	가중치 부여
(2) 직원 및 강사	⑥ 직원 및 강사의 친절성 정도	만족도 측정
	⑦ 학습자인 농촌여성의 요구와 필요에 대한 이해 정도	
	⑧ 직원 및 강사의 문제를 해결하려는 적극성 정도	
	⑨ 직원 및 강사의 전문지식과 기술 정도	
	⑩ 직원 및 강사에 대한 심리적 접근성 정도	
	·직원과 강사의 평가요소에 대한 우선 선호도	가중치 부여
(3) 프로그램 내용과 질	⑪ 프로그램 내용의 체계적 구성 정도	만족도 측정
	⑫ 프로그램의 실생활의 도움 정도	
	⑬ 지속적 프로그램 참여 의사 정도	
	⑭ 프로그램 내용의 유익성 정도	
	⑮ 프로그램 수준의 적절성 정도	
	·프로그램 내용과 질의 평가요소에 대한 우선 선호도	가중치 부여
(4) 운영 및 관리	⑯ 안내 및 접수 방법의 편리성 정도	만족도 측정
	⑰ 교육 시간의 적정성	
	⑱ 농촌여성평생학습센터의 안내 및 홍보 노력 정도	
	⑲ 학습자의 의견 반영 노력 정도	
	⑳ 학습자 요구에 맞는 기관 및 프로그램 연계 정도	
	·운영 및 관리의 평가요소에 대한 우선적 선호도	가중치 부여
(5) 포괄적 만족도	㉑ 농촌여성 평생학습센터사업에 대한 포괄적 만족정도	만족도 측정
	·평가영역별 우선 선호도	가중치 부여

〈표 부록 1-2〉 프로그램 운영에 대한 학습자 만족도 측정 및 가중치 측정 문항 (2)

<table>
<tr><th>평가 영역</th><th colspan="2">평가지표(문항)</th></tr>
<tr><td rowspan="7">시설 및 환경</td><td colspan="2">〈문항1〉 평생학습센터까지 오기가 쉽고 교통이 편리하다</td></tr>
<tr><td colspan="2">〈문항2〉 평생학습센터의 휴게실이나 화장실 등 편의시설을 이용하기 편리하다</td></tr>
<tr><td colspan="2">〈문항3〉 평생학습센터의 전반적인 청소 및 관리 상태가 청결하다</td></tr>
<tr><td colspan="2">〈문항4〉 평생학습센터 내에 강의실의 수가 충분하다</td></tr>
<tr><td colspan="2">〈문항5〉 평생학습센터 내에 교육에 필요한 기자재가 잘 갖추어져 있다</td></tr>
<tr><td colspan="2">〈문항6〉 위의 평가문항 중에서 평생학습센터의 프로그램을 평가하는 데 가장 중요하게 고려해야 할 시설과 환경요소는 무엇이라고 생각합니까?</td></tr>
<tr><td>① 접근의 용이성
② 충분한 편의시설 확보 정도
③ 센터의 관리 및 청결상태</td><td>④ 충분한 강의실 확보 정도
⑤ 교육 기자재 확보 정도</td></tr>
<tr><td rowspan="7">프로그램의 내용과 질</td><td colspan="2">〈문항7〉 참여한 프로그램 내용이 체계적으로 구성되었다</td></tr>
<tr><td colspan="2">〈문항8〉 참여한 프로그램은 실생활에 도움이 많이 되었다</td></tr>
<tr><td colspan="2">〈문항9〉 교육기관에서 제공된 프로그램에 지속적으로 참여하고 싶다</td></tr>
<tr><td colspan="2">〈문항10〉 참여한 프로그램의 내용은 유익했다</td></tr>
<tr><td colspan="2">〈문항11〉 참여한 프로그램의 수준이 적절했다</td></tr>
<tr><td colspan="2">〈문항12〉 위의 평가문항 중에서 평생학습센터의 프로그램을 평가하는 데 가장 중요하게 고려해야 할 프로그램의 내용과 질의 요소는 무엇이라고 생각합니까?</td></tr>
<tr><td>① 프로그램 내용의 체계적 구성 정도
② 프로그램의 실생활의 도움 정도
③ 지속적 프로그램 참여 의사</td><td>④ 프로그램 내용의 유익성
⑤ 프로그램 수준의 적절성</td></tr>
<tr><td rowspan="7">운영 및 관리</td><td colspan="2">〈문항13〉 평생학습센터의 프로그램 안내 및 접수방법이 적절하다</td></tr>
<tr><td colspan="2">〈문항14〉 평생학습센터 이용시간이 적절하다</td></tr>
<tr><td colspan="2">〈문항15〉 평생학습센터에 대한 홍보 및 안내가 충분했다</td></tr>
<tr><td colspan="2">〈문항16〉 불만이나 건의사항 등 이용자들의 의견 반영에 노력하였다</td></tr>
<tr><td colspan="2">〈문항17〉 평생학습센터에서 제공하지 못하는 프로그램의 경우 다른 시설이나 기관에 소개를 해주었다</td></tr>
<tr><td colspan="2">〈문항18〉 위의 평가문항 중에서 평생학습센터의 프로그램을 평가하는 데 가장 중요하게 고려해야 할 운영 및 관리 요소는 무엇이라고 생각합니까?</td></tr>
<tr><td>① 안내 및 접수 방법의 편리성
② 이용 시간의 적정성
③ 평생학습센터의 안내 및 홍보 노력</td><td>④ 이용자 의견 반영 노력
⑤ 학습자 요구에 맞는 기관 및 프로그램 연계</td></tr>
</table>

〈계속〉

종합적 측면	〈문항19〉 위의 평가영역 중에서 귀하는 평생학습센터의 프로그램에 대한 만족도를 측정하는데 가장 중요한 요소는 무엇이라고 생각하십니까?	
	① 평생학습센터의 시설 및 환경 ② 평생학습센터의 직원 및 강사의 전문성	③ 프로그램 내용과 질 ④ 평생학습센터 운영 및 관리의 전문성
	〈문항20〉 나는 평생학습센터의 전반적인 서비스 수준에 대해 만족 한다	
	〈문항21〉 나는 현재 주거하고 계시는 지역 주변에 이용할 수 있는 평생학습시설이 충분하다고 생각 한다	
	〈문항22〉 나는 평생학습센터 프로그램은 유익하다고 생각 한다	
	〈문항23〉 나는 참여한 프로그램이 평생학습센터 고유한 사업이라는 사실을 알고 있다	
	〈문항24〉 나는 평생학습센터의 본 프로그램이 앞으로도 지속되어한다고 생각 한다	
	〈문항25〉 나는 평생학습센터의 본 프로그램이 반드시 필요한 사업이라고 생각 한다	

3. 가중치 부여 평가방법의 예시

학습자 만족도에 대한 가중치 부여 평가방식은 다음과 같이 산출된다. 첫째, 지역별로 5대 평가영역(시설 및 환경 영역, 프로그램 내용과 질 영역, 센터의 운영 및 관리 영역, 직원 및 강사 영역, 포괄적 만족도 영역)에 포함된 21개의 만족도 평가지표의 측정값을 도출한다. 둘째, 지역별로 4개의 평가영역에 포함된 가중치 부여 문항에 대한 계수비율 값(%)을 산출한다. 셋째, 지역별로 5개 평가영역의 가중치 부여 계수 비율 값을 20의 평가지표 측정값에 곱하고, 총합을 계산한다. 넷째, 가중치가 부여된 만족도 점수를 100점으로 환산한다. 이상의 분석방법, 즉 단순계산 평가방법과 가중치부여 평가방법은 그 결과에 차이가 있다. 무엇보다 중요한 의미는 학습자의 가치가 평가의 기준에 포함된다는 점이다.

〈표 부록 1-3〉 학습자 만족도의 단순 계산 및 가중치 부여 평가방법

영역	단순계산 평가방법	가중치 부여 평가방법
시설 및 환경의 만족도(A)	{∑(평가지표 ①의 만족도 측정값) : (평가지표 ⑤의 만족도 측정값)}×4	{∑(평가지표 ①의 만족도 측정값×가중치) : (평가지표 ⑤의 만족도 측정값×가중치)}×20
직원 및 강사의 만족도(B)	{∑(평가지표 ⑥의 만족도 측정값) : (평가지표 ⑩의 만족도 측정값)}×4	{∑(평가지표 ⑥의 만족도 측정값×가중치) : (평가지표 ⑩의 만족도 측정값×가중치)}×20
프로그램 내용과 질의 만족도(C)	{∑(평가지표 ⑪의 만족도 측정값) : (평가지표 ⑮의 만족도 측정값)}×4	{∑(평가지표 ⑪의 만족도 측정값×가중치) : (평가지표 ⑮의 만족도 측정값×가중치)}×20
운영 및 관리의 만족도(D)	{∑(평가지표 ⑯의 만족도 측정값) : (평가지표 ⑳의 만족도 측정값)}×4	{∑(평가지표 ⑯의 만족도 측정값×가중치) : (평가지표 ⑳의 만족도 측정값×가중치)}×20
포괄적 만족도(E)	평가지표 ㉑의 만족도 측정값×20	
종합 만족도(S)	(A + B + C + D + E) ÷ 5	{(A×가중치)+(B×가중치)+(C×가중치)+(D×가중치)+E}÷2

〈표 부록 1-4〉 평생학습센터사업에 대한 학습자의 만족도 가중치 부여 평가방법의 사례

평가기준 / 지역번호	종합적 측면				
	①시설/환경	②직원/강사	③프로그램	④운영/관리	계
A	4(13.3%)	2(6.7%)	16(53.3%)	8(26.7%)	30(100.0%)
B	5(17.2%)	4(13.8%)	14(48.3%)	6(20.7%)	29(100.0%)
C	4(13.3%)	7(23.3%)	13(48.3%)	6(20.0%)	30(100.0%)
D	2(6.7%)	8(26.7%)	16(53.3%)	4(13.3%)	30(100.0%)
E	9(28.1%)	3(9.4%)	9(28.1%)	11(34.4%)	32(100.0%)
F	3(10.3%)	7(24.1%)	13(44.8%)	6(20.7%)	29(100.0%)
G	6(21.4%)	5(17.9%)	14(50.0%)	3(10.7%)	28(100.0%)
Total	33(15.9%)	36(17.3%)	95(45.7%)	44(21.2%)	208(100.0%)
산출방법	A지역의 가중치 예) (시설 및 환경차원의 가중치×0.133)+(직원 및 강사차원의 가중치×0.067) +(프로그램의 내용과 질 차원의 가중치×0.533)+(운영 및 관리차원의 가중치×0.267)				

출처 : 김진화, 고영화, 김소현 (2009:103-129)..

부록 2 : 평생교육기관의 유형과 법률적 근거

1. 평생교육법

1) 국가 및 지자체

(1) 평생교육진흥원

평생교육법 시행령 제 19조 (평생교육진흥원)

국가는 평생교육진흥과 관련된 업무를 지원하기 위하여 평생교육진흥원(이하 '진흥원'이라 한다)을 설립한다.

(2) 시 · 도 평생교육진흥원

평생교육법 제20조(시 · 도 평생교육진흥원)

시 · 도지사는 대통령령으로 정하는 바에 따라 시 · 도 평생교육진흥원을 설치 또는 지정 운영할 수 있다.

(3) 시 · 군 · 구평생학습관

평생교육법 제21조(시 · 군 · 구 평생학습관)

시 · 도교육감은 관할 구역 안의 주민을 대상으로 평생교육 프로그램 운영과 평생교육 기회를 제공하기 위하여 평생학습관을 설치 또는 지정 · 운영하여야 한다.

[예시] 평생학습관, 공공도서관, 문화원, 문화회관, 학생회관, 대학, 초 · 중 · 고등학교, 연수원 · 수련원, 지역사회교육협의회, 박물관, 사회복지관, 연구원 등

(4) 지역평생교육정보센터

평생교육법 제14조(지역평생교육정보센터의 운영) (시행 2008.4.18)

교육인적자원부장관 및 교육감은 평생교육단체 또는 평생교육시설을 지정하여 제13조 제3항의 규정에 의한 평생학습관의 기능과 평생교육의 정보제공, 평생학습의 상담 등을 수행하는 지역평생교육정보센터를 운영할 수 있다.

평생교육법 부칙 제4조 (시 · 도 교육감의 평생교육업무에 대한 경과조치)

시 · 도교육감은 「지방교육자치에 관한 법률」 제20조 제8호에 따라 시 · 도 교육감이 이 법 시행 전부터 수행하여 온 평생교육과 관련된 업무는 계속하여 수행한다. 이 법 시행 전 종전의 제14조에 따라 교육인적자원부장관 및 교육감이 지정 · 운영하던 지역평생교육정보센터의 지정 · 운영은 종전의 규정에 따른다.

(5) 자치단체(광역 · 기초)

평생교육법 제5조(국가 및 지방자치단체의 임무)

국가 및 지방자치단체는 모든 국민에게 평생교육 기회가 부여될 수 있도록 평생교육진흥정책을 수립 · 추진하여야 한다. 국가 및 지방자치단체는 그 소관에 속하는 단체 · 시설 · 사업장 등의 설치자에 대하여 평생교육의 실시를 적극 권장하여야 한다.

[예시] 광역 · 시 · 도 평생교육 전담부서, 시 · 군 · 구 지자체 평생교육 전담부서 또는 평생학습센터, 시 · 도 교육청 및 지역교육청 내 평생교육 전담부서 등

(6) 교육청

평생교육법 제5조(국가 및 지방자치단체의 임무)

국가 및 지방자치단체는 모든 국민에게 평생교육 기회가 부여될 수 있도록 평생교육진흥정책을 수립 · 추진하여야 한다. 그 소관에 속하는 단체 · 시설 · 사업장 등의 설치자에 대하여 평생교육의 실시를 적극 권장하여야 한다.

2) 학교, 학교 부설, 학교형태, 사내대학, 원격대학

(1) 학교의 평생교육

평생교육법 제29조(학교의 평생교육)

「초 · 중등교육법」 및 「고등교육법」에 따른 각급학교의 장은 평생교육을 실시함에 있어서 평생교육의 이념에 따라 교육과정과 방법을 수요자 관점으로 개발 · 시행하도록 하며, 학교를 중심으로 공동체 및 지역문화개발에 노력하여야 한다.

[예시] 초등학교, 중학교, 고등학교, 특수학교 등

(2) 학교 부설 평생교육시설

평생교육법 제30조(학교 부설 평생교육시설)

각급학교의 장은 학생 · 학부모와 지역 주민을 대상으로 교양의 증진 또는 직업교육을 위한 평생교육시설을 설치 · 운영할 수 있다.

[예시] 초 · 중고등학교 부설 평생교육시설(초등학교, 중학교, 고등학교, 특수학교 등), 대학(교) 부설 평생교육시설(대학(교)부설 평생교육원, 산업교육원, 사회교육원 등)

(3) 학교형태의 평생교육시설

평생교육법 제31조(학교형태의 평생교육시설)

학교형태의 평생교육시설을 설치 · 운영하고자하는 자는 대통령령으로 정하는 시설 · 설비를 갖추어 교육감에게 등록하여야 한다.

[예시] 공민학교, 고등기술학교, 방송통신고등학교, 산업체 부설학교 및 특별학급, 방송통신대학, 산업대학 및 기술대학, 각종학교(대학과정), 특수학교 등

(4) 사내대학형태의 평생교육시설

평생교육법 제32조(사내대학형태의 평생교육시설)

대통령령으로 정하는 규모 이상의 사업장(공동으로 참여하는 사업장도 포함한다)의 경영자는 교육과학기술부장관의 인가를 받아 전문대학 또는 대학졸업자와 동등한 학력·학위가 인정되는 평생교육시설을 설치·운영할 수 있다.

[예시] 삼성전자공과대학교, 삼성중공업공과대학, 화진화장품 단과대학 등의 사내대학

(5) 원격대학형태의 평생교육시설

평생교육법 제33조(원격대학형태의 평생교육시설)

누구든지 정보통신매체를 이용하여 특정 또는 불특정 다수인에게 원격교육을 실시하거나 다양한 정보를 제공하는 등의 평생교육을 실시할 수 있다.

※「학원의 설립·운영 및 과외교습에 관한 법률」제2조의2제1항제1호의 학교교과교습학원에 해당하는 경우 제외

[예시] 영남사이버대학교, 세계사이버대학교 등

3) 문화센터

(1) 사업장 부설 평생교육시설

평생교육법 제35조(사업장 부설 평생교육시설)

대통령령으로 정하는 규모 이상 사업장의 경영자는 해당 사업장의 고객 등을 대상으로 하는 평생교육시설을 설치·운영할 수 있다.

[예시] 백화점/대형마트 등의 문화센터, 병원 부설 평생교육시설 등

(2) 언론기관 부설 평생교육시설

평생교육법 제37조(언론기관 부설 평생교육시설)

신문·방송 등 언론기관을 경영하는 자는 해당 언론매체를 통하여 다양한 평생교육 프로그램을 방영하는 등 국민의 평생교육진흥에 기여하여야 한다. 대통령령으로 정하는 언론기관을 경영하는 자는 일반 국민을 대상으로 교양의 증진과 능력향상을 위한 평생교육시설을 설치·운영할 수 있다.

[예시] 신문사·방송사 문화센터(아카데미) 등

4) 시민사회단체(NGO, NPO)

(1) 시민사회단체 부설 평생교육시설

평생교육법 제36조(시민사회단체 부설 평생교육시설)

시민사회단체는 상호 유기적인 협조체제를 구축하고 공공시설 및 민간시설 등 유휴시설을 활용하여 해당 시민사회단체의 목적에 부합하는 평생교육과정을 운영하도록 노력하여야 한다. 대통령령으로 정

하는 시민사회단체는 일반 시민을 대상으로 하는 평생교육시설을 설치・운영할 수 있다.

[예시] (시민,운동)연합, YMCA, 운동본부 등

5) 교육산업 관련 시설

(1) 지식인력개발 평생교육시설

평생교육법 제38조(지식・인력개발 관련 평생교육시설)

국가 및 지방자치단체는 지식정보의 제공과 교육훈련을 통한 인력개발을 주된 내용으로 하는 지식・인력개발 사업을 진흥・육성하여야 한다. 제1항에 따른 지식・인력개발 사업을 경영하는 자 중 대통령령으로 정하는 자는 평생교육시설을 설치・운영할 수 있다.

[예시] 기업체연수원(인력개발원, 인재개발원, 교육원 등), 산업교육기관, 주부교실 등

6) 사이버학습 관련 시설

(1) 원격평생교육시설

평생교육법 제33조(원격대학형태의 평생교육시설)

누구든지 정보통신매체를 이용하여 특정 또는 불특정 다수인에게 원격교육을 실시하거나 다양한 정보를 제공하는 등의 평생교육을 실시할 수 있다.

※「학원의 설립・운영 및 과외교육에 관한 법률」제2조의2 제1항 제1호의 학교교과교습학원에 해당하는 경우는 제외한다.

평생교육법 시행령 제48조(원격교육형태의 평생교육시설의 신고 대상)

법 제33조제2항 전단에 따라 교육과학기술부장관에게 신고하여야 하는 원격교육 형태의 평생교육시설(이하 "원격평생교육시설"이라 한다)은 학습비를 받고 10명 이상의 불특정 학습자에게 30시간 이상의 교습과정에 따라 화상강의 또는 인터넷강의 등을 통하여 지식・기술・기능 및 예능에 관한 교육을 하는 시설로 한다.

[예시] 사이버학원 및 사이버 교육원 등

2. 기타 법령

1) 도서관

도서관법 제2조(정의)

"도서관"이라 함은 도서관자료를 수집・정리・분석・보존하여 공중에게 제공함으로써 정보이용・조사・연구・학습・교양・평생교육 등에 이바지하는 시설을 말한다.

(1) 공공도서관

공중의 정보이용·문화활동·독서활동 및 평생교육을 위하여 국가 또는 지방자치단체가 설립한 도서관이나 공중에게 개방할 목적으로 민간기관 및 단체가 설립한 도서관

- 작은 도서관 : 공중의 생활권역에서 지식정보 및 도서문화 서비스의 제공을 주된 목적으로 하는 도서관으로서 제5조에 따른 공립 공공도서관의 시설 및 도서관 자료기준에 미달하는 도서관
- 장애인도서관 : 장애인에게 도서관 서비스를 제공하는 것을 주된 목적으로 하는 장애인도서관
- 병원도서관 : 의료기관에 입원 중인 사람에게 도서관 서비스를 제공하는 것을 주된 목적으로 하는 병원도서관
- 병영도서관 : 육군, 해군, 공근 등 각급 부대의 병영 내 장병들에게 도서관 서비스를 제공하는 것을 주된 목적으로 하는 병영도서관
- 교도소도서관 : 교도소에 수용 중인 사람에게 도서관 서비스를 제공하는 것을 주된 목적으로 하는 교도소도서관
- 어린이도서관 : 어린이에게 도서관 서비스를 제공하는 것을 주된 목적으로 하는 어린이도서관

(2) 학교도서관

- 대학도서관 :「고등교육법」 제2조의 규정에 따른 대학 및 다른 법률의 규정에 따라 설립된 대학교육과정 이상의 교육기관에서 교수와 학생, 직원에게 도서관 서비스를 제공
- 학교도서관 :「초·중등교육법」 제2조의 규정에 따른 고등학교 이하의 각급학교에서 교사와 학생, 직원에게 도서관 서비스를 제공

(3) 전문도서관

- 전문도서관 : 그 설립 기관·단체의 소속 직원 또는 공중에게 특정 분야에 관한 전문적인 도서관 서비스를 제공

2) 박물관·미술관

박물관 및 미술관 진흥법 제4조(사업)

"박물관"이란 문화·예술·학문의 발전과 일반 공중의 문화향유 증진에 이바지하기 위하여 역사·고고(考古)·인류·민속·예술·동물·식물·광물·과학·기술·산업 등에 관한 자료를 수집·관리·보존·조사·연구·전시·교육하는 시설을 말한다.

"미술관"이란 문화·예술의 발전과 일반 공중의 문화 향유 증진에 이바지하기 위하여 박물관 중에서 특히 서화·조각·공예·건축·사진 등 미술에 관한 자료를 수집·관리·보존·조사·연구·전시·교육하는 시설을 말한다.

(1) 국립박물관 및 미술관

- 국립박물관 : 국가가 설립·운영하는 박물관 및 미술관

(2) 공립박물관 및 미술관

- 공립박물관 : 지방자치단체가 설립·운영하는 박물관 및 미술관

(3) 사립박물관 및 미술관

- 사립박물관 :「민법」, 「상법」, 그 밖의 특별법에 따라 설립된 법인·단체 또는 개인이 설립·운영하는 박물관 및 미술관

(4) 대학박물관 및 미술관

- 대학박물관 :「고등교육법」에 따라 설립된 학교나 다른 법률에 따라 설립된 대학 교육과정의 교육기관이 설립·운영하는 박물관 및 미술관

3) 문화예술 관련 시설 및 단체

문화예술교육 지원법 제2조(정의)

문화예술교육 시설 : 다음 각 항목의 어느 하나에 해당하는 시설을 말한다.

가.「문화예술진흥법」 제2조제1항제3호의 규정에 따른 문화시설

나.「청소년활동진흥법」 제10조의 규정에 따른 청소년 활동시설

다.「평생교육법」 제2조제3호의 규정에 따른 평생교육시설 중 문화예술교육을 실시하는 시설

라. 그 밖에 대통령령이 정하는 시설

문화예술교육단체 : 문화예술교육을 주된 기능의 하나로 실시하는 법인 또는 단체와 이에 준하는 법인 또는 단체로서 대통령령이 정하는 것을 말한다.

(1) 지역문화복지시설

문화예술진흥법 시행령

지역문화복지시설

- 문화의 집 : 지역주민이 생활권역에서 문화예술을 이해하고 체험하며 직접 참여할 수 있도록 하기 위한 것으로서 관련 프로그램과 지식 및 정보를 제공하는 복합 문화 공간
- 복지회관 : 지역주민의 사회참여 기회를 확대하고 복지를 향상하기 위한 것으로서 지역사회의 발전을 위한 집회 및 강연, 그 밖에 각종 관련 행사 등이 이루어지는 시설

(2) 문화 보급·전수시설

지방문화원진흥법 제2조(정의)

문화 보급·전수시설

- 지방문화원 : 지역문화의 진흥을 위한 지역문화 사업을 수행하기 위하여 「지방문화원진흥법」에 따라 설립된 법인
- 국악원 : 전통 국악의 발전을 위하여 설치된 교육시설 및 전수시설
- 전수회관 : 지방 고유의 무형문화재를 지속적으로 교육·전수하고 보존할 수 있는 시설

(3) 한국문화예술교육진흥원

문화예술교육 지원법 제10조(한국문화예술교육진흥원 설립 등)

한국문화예술교육진흥원 : 문화예술교육을 효율적으로 지원

4) 복지관

(1) 종합사회복지관

사회복지사업시행규칙

종합사회복지관 : 지역사회를 기반으로 일정한 시설과 전문 인력을 갖추고 지역주민의 참여와 협력을 통하여 지역사회복지문제를 예방하고 해결하기 위하여 종합적인 복지서비스를 제공하는 시설

(2) 노인여가복지시설

노인복지법 제36조(노인여가복지시설)

노인여가복지시설

- 노인복지관 : 노인의 교양·취미생활 및 사회참여활동 등에 대한 각종 정보와 서비스를 제공하고, 건강증진 및 질병예방과 소득보장·재가복지, 그 밖에 노인의 복지증진에 필요한 서비스를 제공함을 목적으로 하는 시설
- 경로당 : 지역노인들이 자율적으로 친목도모·취미활동·공동작업장 운영 및 각종 정보교환과 기타 여가활동을 할 수 있도록 하는 장소를 제공함을 목적으로 하는 시설
- 노인교실 : 노인들에 대하여 사회활동 참여욕구를 충족시키기 위하여 건전한 취미생활·노인건강유지·소득보장 기타 일상생활과 관련한 학습프로그램을 제공함을 목적으로 하는 시설

(3) 장애인복지·교육·지원시설

장애인복지법 제20조(교육), 제58조(장애인복지시설)

장애인복지시설

- 장애인 거주시설 : 거주공간을 활용하여 일반가정에서 생활하기 어려운 장애인에게 일정 기간 동안 거주·요양·지원 등의 서비스를 제공하는 동시에 지역사회생활을 지원하는 시설
- 장애인 지역사회 재활시설 : 장애인을 전문적으로 상담·치료·훈련하거나 장애인의 일상생활, 여가활동 및 사회참여활동 등을 지원하는 시설

· 장애인 직업재활 시설 : 일반 작업환경에서는 일하기 어려운 장애인이 특별히 준비된 작업환경에서

직업훈련을 받거나 직업생활을 할 수 있도록 하는 시설

· 장애인 의료재활 시설 : 장애인을 입원 또는 통원하게 하여 상담, 진단·판정, 치료 등 의료재활 서비스를 제공하는 시설

· 그 밖에 대통령령으로 정하는 시설 : 장애인 등에 대한 특수교육법 제2조(정의), 제6조(특수교육기관의 설립 및 위탁교육), 제11조(특수교육지원센터의 설치·운영), 제34조(장애인평생교육시설의 설치)

장애인교육시설

- 특수교육기관 : 특수교육대상자에게 유치원·초등학교·중학교·또는 고등학교(전공과를 포함한다. 이하 같다)의 과정을 교육하는 특수학교 및 특수학급
- 장애인평생교육시설 : 국가 및 지방자치단체는 초·중등교육을 받지 못하고, 학령기를 지난 장애인을 위하여 학교형태의 장애인 평생교육시설을 설치·운영

장애인지원시설

- 특수교육지원센터 : 특수교육 대상자의 조기발견, 특수교육 대상자의 진단·평가, 정보관리, 특수교육 연수, 교수·학습활동의 지원, 특수교육 관련서비스 지원, 순회교육 등을 담당하는 특수교육지원센터를 하급교육행정기관별로 설치·운영
- 장애학생지원센터 : 대학의 장은 장애학생의 교육 및 생활에 관한 지원을 총괄 및 담당

(4) 아동복지시설

아동복지법 제14조(정의), 제16조(아동복지시설의 종류)

아동복지시설 : 국가 또는 지방자치단체는 아동복지시설을 설치할 수 있다. 국가 또는 지방자치단체외의 자는 관할 시장·군수·구청장에게 신고하고 아동복지시설을 설치할 수 있다.

- 아동직업훈련시설 : 아동복지시설에 입소되어 있는 만15세 이상의 아동과 생활이 어려운 가정의 아동에 대하여 자활에 필요한 지식과 기능을 습득시키는 것을 목적으로 하는 시설
- 아동복지관 : 지역사회 아동의 건전육성을 위하여 심신의 건강유지와 복지증진에 필요한 서비스를 제공하는 것을 목적으로 하는 시설
- 지역아동센터 : 지역사회 아동의 보호·교육, 건전한 놀이와 오락의 제공, 보호자와 지역사회의 연계 등 아동의 건전육성을 위하여 종합적인 아동복지서비스를 제공하는 시설

5) 청소년 관련 시설 및 단체

청소년기본법 제3조(정의), 제18조(청소년시설의 설치·운영)

"청소년시설"이라 함은 청소년활동·청소년복지 및 청소년보호에 제공되는 시설을 말한다. 국가 및 지방자치단체는 청소년시설을 설치·운영하여야 한다. 국가 및 지방자치단체외의 자는 따로 법률이 정하는 바에 의하여 청소년시설을 설치·운영할 수 있다. 국가 및 지방자치단체는 제1항의 규정에 의하여 설치한 청소년시설을 청소년단체에 위탁하여 운영할 수 있다.

청소년활동진흥법 제2조(정의), 제10조(청소년활동시설의종류)

"청소년활동시설"이라 함은 수련활동·교류활동·문화활동 등 청소년활동에 제공되는 제 10조의 규정에 의한 시설을 말한다.

(1) 청소년시설

청소년수련시설

- 청소년수련관 : 다양한 수련거리를 실시할 수 있는 각종 시설 및 설비를 갖춘 종합수련시설
- 청소년수련원 : 숙박기능을 갖춘 생활관과 다양한 수련거리를 실시할 수 있는 각종 시설과 설비를 갖춘 종합수련시설
- 청소년문화의 집 : 간단한 수련활동을 실시 할 수 있는 시설 및 설비를 갖춘 정보·문화·예술중심의 수련시설
- 청소년특화시설 : 청소년의 직업체험·문화예술·과학정보·환경 등 특정 목적의 청소년활동을 전문적으로 실시할 수 있는 시설과 설비를 갖춘 수련시설
- 청소년야영장 : 야영에 적합한 시설 및 설비를 갖추고 수련거리 또는 야영편의를 제공하는 수련시설
- 유스호스텔 : 청소년의 숙박 및 체제에 적합한 시설·설비와 부대·편익시설을 갖추고 숙식편의 제공, 여행청소년의 활동지원 등을 주된 기능으로 하는 시설

[예시] 청소년지원센터, 청소년육성전담기구, 청소년수련시설, 청소년문화의 집 등

(2) 청소년단체

청소년 기본법 제3조(정의)

"청소년단체"라 함은 청소년육성을 주된 목적으로 설립된 법인 또는 대통령령이 정하는 단체를 말한다.

[예시] 한국청소년연맹, 청소년단체협의회 등

6) 직업훈련 관련 기관 및 시설

(1) 직업능력개발훈련시설

근로자직업능력개발법 제2조(정의)

직업능력개발훈련시설

- 공공직업훈련시설 : 국가·지방자치단체 및 대통령령으로 정하는 공공단체(이하 "공공단체"라 한다)가 직업능력개발훈련을 위하여 설치한 시설로서 제27조에 따라 고용노동부장관과 협의하거나 고용노동부장관의 승인을 받아 설치한 시설
- 지정직업훈련시설 : 직업능력개발훈련을 위하여 설립·설치된 직업훈련원·직업전문학교 등의 시설로서 제28조에 따라 고용노동부장관이 지정한 시설

(2) 평생직업교육학원

학원의 설립·운영 및 과외교습에 관한 법률 제2조(정의)

평생교육직업교육학원

"학원"이란 사인(私人)이 대통령령으로 정하는 수 이상의 학습자 또는 불특정다수의 학습자에게 30일 이상의 교습과정(교습과정의 반복으로 교습일수가 30일 이상이 되는 경우를 포함한다. 이하 같다)에 따라 지식·기술(기능을 포함한다. 이하같다)·예능을 교습(상급학교 진학에 필요한 컨설팅 등 지도를 하는 경우와 정보통신 기술 등을 활용하여 원격으로 교습하는 경우를 포함한다. 이하 같다) 하거나 30일 이상 학습장소로 제공되는 시설을 말한다. 다만, 다음 각 목의 어느 하나에 해당하는 시설은 제외한다.

평생직업교육학원 : 제1호에 따른 학원 외에 평생교육이나 직업교육을 목적으로 하는 학원

(3) 산업교육기관

산업교육진흥 및 산학협력촉진에 관한 법률 시행령 제5조(단기 산업교육시설)

국가 및 지방자치단체는 법 제6조의 규정에 의하여 단기 산업교육시설을 설치하고자 하는 때에는 법 제2조제2호의 산업교육기관에 부설한다.

산업교육기관: 산업수요에 연계된 교육 또는 특정분야 인재양성을 목적으로 하는 학교로서 대통령령으로 정하는 고등학교·고등기술학교, 직업 또는 진로와 직업교육 과정을 운영하는 특수학교 및 대학

(4) 공무원연수원

공무원교육훈련법 제10조(소속 공무원에 대한 교육 훈련의무)

공무원연수원 : 행정기관의 장은 소속 공무원이 제8조에 따른 교육훈련계획에 따라 교육훈련기관 및 과정을 선택하여 교육훈련을 받도록 지원하여야 한다.

(5) 기업체연수원

기업체연수원 : 평생교육법이 아닌 타 법령에 근거하여 설립된 기업체, 금융투자업 등의 일반 연수기관

[예시] 인력개발원, 인재개발원, 교육원 등

7) 여성관련 기관 및 시설

(1) 여성인력개발센터

여성발전기본법 제33조(여성관련시설의 설치·운영)

여성인력개발센터 : 국가와 지방자치단체는 여성의 인력개발을 위한 시설(이하 "여성인력개발센터"라 한다)을 설치·운영할 수 있다.

(2) 여성관련시설

여성관련시설 : 국가와 지방자치단체는 여성의 권익과 복지를 증진하고 여성을 교육하기 위한 여성관련시설을 설치·운영할 수 있다.

[예시] 여성발전센터, 여성(복지,문화)회관 등

8) 주민자치기관

(1) 주민자치센터

주민자치센터설치 및 운영조례

제1조(목적) 이 조례는「지방자치법」제8조 및 같은 법시행령 제8조에 따라 주민편의 및 복리증진을 꾀하기 위하여 읍·면에 두는 주민자치센터의 설치 및 운영에 관한 사항을 정함을 목적으로 한다.

지방자치법 8조(사무처리의 기본원칙)

지방자치단체는 그 사무를 처리할 때 주민의 편의와 복리증진을 위하여 노력하여야 한다. 지방자치단체는 조직과 운영을 합리적으로 하고 그 규모를 적정하게 유지하여야 한다. 지방자치단체는 법령이나 상급 지방자치단체의 조례를 위반하여 그 사무를 처리할 수 없다.

(2) 시·군·구민회관

구민회관 설치 및 운영에 관한 조례

제1조(설치목적) 이 조례는「지방자치법」제136조, 제139조 및 제144조에 따라 구민회관의 설치·관리 및 사용료 징수에 필요한 사항을 규정함으로써 구민에게 편의시설 제공과 문화의식 함양에 기여하는 것을 목적으로 한다.

지방자치법 제144조(공공시설)

지방자치단체는 주민의 복지를 증진하기 위하여 공공시설을 설치할 수 있다. 제1항의 공공시설의 설치와 관리에 관하여 다른 법령에 규정이 없으면 조례로 정한다.

제1항의 공공시설은 관계 지방자치단체의 동의를 받아 그 지방자치단체의 구역 밖에 설치 할 수 있다.

시·군·구 구민회관 : 주민편의 및 복리증진을 도모하고 주민자치기능을 강화하여 지역공동체 형성을 위해 주민이 이용할 수 있도록 읍·면·동에 설치된 각종 문화·복지·편익시설과 프로그램을 총칭

9) 다문화 관련 시설 및 단체

(1) 다문화가족지원센터

다문화가족지원법 제12조(다문화가족지원센터의 지정 등)

다문화가족지원센터 : 여성가족부장관은 다문화가족지원 정책의 시행을 위하여 필요한 경우에는 다문화가족 지원에 필요한 전문인력과 시설을 갖춘 법인이나 단체를 다문화가족지

원센터(이하 “지원센터”라 한다)로 지정할 수 있다.

(2) 다문화 관련 시설 및 단체

다문화가족지원법 제6조(생활정보 제공 및 교육지원)

다문화 관련 시설 및 단체 : 국가와 지방자치단체는 결혼이민자등이 대한민국에서 생활하는데 필요한 기본적 정보를 제공하고, 사회적응교육과 직업교육·훈련 및 언어소통 능력 향상을 위한 한국어교육 등을 받을 수 있도록 필요한 지원을 할 수 있다.

10) 시민사회단체(NGO, NPO)

(1) 비영리민간단체

비영리민간단체지원법 제2조(정의)

비영리민간단체 : 영리가 아닌 공익활동을 수행하는 것을 주된 목적으로 하는 민간단체를 말한다.

[예시] 평생교육실천협의회, 전국문해·성인기초교육 협의회, 한국평생교육학회 등

(2) 비영리사(재)단법인

민법 제32조(비영리법인의 설립과 허가)

비영리사(재)단법인 : 학술, 종교, 자선, 기예, 사교 기타 영리 아닌 사업을 목적으로 하는 사단 또는 재단은 주무관청의 허가를 얻어 이를 법인으로 할 수 있다.

[예시] 한국평생교육총연합회, 한국평생교육사협회, 한국문해교육협회 등

(3) 시민단체

민법 제32조(비영리법인의 설립과 허가)

시민단체 : 학술, 종교, 자선, 기예, 사교 기타 영리 아닌 사업을 목적으로 하는 사단 또는 재단은 주무관청의 허가를 얻어 이를 법인으로 할 수 있다.

[예시] NGO, YMCA, YWCA 환경운동연합 등

11) 기타

(1) 국방부

군인복무규율 제2조(정의)

국방부 : 내무생활·근무·교육훈련 기타 병영을 중심으로 이루어지는 모든 활동을 운영하는 시설

(2) 보건소

지역보건법 제9조(보건소의 업무)

보건소 : 지방자치단체 내의 국민건강 증진, 보건교육, 구강건강, 영양관리사업 등을 위해 설치된 시설

(3) 상담 시설 및 기관

성폭력방지 및 피해자보호 등에 관한 법률 제10조(상담소의 설치・운영), 제11조(상담소의 업무)

성폭력상담소 : 국가 및 지방자치단체가 성폭력 예방을 위한 홍보 및 교육 등을 위해 설치・운영하는 시설

(4) 자원봉사단체 및 기관

자원봉사활동 기본법 제15조(자원봉사활동의 관리), 제19조(자원봉사센터의 설치 및 운영)

자원봉사단체 및 센터 : 자원봉사자에 대한 교육훈련 및 안전대책 등이 체계적으로 관리하는 시설로서 국가기관 및 지방자치단체는 자원봉사센터를 설치할 수 있다. 이 경우 자원봉사센터를 법인으로 하여 운영하거나 비영리 법인에게 위탁하여 운영하여야 한다. 제1항 후단의 규정에도 불구하고 자원봉사활동을 효율적으로 추진하기 위하여 필요하다고 인정할 때에는 국가기관 및 지방자치단체가 운영할 수 있다.

(5) 그 외 관련 시설 및 기관

평생교육법 제2조 (정의)

그 외 관련 시설 및 기관 : 그 밖에 다른 법령에 따라 평생교육을 주된 목적으로 하는 시설・법인 또는 단체

참고문헌

고영화(2011). 대학평생교육 프로그램 개설 정향성 분석. **평생교육학연구,** 17(3). 47－82

권두승(1994). 프로그램의 실행. 한국청소년개발원 편. **프로그램 개발과 운영.** 청소년지도자 교재총서. 서울: 한국청소년개발원.

권두승(2005). 청소년 프로그램 실행 및 운영, 한국청소년개발원 편. **청소년 프로그램개발 및 평가론.** 서울: 교육과학사.

권이종 외(2001). **평생교육 방법론.** 서울: 교육과학사.

기영화(2001). **평생교육 프로그램 개발.** 서울: 학지사.

김경미(1997). 농촌지도요원의 사회교육 프로그램 계획의 인지 및 수행에 관한 연구. 서울대학교 박사학위논문.

김경환(2004). 목표관리제의 효과성에 대한 영향요인 연구. **한국행정학보,** 38(1). 93－114.

김기홍 외(2001). 평생교육기관 운영 실태 조사. 서울: 한국교육개발원.

김미숙(1999). **사회교육 프로그램 평가론.** 서울: 원미사.

김소현(2008). 평생교육사의 프로그램운영의 직무와 수행역량에 관한 연구. 동의대학교 석사학위논문.

김소현, 김진화(2008). 평생교육 프로그램운영 직무 확인 및 타당화 연구. **농업교육과 인적자원개발,** 40(4). 271－300.

김수일, 유혜경(1982). 사회교육기관 실태조사 연구. 서울: 한국교육개발원.

김영숙 외(2002). **사회복지 프로그램 개발과 평가.** 서울: 교육과학사.

김영화, 전도근(2004). 평생교육사 양성교육의 효과성 연구. **평생교육학연구,** 10(4). 153－181.

김진화(2001). **평생교육 프로그램 개발론.** 서울: 교육과학사.

김진화(2006). **평생교육방법 및 실천론.** 고양: 서현사.

김진화(2012). 농촌인적자원개발센터 교육운영의 직무탐색과 직무수행모델 개발. **농촌지도와 개발,** 19(2). 241-271.

김진화, 고영화, 김소현(2009). 농촌여성 평생학습센터사업의 학습자 만족도 가중치 부여 평가방식의 유효성 탐색. **평생교육학연구,** 15(4). 103-129.

김진화 외(2008). 평생교육사 직무모델 개발 및 타당화 연구. **평생교육학연구,** 14(1). 1－31.

김진화, 이경아(2011). 평생교육기관 분류체계 수립 연구. TR2011－17. 서울: 평생교육진흥원

김진화, 정지웅(1997). **사회교육 프로그램 개발의 이론과 실제.** 서울: 교육과학사.

김현주(2003). 역량기반 인적자원관리(CBHRM)의 도입과 발전: 한국기업을 위한 상황론적 접근법. **PORSI 경영연구,** 3(1).

김훈(2007). 평생학습의 전략적 실천을 위한 교육담당자 실무 매뉴얼. 한국노동연구원 뉴패러다임 센터.

미하이 칙센트미하이. 이삼출 옮김(2003). **몰입의 기술**. 서울: 더불어책.

박윤희(2005). 대학 평생교육 프로그램 개발 담당자의 개인특성이 직무수행에 미치는 영향. **평생교육학연구,** 11(2). 1－33.

변종임(2003). 평생교육사의 역할 분석과 위상 제고 방안. **평생교육학연구,** 9(2). 195－218.

봉현철(2000). MBO식 인사고과제도 운영의 장애요인 탐색: K은행의 사례연구. **인적자원개발연구,** 2(2). 101－129.

성규탁(1998). **사회복지행정론.** 서울: 법무사.

송현수, 이현정(2006). **원칙에서 출발하는 고객만족경영.** 서울: 새로운 제안.

양병찬, 김경희, 김진화, 이경아(2005). 평생교육 활성화를 위한 평생교육사 자격 제도 개선방안 연구. 수탁연구 CR 2005－50 서울: 한국교육개발원.

양병찬, 김종표, 이화정, 박현규(2001). 평생교육 실무 핸드북. 충남지역평생교육정보센터.

오혁진(2003). **평생교육경영학.** 서울: 학지사.

이경아, 김경희(2006). 평생교육사 전문성 구인 타당화 및 전문성 형성에 영향을 미치는 요인 탐색에 관한 실증 연구. **평생교육학연구,** 12(2). 91－119.

이병준 외(1999). 평생교육사 직무분석. 연구자료 99－9－12. 한국직업능력개발원.

이혜진(2007). 평생교육사의 프로그램개발 전문성에 관한 연구. 동의대 석사학위논문.

이희수외(2002). 생애단계별 평생교육 실태조사 분석 및 평생교육 기초통계자료. 한국교육개발원.

정무성(2005). **사회복지 프로그램 개발론.** 경기: 학현사.

정민승 외(2006). 평생교육기관 정보화지표 최적화연구. 서울: 한국교육학술정보원.

정지웅, 김지자(2000). **사회교육학개론**(재3개정판). 서울: 서울대학교출판부.

중앙공무원교육원(2007). HRD담당자 업무매뉴얼. 중앙공무원교육원.

최돈민 외(2003). 평생교육지표개발연구. 서울: 한국교육개발원.

최운실 외(2005). 평생교육기관 실태분석 연구. 서울: 한국교육개발원.

최일섭, 이창호(1993). **사회계획론.** 서울: 나남출판사.

한국청소년개발원(2005). **청소년 프로그램개발 및 평가론.** 서울: 교육과학사.

한숭희 외(2007). 평생학습 지표개발 및 통계조사 체제수립 연구. 서울: 한국교육개발원.

Apps, J. W. (1989). Providers of adult and continuing education: A framework. In: S. B. Merriam and P. M. Conningham (Eds.), *Handbook of adult and continuing education.* San Francisco: Jossey－Bass.

Baird, L., Schneier, C. & Laird, D. (1985). *The training and development sourcebook.* Massachusetts: Human Resource Press.

Boone, E. J. (1992). *Developing programs in adult education.* Prospect Heights, IL: Waveland.

Caffarella, R. S. (1994). *Planning programs for adult learners.* San Francisco: Jossey－Bass.

Caffarella, R. S. (2002). *Planning programs for adult learners: a practical guide for educators, trainers, and staff developers.* San Francisco: Jossey－Bass.

Cookson, P. S. (1998). *Program planning for the training and continuing education of adults: North american perspectives.* Florida: Krieger Publishing Company. 7－11.

Denzin, N. K. (1970). *The research act in sociology.* Chicago: Aldine.

Gilley, J. W., Eggland, S. A., & Gilley, A. M. 장원섭 역. (2005). **인적자원개발론**. 서울: 학지사.

Grinffin, C. (1987). *Adult education: as social policy.* London: Croom Helm.

Houle, C. (1972). *The design of education.* San Francisco: Jossey－Bass.

Jacobs, R. L. (1989). Systems theory applied to human resource development. In: D. Gradous (Ed.). *Systems theory applied to human resource development.* Alexandria, VA: ASTD Press. 27－60.

Knowles, M. S. (1964). The field of operations in adult education, In: G. Jensen, A. A. Liveright, & W. Hallenbeck (Eds.). *Adult education: Outlines of an emerging field of university study.* Chicago: Adult Education Association of the U.S.A.

Langridge, D. W. (1992). *Classification: Its kinds, elements, systems and application.* London: Bowker.

Long, H. B. (1983). *Adult learning: Research and practice.* Cambridge: The Adult Education Company. 156－215.

McLagan, P. A. (1989). *Models for HRD pratice(4th ed.).* Alexandris, VA: ASTD.

Miller. J. P., & Seller, W. (1990). *Curriculum: Perspectives and practice.* Toronto: Copp Clark Pitman Ltd.

Parry, S. R. (1996). The quest for competencies. *Training,* 33(7). 48－56.

Sheafor, W. Horejsi, R., & Horejsi, A. (1991). *Techniques and guidelines for social work practice.* Boston: Allyn and Bacon.

Sparrow, P. (1996). Competency based pay tool good to be true. *People Management.* 5. 22－25.

Strother, G, B. & Klus, J. P. (1982). *Administration of continuing education.* California: Wadsworth Publishing Company.

Swanaon, R. A. (1999). The Foundations of Performance Improvement and Implications for Practice. In: *Performance improvement theory and practice*. R. J. Torraco (Ed.). San Francisco: Berrett－Koehler. 1－25.

Watson, L. (1999). *Lifelong learning in Australia: Analysis and prospects.* Australia: The Lifelong Learning Network.

Webb, E. J., Campbell, D. T., Schwartz, R. D., & Sechrest, L. (1966). *Unobtrusive measures: Nonreactive measures in the social sciences.* Chicago: Rand McNally.

찾아보기

저자소개

김진화 (Jinhwa Kim)
(현재) 동의대학교 평생교육학과 교수
한국평생교육프로그램연구소장
대통령소속 사회통합위원회 지역위원
교육과학기술부 평생학습계좌제 정책자문위원
경기도/부산시 평생교육진흥원 자문위원
미국 The University of Georgia 연구교수(역임)
서울대, 중앙대, 서강대 대학원 강사(역임)
(저서) 평생교육 프로그램개발론(2001), 평생교육방법 및 실천론(2007) 외 다수
(논문) 평생교육사 직무모델 개발 및 타당화 연구(2008), 한국평생교육프로그램 분류체제 개발연구(2010) 외 다수
(분야) 평생교육 프로그램, 평생교육사, 평생학습정책과 사업기획, 지식생성과 관리 등
e-mail : learnig@deu.ac.kr

김소현 (Sohyun Kim)
(현재) 부산테크노파크 선임연구원
한국평생교육프로그램연구소 객원연구원
동의대학교 외래교수 (역임)
(논문) 평생교육 프로그램운영 직무확인 및 타당화 연구(2008), Study on Trends and Development Tasks of Lifelong Education in Busan(2008)
(분야) 평생교육 프로그램개발, 평생교육 지식관리, 산업교육기획 및 평가 등
e-mail : homoeruditio@btp.or.kr

전은선 (Eunseon Jeon)
(현재) 한국평생교육프로그램연구소 연구원
부산평생교육연합회 간사
(논문) 평생교육과 평생학습 용어의 분리적 탐구와 학술적 개념화(2012)
(분야) 평생학습역량 진단, 평생교육 프로그램 운영, 평생학습실천과 조직 등
e-mail : jes8891@hanmail.net

평생교육기관을 위한 매뉴얼

평생교육 프로그램 운영과 자료개발

2012년 8월 20일 1판 1쇄 인쇄
2012년 8월 25일 1판 1쇄 발행

지은이 | 김진화, 김소현, 전은선
펴낸이 | 조재성
펴낸곳 | 서현사
경기도 고양시 일산동구 중앙로 1055번지 레이크하임 206호
(경기도 고양시 일산동구 백석 2동 1332-1번지 레이크하임 206호)
전화 : 031-919-6643 팩스 : 031-912-6643
등 록 | 2002년 8월14일 제03-01392호
ISBN | 978-89-94044-44-6 93370
정 가 | 18,000원